U0945285

主编简介

张卫平，男，山东人，1979 年考入原西南政法学院法律系，1983 年本科毕业。1986 年研究生毕业留校执教。1993 年从讲师直接破格晋升为教授。同年赴日本留学，先后在东京大学法学部和一桥大学法学部学习。1996 年获得博士生导师资格，同年任《现代法学》主编。1999 年初调清华大学法学院任教至今。现为清华大学法学院教授、博士生导师，中国民事诉讼法学研究会会长。代表著作：《程序公正实现中的冲突与衡平》(1992)、《破产程序导论》(1993)、《诉讼构架与程式》(2000)、《探究与构想：民事司法改革引论》(2004)、《民事诉讼：关键词展开》(2005)。在《法学研究》《中国法学》等杂志上公开发表学术论文百余篇。

齐树洁，河北武安人，1954 年 8 月生。1972 年 12 月自福建泉州一中应征入伍，1978 年 4 月从新疆军区 39487 部队退役。同年 7 月参加高考。1982 年 7 月毕业于北京大学法律系，获法学学士学位。1990 年 8 月毕业于厦门大学民商法专业，获法学硕士学位。2003 年 11 月毕业于西南政法大学诉讼法专业，获法学博士学位。曾在西南政法学院、中国人民大学、香港大学、澳门大学、台湾政治大学、菲律宾 Ateneo 大学、英国伦敦大学、德国 Freiburg 大学、法国巴黎第二大学、美国佛罗里达大学研修和访问。现为中国民事诉讼法学研究会副会长，中国仲裁法学研究会副会长，厦门大学法学院教授、博士生导师、司法改革研究中心主任。

Access to Justice

2018年第1辑
总第25辑

Judicial Reform Review

司法改革论评

张卫平　齐树洁　主编　　唐　力　执行主编

主办方：
西南政法大学法学院
西南政法大学比较民事诉讼法研究中心

国家一级出版社
全国百佳图书出版单位

图书在版编目(CIP)数据

司法改革论评.总第25辑/张卫平,齐树洁主编,唐力执行主编.—厦门:厦门大学出版社,2018.6
ISBN 978-7-5615-7034-0

Ⅰ.①司…　Ⅱ.①张…②齐…③唐…　Ⅲ.①司法制度—体制改革—文集
Ⅳ.①D916-53

中国版本图书馆CIP数据核字(2018)第155205号

出 版 人 郑文礼
责任编辑 李　宁

出版发行 厦门大学出版社
社　　址 厦门市软件园二期望海路39号
邮政编码 361008
总 编 办 0592-2182177　0592-2181406(传真)
营销中心 0592-2184458　0592-2181365
网　　址 http://www.xmupress.com
邮　　箱 xmup@xmupress.com
印　　刷 厦门市万美兴印刷设计有限公司

开本 720 mm×1 000 mm　1/16
印张 19
插页 2
字数 362千字
版次 2018年6月第1版
印次 2018年6月第1次印刷
定价 88.00元

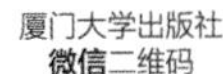
厦门大学出版社
微信二维码

厦门大学出版社
微博二维码

目录

卷首语

本辑聚焦:司法责任制的理论与实践

民事诉讼专论

司法制度研究

刑事法律前沿

宪法与行政法论坛

比较法研究

卷首语

陪审制度改革行稳致远

齐树洁

陪审制是指司法机关吸收法官以外的普通人组成审判组织，参与案件裁判活动的制度，其目的在于避免法律和司法脱离社会。现代社会法律及其运作体系已经越来越专业化、技术化，成为律师、检察官和法官等职业法律人把持的专门知识。如果任其发展，司法制度和法律职业容易走向封闭，审判可能变得过于追求学术探究和理论论证而逐渐脱离社会。而法律与社会是不可分开的，脱离社会的土壤，不了解民意，法律与司法的生命力会有枯竭的危险。陪审制的优势就在于非专业化的陪审员比职业法官更接近大众生活，更具有基层实践和生活的经验，更重要的是，他们拥有社会一般人关于公平与正义的朴素观念。他们的参审使得审判更贴近社会，使法院的裁判能够与民意相沟通，更容易获得社会的支持与认同。因此，陪审制不仅是一种具体的审判制度，更是一种审判权力结构的配置制度，也是一种国家制度和社会制度。它关系到司法权的正当行使，关系到纠纷解决过程中的社会利益与基本价值。

陪审制度首先是一种政治制度，其次才是一种司法制度，它最初是为了让公众参与国家管理实现民主而设立的。陪审制度主要有两项功能：其一，为社会分享审判权力提供途径，并因此使公众对司法的监督作用得以充分发挥；其二，在审判组织中产生制约与配合效果。陪审员作为公众中的一员直接参与法律的执行，其行为代表了公众的意志。他在诉讼中不但考虑法律上的明文规定，而且比法官更注意当时社会的一般行为和道德标准，从而弥补了法条的不足。

现代意义上的陪审制起源于英国。英美法系陪审制经历了一个由协助司法到决策司法，由证人到裁判者的角色转变过程。陪审员的功能由证人向事实调查者的角色转化；由平民百姓中挑选出适当人士组成陪审团，听取证词、查看证据，根据他们的生活经验和常识进行讨论，最终作出有罪或无罪的判断。这项古老的司法制度经过上千年的生长，在不同时期和不同的法律传统、文化的影响下不断演变，但作为其理念核心的诉讼参与原则以及司法公正价值始终没有受到动摇，成为现代司法民主和公民权利的保障制度。

除了英美法系国家沿袭英国的陪审团制度外，大陆法系的一些国家也曾采用过英国的陪审团制度。如在法国，虽然陪审团最初作为邻里证人的做法是从法国引入英国的，但是由于历史条件的差异，陪审团制度在法国一直没有获得充分的发展，并在 12 世纪末 13 世纪初就逐渐为教会法的纠问式程序所取代。1789 年大革命之后，出于对司法民主化的渴求，法国开始实行被称为“民众自由守护神”的陪审团制度，但是由于陪审团制度并没有达到人们所预想的目的，法国不久就废除了英国式的陪审团制度。到了 19 世纪，德国、俄国、西班牙、日本等大陆法系国家也曾尝试实行英国的陪审团制度，但是由于人们对陪审团缺乏信任、陪审团制度不适应大陆法系的诉讼模式等原因，多数以失败而告终。不过，移植英国陪审团制度失败后的法国、德国等大陆法系国家在保持英国陪审团制本身应具有的价值功能的基础上，按照本国特定的历史传统以及诉讼文化不断地对陪审团制进行本土化的改革，对陪审理念的表现形式加以改造，创造了独具特色的陪审制。这就是所谓的参审制（assessor system），即陪审员从当地选民中产生，与法官一起审理案件，共同作出判决。这一做法对大陆法系国家的司法制度产生了重人的影响。

进入 20 世纪以后，陪审团制在现代社会中的缺憾使得其实施的空间大大缩减。在世界范围内，陪审团制度的衰落已是不争的事实。目前，在民事案件的审理中，除了美国以及加拿大的部分州，大多数国家和地区在大部分的民事案件中废除了陪审团审判，仅将陪审团审判限于极少数的特定类型的案件中。在刑事案件的审理中，仍保留了陪审团审判的有英国、美国、澳大利亚、加拿大、爱尔兰、新西兰等 40 多个国家，但即使是在这些保留了陪审团制度的国家，陪审团在案件审理中的运用总体上也呈现出衰落的趋势。不过，尽管对陪审制度批评的声音越来越多，陪审制度的适用从总体上来说呈现出逐渐减少的趋势，但它仍然在保障自由、制约国家权力等方面发挥着不可替代的作用，显示出旺盛的生命力。值得注意的是，一些原来已经废除陪审团审判的国家正在恢复或试图恢复这一制度，如俄罗斯于 1994 年、西班牙在 1995 年恢复了陪审团审判制度，日本也正在考虑重新引进陪审团审判制度；仍然保留了陪审团制度的国家也正在积极地对该制度的各方面进行完善，使之能够适应现代司法制度的要求。

人民陪审员制度是我国现行陪审制度。长期以来，人民陪审员制度在推进司法民主、促进司法公正、提高司法公信等方面发挥了重要作用，但仍存在一些需要改进和完善之处，如人民陪审员的广泛性和代表性不足，"驻庭陪审、编外法官""陪而不审、审而不议"现象仍然存在，管理机制不健全，履职保障机制不完善等。保障普通民众广泛参与司法运作过程，有助于扩大司法的社会基础，促进社会对司法的理解与认同。在这方面，陪审制的作用是不可替代的。因此，对于人民陪审员制度，不是保留或取消的问题，而是如何改革完善的问题。为此，第十届全国人大常委会第十一次会议于 2004 年 8 月 28 日通过了《关于完善人民陪审员制度的决定》（自 2005 年 5 月 1 日起施行），为进一步加强和完善我国人民陪审制度提供了法律依据，也赋予了这项古老的制度新的生命力。

陪审员制度的改革是我国司法改革的重要组成部分。中共中央 2014 年 10 月作出的《关于全面推进依法治国若干重大问题的决定》明确要求："完善人民陪审员制度，保障公民陪审权利，扩大参审范围，完善随机抽选方式，提高人民陪审制度公信度。逐步实行人民陪审员不再审理法律适用问题，只参与审理事实认定问题。"最高人民法院 2015 年 2 月发布的《人民法院第四个五年改革纲要（2014—2018）》提出，要落实人民陪审员"倍增计划"，拓宽人民陪审员选任渠道和范围，保障人民群众参与司法，确保基层群众所占比例不低于新增人民陪审员三分之二；进一步规范人民陪审员的选任条件，改革选任方式，完善退出机制；明确人民陪审员参审案件职权，完善随机抽取机制；改革陪审方式，逐步实行人民陪审员不再审理法律适用问题，只参与审理事实认定问题；加强人民陪审员依法履职的经费保障；建立人民陪审员动态管理机制。2015 年 4 月 24 日，第十二届全国人大常委会第十四次会议通过《关于授权在部分地区开展人民陪审员制度改革试点工作的决定》。

根据全国人大常委会的授权，黑龙江、广西、重庆等地 50 个法院开展了人民陪审员制度改革试点。2017 年 4 月，最高人民法院向全国人大常委会报告试点工作开展情况，在充分肯定成绩的同时，指出试点中存在的几个问题。一是缺乏事实审和法律审区分的有效机制。目前，对试点探索事实审和法律审分离的做法，一些专家学者和人大代表仍存在较大争议。虽然试点法院积极探索采用事实清单、问题列表等方式区分事实问题和法律问题，但我国民事、刑事和行政诉讼法均未明确区分事实审和法律审，如何区分某一案件中的事实认定和法律适用问题还有待进一步研究。即使就区分事实认定和法律适用问题有了比较明确的标准和规则，实践中，合议庭组成方式、评议规则、表决程序等仍需进一步研究。二是全面实行随机抽选难度较大且不尽合理。针对试点过程中人民陪审员候选人信息来源不畅，人民陪审员全面随机抽选成本过高，少数随机抽选的候选人参审积极性不高，积极要求担任陪审员的群众无法抽选成功以及难以随机抽选到具有医疗、建筑等专业知识的陪审员等问题，不少专家学者、人大代表、政协委员建议，应适当保留组织推荐和个人申请产生人民陪审员的方式。三是大合议庭陪审机制有待进一步完善。试点法院采用大合议庭陪审机制，审理了一批涉及征地拆迁、环境保护、食品药品安全、公共利益等群体性案件，提高了热点难点案件审理的司法公信力和社会影响力，但对于大合议庭陪审案件的适用范围、庭审程序、评议规则以及审判效率评估等问题，尚未形成较为统一的规范。根据最高人民法院的建议，2017 年 4 月 27 日，第十二届全国人大常委会第二十七次会议决定，人民陪审员制度改革试点期限延长一年。

截至 2018 年 4 月，50 个试点地区人民陪审员总数达到 13740 人，比改革前新增 9220 人。其中，基层群众 7953 人，占 57.9%；高中学历 4894 人，占 35.6%，高中以下学历 653 人，占 4.8%。3 年来，试点法院合理确定参审范围，设置参审案件数上限，尝试适用大合议庭审理模式，探索事实审与法律审相分离，细化参审工作流程，逐渐从原来的注重陪审案件“数量”“陪审率”向关注陪审案件“质量”转变，“陪而不审”“审而不议”等问题得到较好的解决。试点以来，人民陪审员共参审刑事案件 30659 件，民事案件 178749 件，行政案件 11846 件，占一审普通程序案件的 77.4%。由人民陪审员参与组成 5 人以上大合议庭审结涉及群体利益、社会公共利益等社会影响较大的案件 3658 件，取得了良好的法律效果和社会效果。为进一步合理界定并适当扩大人民陪审员参审案件范围，最高人民法院建议，将案情复杂的案件和公益诉讼案件列入人民陪审员参审案件范围。如何区分事实审和法律审一直是人民陪审员制度改革试点中的难点。经过 3 年的探索，最高人民法院建议在 3 人合议庭中，以不区分事实审与法律审为宜，人民陪审员与法官有同等权利；对一些社会影响重大的案件，由 3 名法官和4名人民陪审员组成7人合议庭，人民陪审员只参与审理事实认定问题，不审理法律适用问题。

制定一部专门的人民陪审员法，有利于扩大司法领域的人民民主，形成法官和人民陪审员的优势互补，实现司法专业化判断与群众对公正认知的有机统一，让人民群众在每一个司法案件中感受到公平正义。在试点期间，各试点法院积极扩大选任范围、完善参审机制、合理区分事实审和法律审、健全保障机制，试点工作成效显著。在试点过程中，有不少人大代表、政协委员、专家学者提出，人民陪审员制度是我国社会主义民主政治的重要组成部分，建议在宪法中增加人民陪审员制度相关条款；同时，在总结改革试点经验的基础上，制定专门的人民陪审员法。在试点中，各地法院探索出许多可复制、可推广的经验做法，对其中所涉重点难点问题也基本形成共识，立法条件已经具备。在上述基础上，2018年4月27日，第十三届全国人大常委会第二次会议审议并通过《中华人民共和国人民陪审员法》(以下简称《人民陪审员法》)，同日公布，自公布之日起施行。

为了贯彻司法改革的精神，有效提高参审质效，《人民陪审员法》在总结改革试点的经验、合理界定并适当扩大参审范围的基础上，将人民陪审员的学历要求从原有的大专以上降低到一般具有高中以上文化程度，以便让更大范围的群众有机会选任人民陪审员；考虑到提高年龄要求有利于更好地发挥陪审员富有社会阅历、了解社情民意的优势，将担任人民陪审员的年龄从23周岁提高到28周岁；将案情复杂的案件、公益诉讼案件和社会影响重大的死刑案件列入参审案件范围，扩大了人民陪审员参审案件范围；确定3人合议庭和7人合议庭两种审判组织模式；人民陪审员参加3人合议庭审判案件，对事实认定、法律适用独立发表意见、行使表决权；人民陪审员参加7人合议庭审理社会影响重大的案件，只参与审理事实认定问题，不再审理法律适用问题，以充分发挥人民陪审员熟悉社情民意、长于事实认定的优势。《人民陪审员法》还专门作出规定，特别强调了审判长对人民陪审员的指引、提示等义务，但不得妨碍人民陪审员对案件的独立判断。

法律的生命在于实施。然而，天下之事，不难于立法，而难于法之必行。《人民陪审员法》是一部符合社会规律、源于司法实践、体现时代潮流的法律，它的颁行必将为我国陪审制度的改革指明未来的方向，提供强大的动力，开辟前进的道路。

本辑聚焦:司法责任制的理论与实践

三维理论视角下的司法责任制

高 权* 周纹婷**

摘要:司法责任制改革是司法改革的基础。但是,对司法责任制的解释不能仅局限于法学领域,因为在本质上,司法责任制改革是一项管理改革。精准解释司法责任制,要从法学、管理学、审判管理学三方面理论维度来进行。从法学角度来看,司法责任制源于裁判独立规律和权责一致原则,司法责任制是“让审理者裁判,由裁判者负责”。从管理学角度来看,管理责任原理是司法责任制的理论基础,建立权责利相统一的机制是司法责任制的基本含义。从审判管理学角度来看,基于我国审判权运行的特殊环境,需要对审判权运行提供必要的保障,司法责任制是建立以审判权为中心,以审判管理权和审判监督权为保障的权力运行体系。

关键词:司法责任制;审理者裁判;裁判者负责;权责利相统一;审判监督权;审判管理权

司法责任制改革在司法改革中处于基础和核心地位,是司法改革的“牛鼻子”。因此,在理论上厘清司法责任制,能够为司法责任制改革,乃至司法改革提供重要的理论基础。司法责任制改革虽然发生在审判领域,但是,其本质是一项管理改革。对司法责任制正当性的认知,仅在法学范围内闭门解释,难以给出合

* 作者系黑龙江省高级人民法院审判管理办公室、审判委员会办公室、司法改革领导小组办公室主任,高级经济师,法律硕士。

** 作者系黑龙江省高级人民法院民事审判第二庭法官助理,法学硕士。

理的答案,应走向从法学、管理学和审判管理学三个学科的维度进行解读的视角,实现对司法责任制的精准把握。

一、法学视角下的司法责任制:让审理者裁判,由裁判者负责

司法责任制是审判权运行的基本方式,在法学理论看来,实行司法责任制是由审判权运行的基本规律即司法规律决定的。司法规律是在司法权运作和司法组织设置中起决定性作用的基本准则,它是对司法活动、司法权的内在联系的抽象总结。①

(一)审理者裁判的标志:完整审判权

司法规律是由审判权的基本属性决定的,审判权、判断权和裁量权的基本属性,决定了裁判独立是基本的司法规律。裁判独立的要求是,法官享有依法独立裁判的权力,不受行政机关、社会团体和个人的干涉。此乃"让审理者裁判"的内在根据和基本含义。

审理者裁判,表现为法官享有完整的审判权,包括:

第一,阅卷权。一是作为承办法官全面阅卷。案件卷宗是案件的信息载体,法官只有原原本本地阅读,才能吃透案情,提出正确的意见。基于承办法官的特定职责,承办法官全面阅读卷宗,了解当事人的基本情况,仔细分析每一份证据,才能全面地掌握案情。二是作为合议庭其他成员重点阅卷。根据合议庭成员的分工,在承办法官已经全面阅卷的基础上,合议庭其他成员要有选择、有重点地阅读卷宗中的部分内容,为参加评议打下基础。三是针对分歧交叉阅卷。针对合议庭成员之间有不同认识的证据、事实问题,合议庭成员应当交叉阅卷,以有利于对卷宗材料的准确把握,作出合理的判断。

第二,听审权。一是出席法庭。裁判独立要求裁判者必须亲历。司法亲历能够使裁判者对纠纷当事人的情况、案情等有直观、切身的体验,以言辞的方式直接听取参与人的诉求、反驳和意见来判断证据的真假、问题的是非、事实的有无,尽可能恢复案件客观事实。二是调查听证。"没有调查就没有发言权""兼听则明,偏信则暗"。司法裁判中,两造不但要俱备,还要聚齐,法官应当在法庭上调查、听取双方的主张和诉求。

---

① 张笑英、杨雄:《司法规律之诠释》,载《法学杂志》2010 年第 2 期。

第三,评议权。一是采信证据。在诉讼中,双方或者多方当事人提供的证据真假难辨、形式不一,对繁杂的证据抽丝剥茧、进行取舍是法官认定事实的基础。二是认定事实。法官根据采信的证据情况,对案件发生的时间、地点、人物、事件原委、发展进程、最终结果等主客观情形进行复原,从而认定案件事实。三是适用法律。法官选择法律规定,依据形式逻辑,以事实为基础对纠纷进行裁断,这是审判的最后,也是最为关键的环节。法官在采信证据、认定事实的基础上,适用法律,完成对案件的最终评价。

第四,定案权。一是裁判文书制作。裁判结果要以书面的形式送达当事人。一般情况下,案件的承办法官最熟悉案情,由其起草文书最合适不过。但是,合议庭采取少数服从多数的决策原则,一旦承办法官的意见因是少数而被否定,再由其起草文书将面临论述上的尴尬。此时,最好的做法是谁的意见被采纳,由谁制作裁判文书①。为了彻底落实责任原则,裁判文书的制作者应当对文书的全面质量负责。二是裁判文书署名。在管理活动中,谁有签字权,谁就有决定权,最后签字者拥有最后决策权。裁判结论是合议庭成员共同合议出来的,文书起草后,在文书上签署自己的名字是合议庭成员的权利和义务,表明对文书内容的认可或知悉。在署名之前,非起草文书的法官应对文书中事实认定、法律援引和裁判主文三个方面与合议庭评议结果进行复核。三是裁判文书签发。合议庭成员在文书上署名,具有合议庭内部的约束力。但是,裁判文书要对当事人产生外部效力。因此,合议庭成员署名后,应决策付诸印制,这一决策方式是对文书的签发。文书签发权是一种命令权力,应由审判长行使。审判长除了具有签发文书的命令权外,还应承担与署名者相同的对裁判文书中相关内容的复核职责。

(二)裁判者负责的要件:违法审判责任之限定

"权力是履行职责的保障,责任是正确行使权力的条件。"②权责之间的这种关系,决定法官要因审判权力行使不当而承担责任,这种责任因违法审判而起,是一种违法审判责任,此乃"由裁判者负责"的根据。

第一,违法审判责任是违法审判行为产生之责任。审判行为之外之违法、违

① 在理论上,裁判文书应当由法官助理在法官的指导下制作,但是目前法官助理不但短缺,而且水平也难以达到完全能代替法官制作裁判文书的程度。

② 郑青:《对主办检察官办案责任制的几点思考——以湖北省监察机关的改革实践为范本》,载《人民检察》2013年第23期。

纪乃至犯罪行为应承担的责任,不是“由裁判者负责”的责任。

第二,违法审判责任是法官自己的责任。独任庭、合议庭或审判委员会讨论决定的案件,因裁判错误需要追究违法审判责任的,只有裁判采纳的意见错误的法官才承担责任。

第三,违法审判责任是故意或者重大过失责任。追究法官违法审判责任要坚持谦抑精神,免责应当是原则,追究的只是个别故意或者重大过失的情形。对于瑕疵责任,则应排除在追究责任之外。

第四,违法审判责任是行为责任和结果责任的统一。构成违法审判责任,除了法官行为违法,还必须因行为违法造成一定后果。一般而言,生效案件被改判,才有可能造成实际损失,方有追究之必要。

第五,违法审判责任是多元责任。违法审判责任的类型要契合我国的政治体制和政党制度,根据不同的主客观情节,分别承担组织处理、党政纪处分或者刑事责任。

综上,基于审判权的判断权裁量权的属性,对法官应承担的违法审判责任应作出进一步的限缩,不能将司法责任制简单等同于司法责任追究①。但是,也不能一概认为法官裁判应享有绝对豁免权,即“让审理者裁判”和“由裁判者负责”是统一的。

(三)审理者和裁判者的定位:法官

实行“让审理者裁判,由裁判者负责”,要改变审理者和裁判者分离的状态,必须明确法官作为审理者和裁判者的身份定位。

法官是审判活动的具体承办者,裁判是法官意志的体现,裁判过程由法官依法掌控,裁判结论由法官根据事实和法律作出,裁判效果由法官承受,裁判责任由法官承担,法官是真正的审理者和裁判者。因为法官是审理者和裁判者,强调的是以裁判独立规律为讨论问题的出发点,有基于司法规律的基础,所以法官独立裁判是司法公正的前提。

在审理者和裁判者定位上,要注意不能将以下个人或组织确定为审理者和裁判者:

---

① 王迎龙:《司法责任制是依法独立行使审判权之保障》,载《人民法院报》2015 年 11 月 3 日第 2 版。

第一,法院。在我国的国家权力分工体系中,人民法院行使审判权,裁判也以法院的名义作出,在裁判文书中,对裁判过程和结论的论述也被冠之以"本院认为",文书还要加盖法院的印章才能有效。表面上看,裁判者是法院。但是,法院是一个抽象的组织,其必须将审判权力赋予具体的人,由人来行使,并且由人来担责;否则,"让审理者裁判,由裁判者负责"必将落空。

第二,审判组织。根据法律规定,审判活动由独任庭、合议庭或者审判委员会承担,裁判由集体多数意见决定。因为多数意见是法官中的多数法官的意见,所以,归根结底裁判是依法官的意见作出的。而且,在追究违法审判责任时,也是追究审判组织中意见被采纳并且意见错误的法官,而不是追究审判组织中所有法官。

第三,院庭长。在我国的审判实践中,院庭长对法官办案进行层层审批的管理方式,被贯之以所谓的"把关",实质上是上令下从的"行政审批制"。此种审判权力运行机制,导致法官愿意"撑伞自蔽","他绝不会发挥自己的主动积极性,而只会去向上级请示"。其结果是"采取决定的人不负责任,落实决定的人也不负责任"[①],审判的公平正义无法实现。"把关"式的裁判应当退出历史舞台。

二、管理学视角下的司法责任制:权责利相统一

(一)管理责任原理:司法责任制的根据

从管理学角度来看,司法责任制来源于管理责任原理[②]。其内容为:第一,职责明确。不同岗位的职责泾渭分明,没有交叉,也没有空白地带,是一个既明确又闭合的职责分工体系。第二,权责利相统一。各岗位职责和权力相一致、职责和利益相配套、权力和利益相平衡。第三,奖罚分明。对于岗位承担者,根据其工作绩效,该奖则奖,该罚则罚。

管理责任原理因其构建的权责利相统一机制,契合人的本能和理性,能够激发人的最大潜能。因此,责任制是一种纯粹的动力机制,并且动力源于人的道德理性,而不是法律所强加,使其更加具有调动人的积极性的巨大动能。

司法责任制是责任制原理在司法管理领域的生动实践,核心是明确法官的

① [法]阿兰·佩雷菲特:《官僚主义的弊害》,孟鞠如等译,商务印书馆1981年版,第358页。

② 高权:《审判管理学原理》,人民法院出版社2014年版,第145页以下。

权力、责任和利益，通过建立权责利相统一机制，来保障裁判公正。

司法责任制之权责利相统一的关系如下：

第一，权力与利益相统一，享有权力大小与利益保障标准相匹配。法官的利益保障重点是法官的身份独立、政治地位、经济利益、安全保障等。这些保障不足，面对依然复杂的社会环境，审判权力运行偏差的概率必然增大。

第二，权力与责任相统一，权力失序程度与承担不利后果相一致。审判权力有失去按固有规律运行的可能，与之相匹配的是，行为者要承担相应的责任。审判权力失序的程度不能与所承担的责任不成比例，或者干脆不承担责任。

第三，利益与责任相统一，利益保障标准与承担不利后果相平衡。法官因不当审判行为承担不利后果，除了受制于权力失当程度，还要考虑法官所享有的利益保障水平。法官利益保障不到位，还要承担责任或者承担过重责任，既不人道，也难以落实。

（二）厘清与矫正：审判权力偏轨与审判责任失配

根据管理责任原理，审判权力与审判责任应相适应。但是，近年来，由于审判权力运行发生偏轨，出现权力偏轨与责任失配并存的局面，权力与责任分离，使权责一致无法实现，应在厘清的基础上加以矫正。

1. 权责失配的根源：审判权力运行异化

第一，主动司法，致使法官无须承担责任。在审判权启动中，法院、法官秉承能动司法的理念，主动服务于政府的政策和命令、服务各种重大活动，先入为主地站在政策制定者的一边，已经失去了法官具有的被动角色。由于主动司法彰显的是政治正确，无论效果如何，法官无须承担责任。

第二，“审”“判”分离，造成责任难以分清。作为审判权主体的法官，审理情况需向院庭领导，甚至法院外部有关部门的领导汇报，裁判的决策者已经不是法官，“审者不判，判者不审”，审判责任由法官承担，还是由各级长官承担，在实践中无法落实。

第三，多调少裁，诱使法官规避责任。在“调解优先，调判结合”理念的引领下，过分主张法官以调解的方式结案，法官采取各种方法促成调解，以拖促调、以压促调、以骗促调等，损害一方当事人的利益，司法权威受到损害，司法公信力严重受损。过分强调调解会促使法官为回避审判责任而乐此不疲。

第四，裁而不终，导致责任或然无定。司法权根据上司的命令，以上令下从的行政化方式运行，审判变成了一个过程。实践中，一个案件经过“翻烧饼”演变成若干案件，程序空转，裁判的安定性和既判力受到破坏。案件“翻烧饼”，终局裁判不确定，审判责任也无法确定。

第五，求稳弃权，实际上加重法官责任。一些当事人，对审判机关的裁判不服，不是通过正当的法律程序予以维权，而是采取上访的方式表达诉求，法院“有访必接”，从司法裁判机关变成了信访处理机关，诉访不分，维权的审判权滑向了维稳的泥潭。为了维稳，法官裁判后出现所谓的不稳定，是否应当担责？

第六，偏离正义，客观上加重法官责任。和谐与正义先天就有矛盾，因为总有一些人私心过重，在利益面前不讲公平，只追求自己多得。审判权不能为了和谐而丧失正义的本质。强调“案结事了”“胜败皆服”的和谐结果，法官裁判后出现所谓的不和谐，是否应当担责？

2. 权责失配的矫正：审判权力运行归位

第一，被动启动、法官主体。被动启动是司法权与立法权、行政权相区别的一个突出特点，即所谓不告不理。法院不能在没有当事人请求时主动启动审判程序。“审”“判”合一是审判权独立行使的题中应有之义，审判主体是法官，法官审理法官裁判，不参加审判的各级“长官”，不能对法官的审判指手画脚或者说三道四。

第二，判决方式、终局结论。司法的原意就是裁判，这是司法的本质。在调解的民间、非司法权力、司法三种方式中，司法调解是在其他调解无效情况下的最后一种调解方式，大量的纠纷都应当在进入司法机关之前就已经解决，进入司法程序的，裁判应当是主要方式。审判权不同于行政权的一个方面，是审判权具有终局性。处于不稳定状态的裁判，使结论处于或然，司法裁判不能成为没有结论的过程，司法的终局性要得到维护。

第三，维权功能、正义价值。审判就是通过依法裁判，对纠纷给出一个公允的结论，维护当事人的正当权益。裁判结论作出后，当事人不服可以上诉、申诉，按照法律程序继续维权。但是，即使经过多次判定，也不能保证当事人满意。法官不能因为可能产生不稳定就放弃对合法权益的保障。审判权的价值追求是正义目标，不是促进和谐的工具手段。在诉讼中，如果当事人能够和谐相处，便没有纠纷。相反，斤斤计较、占便宜是常态，在审判中不能用和谐取代正义。

(三)权责利统一之下的利益保障

法官利益保障有政治地位、经济利益、人身自由、安全防护等多个角度。目前，法官的核心利益保障应是法官称谓的固化、法官身份的明确以及法官职业化要素的纯化和提升。

1. 法官称谓的固化

1995年《中华人民共和国法官法》颁布,在法律上确立了法官的正规称谓。但是,立法上和实践中长期以来形成了一些关于法官的习惯性表述,降低了社会对法官的认知。

第一,干部、工人之别是我国人事管理制度的一大特色。"干部"一词是根据法语"cadre"的词义翻译的,字面意思是骨干部分。在我国法院内部,法官和其他干部一样,没有突出法官的特殊身份,法官被淹没在干部当中。

第二,在我国的相关法律中,有审判员、助理审判员的称谓。法官员额制改革后,进入员额的助理审判员一律任命为审判员。但是,遗憾的是还没有将审判员改称为法官。

第三,在法院内部乃至政法机关普遍用"干警""政法干警"称谓所有工作人员,法官也包括其中。"干警"这种大众化称谓将法官混同于其他人员。

2. 法官身份的明确

明确法官身份,突破点是实行法官单独职务序列管理,将法官从公务员序列中剥离,通过摆脱"官"的身份,提升法官尊严。

第一,从正面角度,法官不是官是由司法裁判规律决定的。司法裁判具有终局性,不能动辄加以改变;同时,司法裁判必须由裁判者独立作出,不存在命令服从问题。因此,去除法官的官员身份,才能恢复法官的本来面目,让法官在理解自身职责的基础上认同自己的身份。

第二,从反面角度,法官如果是官员,存在一个难解的悖论,即如果法官是官,那么,在刑事诉讼中,法官就与国家这个原告合二为一;在行政诉讼中,法官就与国家这个被告合二为一。刑事、行政审判实践中,律师死磕法官,就是将法官当作了另一方当事人的原因。

第三,从本源角度,法官是中立的裁判者。由于社会纠纷在当事人之间无法调和,其他社会组织、个人也无能为力,纠纷才诉诸法院,由法官居中裁断。这种裁断的根源在于法官的权威和公正,也必然要求法官不偏不倚,始终保持中立之态。

3. 法官职业化要素的纯化与提升

作为社会分工体系下的法官职业,其劳动对象、劳动工具、劳动支出形式以及劳动场所等职业要素的独特性色彩凸显的程度,是法官职业化水平的标志,其纯化与提升也成为法官权益保障的核心。

第一,纯化法官职业的劳动对象,提升为纠纷。如果没有纠纷,法官职业就没有存在的前提。但是,在实践中,我国法官承担了太多由地方党政部门或者法院内部安排的纠纷之外的事务。清除这些分外事务是法官职业化建设的当务之急。

第二,纯化法官职业的劳动工具,提升为法袍、法槌、靠背椅、审判台。穿法袍表现法官的持重矜谨,拿法槌代表法官一锤定音的决断权,坐靠背椅代表法官的王侯地位,审判台表明法官的卓越素质。不穿法袍、不敲法槌、不坐靠背椅、不上法台就不应当被称为法官。比如,类似审判委员会在会议室讨论案件的情形,应当逐步废除。

第三,纯化法官职业的劳动支出形式,提升为阅卷、开庭、合议、撰写裁判文书、签发裁判文书。目前,由于审判辅助人员不足,法官还要承担一些辅助性、事务性工作,从而混淆了法官的职责。因此,纯化法官的工作,让法官承担法官应当承担的工作任务是保障法官权益的标志。

第四,纯化法官职业的劳动场所,提升为法庭。法庭的布置在全世界都有一个共同的特点——被装扮成一个剧场化的空间,诉讼参与人、法官扮演各自的角色,在法庭内演绎裁判故事,定分止争。法庭之外,法官接待当事人信访、解答当事人对裁判的疑问等,都不符合法官职业劳动场所的要求,应当予以纠正。

三、审判管理学视角下的司法责任制:以审判权为中心,以审判管理权和审判监督权为保障的权力运行体系

基于审判权运行的环境,审判管理学关注司法责任制的基点,在于对审判权运行提供保障,在坚守审判权中心地位的基础上,建立以审判权为中心,以审判管理权和审判监督权为保障的权力运行体系。

(一)审判权、审判管理权和审判监督权的结构关系

"一个中心,两个保障"的权力运行体系建立在审判权、审判管理权和审判监督权的关系结构基础上。中心权力和保障权力的结构关系是:

第一,审判权是原权力,审判管理权和审判监督权是派生性权力,两者前后有序,是从属关系。审判权乃法院立命之本,而对审判权力运行进行控制乃审判权力运行规范化之必要。但是,从法院所承担的职能和在国家机构中的地位而言,审判权是其天然之权力,保障其规范运行的审判管理权和审判监督权不但产

生于审判权，而且还依附于审判权。

第二，审判权越大，审判管理权和审判监督权越小，两者你排我斥，是相对关系。本质上，审判权由法官独立行使，法官应享有绝对的审判权，但是，由于监督管理之必要，法官的审判权受到了控制，并且权力行使的程度与控制力度成反比，也就是审判权越大，审判管理权和审判监督权越小；反之亦然。

第三，审判权追求自由裁量，审判管理权和审判监督权应受限制，两者有张有弛，是反向关系。自由乃审判权之生命，是审判权独立规律的要求。但是，审判权也同其他任何权力一样具有应受管控之必要，区别在于，对审判权管控的管理权和监督权之力度必须受到必要的限制。限制的程度应与审判权运行的环境相互协调，基本规律是审判权越是能够充分行使，审判管理权和审判监督权越是应当受到限制。

（二）审判权中心地位的确立

审判权中心地位，是相对于审判权与审判管理权和审判监督权之间的逻辑关系而言的，其基本要求是在审判权主体独立的基础上，审判程序、审判结论均由审判权主体独立负责。

第一，审判主体自主独立。审判权主体与审判管理权主体、审判监督权主体之间在审判权力行使上地位平等，没有命令服从关系，审判权由法官独立行使，院庭长对本人没有参与审理的案件不能对法官的裁判发号施令。

第二，审判程序自主掌控。审判权启动、运行、终结不受审判管理权和审判监督权的影响，各方监督力量以及院庭长对审判程序性事项的管理和监督不能改变程序运行法定进程和方向。院庭长的监督是一种督促、提示和指导性的工作推进。

第三，审判结论自主作出。审判结论的生成由法官依据调查、评议采信的证据认定事实、适用法律后自主作出。

（三）基于审判权运行环境的审判监督管理之必要性

审判权力运行依赖于现代国家体制与权力制约机制的普遍建立、良好的社会文化和经济运行模式等环境基础。显然，审判权力独立运行所需要的上述环境，在当下的中国还需要相当长的一段时间才能具备，因此，审判监督管理还十分必要：

第一，人情社会与法官生活圈子依赖的矛盾将长期存在。法官生活在费孝通先生所称的“亲情纽带，差序格局的熟人社会”中的事实无法回避。绕不开的熟人圈子,导致法官为"情"弄权。审判权为"情"所困,是法官难以摆脱的生活现实。

第二,立法者认识的局限性与社会生活变动性的张力,导致法律漏洞的客观存在。法官的司法技能短时间内无法提高,填补法律漏洞所需要的审判技能不高,导致法官因"技"滥权。审判权为"技"所限,是当前法官整体素质状况的必然结果。

第三,司法腐败已被证实是客观存在的(最高人民法院两个副院长腐败案是典型的例证)。法官物质保障能力与生活支出的矛盾也日益突出。司法腐败与保障不足的博弈,导致法官为"利"弄权。审判权为"利"所累,是法官底线失守的诱因。

第四,无序观念与法官职业操守依赖的矛盾,是中国社会因缺少契约精神所彰显的无规则意识的整体反应。法官依循法律和良心进行裁判的道德操守远未形成。自我良知不足以有效克服自己与公民无异的无序观,导致法官"任性"操权。审判权为"任性"所困,是法官操守难保的因由。

第五,权力干涉与法官身份依赖是行政化司法体制的自然延续。中国权力社会的社会状态,使法官无论是在社会上生存,还是在法院内部工作,无不限定在权力的场域中。权力依赖所生的身份依附,导致法官因"依附"歪权。审判权为"依附"所扰,是法官难以抗拒的强大力量。

第六,媒体审判与法官抵抗的纠结随新媒体的快速发展越发紧张。媒体天然具有的吸引眼球的本性,使其存在超越边界、失去理性的冲动。在媒体无界与法官抵抗媒体审判无力之时,媒体审判对法官形成"绑架",导致法官因"绑架"践权。审判权为"绑架"所绊,是法官客观裁判的障碍。

(四)审判管理机制的构建

审判管理权对审判权的保障,主要是通过法院内部审判管理职能作用的充分发挥,回应审判权中心的目标定位和战略需求。

第一,完善审判组织体系。一方面,要依据司法规律的要求对审判机关内部的机构设置、结构关系、控制机制、内部体系进行设计;此外,还要关注保障审判权运行的资源提供模式,理顺法院与外部资源提供者之间的关系。通过这种组织机构设计及相关关系的调整,形成内部优化、外部协调的适应司法公正要求的现代审判组织体系。

第二,规范审判权力体系。审判管理要对审判权力行使主体、审判权力边界、审判权力运行等进行合理设计，形成审判权力与审判活动的性质相适应、范围相匹配、内容相关联的权力结构。这就需要对主审法官、合议法官、审判长、合议庭、审判委员会的审判权进行界分和规范，形成与司法规律相适应的审判权力体系。

第三，建立审判监管体系。对审判权力运行质量进行监管是审判管理的应有职责。审判管理分别从个案和全案、微观和宏观、直接和间接、事中和事后不同的角度对审判活动的过程、结果进行计划、组织、领导、控制和创新，建立一体化的审判监管体系。

第四，重构审判责任体系。重构审判责任体系的核心是根据法官审判权力的性质和大小、利益保障的能力和水平确定其应当承担的责任，并对责任的性质，主、客观要件以及承担的方式进行规划，形成周延闭合的审判责任体系。

第五，打造审判指导体系。现代信息技术在司法审判领域的充分运用，使司法大数据的生成成为可能。在司法大数据背景下，通过对大数据的深度挖掘，为法官办案提供类案参考、推送典型案例、总结审判经验、梳理裁判规则。信息化和大数据为审判管理转型升级带来了机遇，审判指导作用发挥的空间更为宽广。

（五）审判监督的多元力量

保障审判权中心地位的审判监督不是司法性质的提审、二审、再审等审判权行使之意义上的，而是以监视、督导、评价等方式表现出来的一种广泛的对审判权力的制衡力量。

第一，诉讼参与人制约监督。为了实现诉讼参与人的利益，法律赋予诉讼参与人在诉讼中广泛的诉讼权利。由于审判权力的运行对诉讼各方切身利益有着重要的影响，在整个诉讼进程中备受各方关注，诉讼参与人通过行使诉讼权利对审判权力进行监督制约是审判权力公正运行的重要监督力量。

第二，社会公众评价监督。诉讼参与人以外的民众、组织、媒体是一种广泛的对审判权力的监督力量。特别是对一些敏感案件，社会公众对司法裁判的结果有着高度的热情、强烈的关注。审判机关应当按照司法公开的要求，落实公众的知情权，同时实现对审判权力运行的监督。

第三，人大权力宏观监督。在我国的宪政体制下，审判权来源于人大，必须向人大负责，接受人大监督。人大对审判权力的监督，体现的是国家最高权力对审判权力运行的宏观保障，一方面，保障审判权力的规范运行；另一方面，为审判权力运行创造条件，排除障碍。

第四,检察法律监督。依据法律规定,我国检察机关对法院的审判活动行使监督权。这是我国检察制度的一大特色,也是对审判活动进行监督的一种重要方式。检察机关以国家的名义,以对法院的裁判进行抗诉的方式,表达检察机关对裁判的不认可,依此维护裁判公正。

第五,院庭长个案监督。保障审判权中心地位,院庭长应在放权与控权的平衡上寻找最佳契合点。院庭长个案监督只能是程序性地对法官进行提示、咨询、指导,而不是指挥、决定、命令,不具备实体的定案功能。此外,这种个案监督,是对以往案件进行监督的修正,应根据审判权运行环境的需要,从当事人数量、案件难易、同案同判、司法廉洁等角度来确定范围,实行监督方式组织化、监督过程留痕化和监督结果公开化①。

① 参见《最高人民法院关于完善人民法院司法责任制的若干意见》第24条。

我国法官惩戒制度的程序困境及出路*

王明辉**

摘要：受行政化管理模式、改革举措顺位不清及"倒逼"式改革逻辑等因素的影响，我国法官惩戒程序的抽象化、行政化、内部化特点比较明显。除缺乏明确法律规定、程序相对模糊外，其职权配置失衡、中立程度不足、保障力度偏弱，导致"追责难"与"救济难"并存。完善我国法官惩戒程序的关键在于实现监察制度与惩戒制度的有效衔接。一方面强调惩戒委员会只享有建议权；另一方面也要在程序启动、全面调查、案件审理等方面凸显惩戒委员会的作用，防止其成为法院自我追责的附庸。适度提高全面调查法官惩戒案件的法院层级，赋予公众惩戒申请权，实现法院监察部门与惩戒委员会的双向互动，这些虽对现有纪检监察制度有所突破，但可视为改革的较小成本，利大于弊。

关键词：司法责任；法官惩戒；程序构建

在深入推进司法责任制改革背景下，法官惩戒制度的构建成为有效平衡独立行使审判权与司法责任问题的利器。在法官惩戒制度诸要素中，程序是联系依据、主体、事由、结果及救济的纽带——惩戒是否合乎规范、主体是否适格、事由是否正当、结果是否公正、救济是否充分，皆应在正当的程序中予以展示。因此，审视我国法官惩戒制度之程序，查找其短板并予以健全和完善，成为法官惩戒制度落地的重要课题。

---

* 本文系2013年度国家社科基金项目"权利话语在司法裁判中的局限及其破解研究"(13CFX004)的阶段性成果。

** 作者系西南政法大学行政法学院2013级博士研究生，重庆市江北区人民法院法官助理。

一、我国法官惩戒制度的程序样态

当前,我国法官惩戒程序尚缺乏明确的法律规定,相关表述散见于《人民法院第四个五年改革纲要(2014—2018)》和《最高人民法院关于完善人民法院司法责任制的若干意见》(以下简称《司法责任制意见》)以及《最高人民法院 最高人民检察院〈关于建立法官、检察官惩戒制度的意见(试行)〉》中。整体相对笼统,主要分为五步:第一,发现责任追究事由,由院长、审判监督(或审判管理)部门提出初步意见。第二,由监察部门启动责任追究程序,调查并采取必要、合理的保护措施。当事法官享有知情、辩解和举证的权利。第三,监察部门认为需要追究责任的,报请院长决定,并报送法官惩戒委员会审议,高级人民法院监察部门应派员通报相关情况并举证。当事法官有权进行陈述、举证、辩解、申请复议和申诉。第四,由法官惩戒委员会作出无责、免责或给予惩戒处分的建议。第五,由组织人事部门、纪检监察部门、司法机关依法处理。其主要特点可总结如下:

1. 一元化的启动模式。虽然《司法责任制意见》规定"各级人民法院应当依法自觉接受人大、政协、媒体和社会监督,依法受理对法院违法审判行为的举报、投诉,并认真进行调查核实",但总体而言,该程序具有较强的一元化特征。外部监督和举报只是帮助法院发现惩戒线索,而不能直接启动责任追究程序,程序是否启动需经法院调查核实。

2. 多头化的职权设置。在法院外部,法官惩戒委员会成为与法院纪检监察部门并存的法官惩戒机构,职权配置逐步由法院自行确定责任向法院调查责任、惩戒委员会认定责任的模式转变。在法院内部,院长、审判监督部门、审判管理部门、监察部门、审委会等均负有与法官惩戒相关的职权,各部门的职能分工及程序流程相对多元。

3. 内部化的运作路径。法官惩戒事由的发现、初步审查、全面调查、决定报送等程序主要在法院内部进行,并由法院纪检监察部门主导。法院在是否启动调查工作、是否报送惩戒委员会予以审议等方面弹性较大,选择余地较宽,具有较强话语权。

4. 抽象化的救济机制。法官惩戒程序对救济机制的规定相对原则、抽象,且在一定程度上延续了传统监察制度的模式。在法官惩戒委员会作出给予惩戒处分的建议之后,或在法官已被实际给予惩戒处分之后,应该如何进行救济,还需进一步明晰化和具体化。

二、我国法官惩戒制度的程序缺陷

现阶段,我国法官惩戒制度的程序缺陷主要集中于职权配置、中立程度和保障机制等方面。

1. 职权配置失衡。从外部看,在"公众—法院—法官惩戒委员会"三者关系中,法院职权相对膨胀——公众检举和控告能否推动惩戒程序启动,以及惩戒委员会能否介入程序,均取决于法院的调查决定——法院成为左右法官惩戒程序的关键主体,在一定程度上既限制了公众参与,也制约了惩戒委员会职能的发挥。从内部看,法院院长、审监部门、审管部门、监察部门、审委会等在法官惩戒方面职权配置较分散,分工相对不明确,还存在"一岗多职""角色重叠"等现象——比如,院长既享有提起初步意见权,又享有委托审查权,还享有是否报送法官惩戒委员会的决定权;审判监督部门既享有提起初步意见权,又享有审查权——这便使得审查程序极易被架空。

2. 中立程度不足。在一元化的启动模式及内部化的运作路径下,虽然设置了惩戒委员会,但惩戒工作仍主要由法院纪检监察部门负责,具有高度封闭性和行政性特点。① 首先,法院纪检监察自我追责色彩明显。受责任捆绑、法院声誉、领导政绩等方面因素影响,法院对内部人员追责往往有所顾忌,主动追责的积极性不足、难度较大,法官违法违纪行为容易被内部消化。其次,惩戒委员会易成为法院自我追责的"升级版"。根据《上海市法官遴选(惩戒)工作办公室工作规则(试行)》的规定,惩戒委员会办公室设在法院政治部,虽接受惩戒委员会的指导与监督,但仍直接听命于法院党组。② 很难想象在法院提出应追究法官责任的意见后,惩戒委员会还能给出相左的建议。机构上的重合使得法院成为实质上的责任认定主体。

3. 保障力度偏弱。程序公正是实体公正的必要前提。由于救济程序抽象化、行政化特点明显,加之职权配置失衡、中立性不足,导致法官权利保障救济机制严重弱化。在审判职权与责任分配相对不均的情况下,责任承担主体的确定呈现"由决定者担责"和"从领导向一线递减"的特点。于是,在"多做多错+保障

---

① 徐昕、黄艳好、汪小棠:《中国司法改革年度报告(2015)》,载《政法论坛》2016 年第 3 期。

② 陈海锋:《错案责任追究的主体研究》,载《法学》2016 年第 2 期。

机制欠缺”的情况下，一线法官为减轻、转移或规避责任，往往求助于口头请示领导或上级法院、提交审委会讨论、无原则性调解等非正常渠道，进一步影响审判独立和审级独立。有学者直言，“如果一套制度要求法官在个人利益和司法公正之间进行非此即彼的选择，那无异于鼓励法官践踏该制度”。①

综上所述，法官惩戒制度之程序缺陷极易导致“追责难”与“救济难”并存的尴尬局面。为了在落实司法责任制的同时，确保法官不因责罚严苛影响正常工作，法院往往按照“举重放轻”的实践逻辑，在上级（或外部）压力和保护法官之间寻找某种动态平衡。② 结果是，一旦法院认为无须追责，则法官被追责的可能性微乎其微；一旦法院认为应当追责，则往往致使法官实际承担责任，且很难获得救济。更有甚者，在法官审判活动不能独立的情况下，一线法官还要面临成为“替罪羊”的危险。

三、我国法官惩戒程序缺陷的缘由剖析

作为强化司法责任制的重要一环，我国法官惩戒程序之所以出现上述问题，有其深层原因。

1. 行政化管理模式的影响。在整个法官惩戒程序中，法院占据主导地位，在程序启动、调查取证、决定提请审议以及最终的实施惩戒等方面均发挥重要作用。因缺乏主体上的独立性和中立性、程序上的平等性和对抗性，法院与当事法官仍属于行政管理意义上的管理者与被管理者关系。诚然，从一般意义上来讲，法院对法官行使管理职权无可厚非，但由于法官惩戒不仅涉及法官切身利益，而且关乎司法公正，若继续沿用传统行政化追责模式实有所不妥——其使得公众有理由怀疑，法院要么因压力所迫忽略法官权利保障，要么为保护法官纵容违法违纪；也使得法官难免心有芥蒂，要么惮于惩戒不敢独立裁判，要么于惩戒后无法心服口服。因此，由于没有摆脱行政化管理模式的影响，法官惩戒程序在完整性、严密性、中立性、公正性、权威性方面有弱势，暴露出制度性缺陷。

2. 改革举措相互掣肘的后果。司法改革是一项宏大的系统性工程，牵一发

---

① 兰荣杰：《把法官当“人”看——兼论程序失灵现象及其补救》，载《法制与社会发展》2011年第5期。

② 王伦刚、刘思达：《从实体问责到程序之治——中国法院错案追究制运行的实证考察》，载《法学家》2016年第2期。

而动全身,法官惩戒制度及程序的设计需置于改革总体框架中通盘考虑。一方面要与整体改革目标和思路相契合,保持方向一致;另一方面要与其他改革举措保持协调融贯,形成有效合力。要整合员额制改革、去行政化改革、职业保障改革、责任制改革的成果,实现法官权责利的高度统一。但由于顶层设计对整体改革与重点任务间的关系认识和协调不足,各项改革举措相互掣肘的情况比较严重。一方面,在法官员额制、去行政化和地方化以及司法保障等问题尚待进一步突破的情况下,法官惩戒制度很难抛开包袱。除新设置的惩戒委员会以外,程序设计难以大刀阔斧推进。另一方面,不完善的法官惩戒程序反过来承认和强化了亟须改革的原有司法体制,弱化了法官职业保障,减弱了顶层设计通过制度去除行政化的决心。

3.“倒逼”式改革逻辑的副作用。在现有制度框架较难迅速全面去行政化的情况下,通过法官个体责任的强化,倒逼审判独立和公正成为改革的无奈之举。法官惩戒制度正是期望通过法官个体原子式的独立模式,以“由裁判者负责”倒逼“让审理者裁判”目标的实现。① 在“倒逼”式改革逻辑的作用下,法官惩戒作为一种新的制度类型所具有的宣示和警示意义便凸现出来,得以快速优先推行,而具体的惩戒程序则相对靠后,只在现有制度框架体系内予以初步构建,故呈现出倒置现象:程序滞后于制度本身落地,注重法官责任强化多于权利保障。另外,在没有实质性调整原有监察制度的基础上,设立法官惩戒委员会犹如并行设置了一套新的管理机制,在一定程度上造成了二者并存且容易发生冲突的局面。②

四、域外法官惩戒程序的经验启示

如何应对我国法官惩戒程序的缺陷并加以完善?可先从比较法角度,考察域外国家和地区的有益经验,并选择性地为己所用。

1. 美国法官惩戒程序。美国联邦和州各设立两套法官惩戒程序,即法官弹劾程序和司法惩戒程序。联邦及各州法官弹劾程序相对一致,均由众议院起诉,参议院审理,由 2/3 参议院成员通过裁决。联邦司法惩戒由司法理事会负责,根

① 陈虎:《逻辑与后果——法官错案责任终身制的理论反思》,载《苏州大学学报(哲学社会科学版)》2016 年第 2 期。

② 陈瑞华:《法官责任制度的三种模式》,载《法学研究》2015 年第 4 期。

据法官不当行为的严重程度及不良影响等,选择正式或非正式惩戒。[①] 各州则普遍设立委员会、理事会、专门法庭等司法行为机构,专门负责对法官不当行为进行调查和听审。[②] 之后或提出本机构认定的事实及惩戒建议,由最高法院作出惩戒决定;或自行作出惩戒决定,并允许当事法官向最高法院上诉。[③] 程序多采用法庭式和诉讼式,主要分为审查投诉、初步调查、预审、全面调查、正式指控、听证审理、作出惩戒建议或决定等几个阶段。[④]

2. 德国法官惩戒程序。德国法官惩戒程序同样包括两种,即弹劾程序和纪律处分程序。联邦法官弹劾程序由联邦议会下议院负责提出控告,由联邦宪法法院处理,宪法法官经 2/3 投票作出惩戒决定;州级法官弹劾按照各州程序进行。纪律处分程序则由德国联邦及各州法官纪律法院负责。以联邦纪律法院为例,其审判案件须由 1 名审判长、2 名常任陪审法官和 2 名非常任法官组成合议庭进行。另外,对于一些相对较轻的不当行为,各级法院院长以及州或联邦一级主管法院的部门有权处以谴责和警告处分。[⑤]

3. 日本法官惩戒程序。同美、德相仿,日本也建立了包括弹劾程序和一般惩戒程序在内的二元法官惩戒程序。弹劾程序方面,与美国由众、参两院分别负责诉审不同,日本采国会混合诉审模式。国会参众两院分别推出 10 名议员共同组成法官起诉委员会,负责受理弹劾请求;分别推出 7 名议员共同组成弹劾法院,负责审理弹劾案件。[⑥] 任何人认为有理由对法官实施弹劾罢免时,均可向起诉委员会提起罢免起诉要求,高等法院和地方法院的院长认为本院法官及辖区内下级法院法官应被弹劾罢免的,必须要求起诉委员会起诉;起诉委员会经调查

---

① 严仁群:《美国法官惩戒制度论要——兼析中美惩戒理念之差异》,载《法学评论》2004 年第6 期。

② 赵增田:《美国司法惩戒制度研究》,载《嘉应学院学报(哲学社会科学)》2015 年第 6 期。

③ 俞甲乙编译:《美国联邦及各州司法惩戒制度》,载《法律适用》2003 年第 9 期。

④ 赵增田:《美国司法惩戒制度研究》,载《嘉应学院学报(哲学社会科学)》2015 年第 6 期。

⑤ 徐静村、潘金贵:《法官惩戒制度研究——兼论我国司法弹劾制度的建构》,载《公法研究》2004 年第 1 辑。

⑥ 李贤华:《域外法官惩戒组织的设置及其运行》,载《人民法院报》2015 年 7 月 3 日第 8 版。

决定起诉的,应向弹劾法院提交起诉状;弹劾法院判决以参与审理的审判员半数以上的意见为准,但罢免判决需经参与审理的审判员 2/3 多数通过。一般惩戒程序则根据日本宪法规定,由法院按照审判程序进行。最高法院负责审理最高法院和高等法院法官的惩戒案件,高等法院负责审理地方法院、家庭法院和简易法院法官的惩戒案件。① 受投诉法官所在的法院以书面形式提起指控,由最高法院组成 9 人大法庭、高等法院组成 5 人合议庭审理,审理程序与普通民事案件相似。对于高等法院作出的惩戒决定不服,受投诉法院及当事法官本人可向最高法院提起上诉;由最高法院作出的惩戒决定不可上诉。

4. 法国法官惩戒程序。与美、德、日不同,法国没有规定专门的法官弹劾程序,仅规定了普通惩戒程序,由最高司法委员会负责。法官因不良行为受到指控的,各上诉法院院长根据情况予以处理:若情节较轻,则只需予以初步惩戒,提出警告;若情节较严重,则进行调查并作报告移交司法部,由司法部长决定起诉,正式启动惩戒程序。最高司法委员会在最高上诉法院以专门行政法庭形式开庭审理,并最终作出惩戒决定。当事法官有权获取起诉书副本、初步调查文件,有权聘请律师或请同事出庭,有权要求证人提供证词,有权向国家最高行政法院上诉。②

5. 我国台湾地区法官评鉴程序。台湾地区法官惩戒主要通过法官个案评鉴制度进行。可请求个案评鉴的四类主体范围较广,但当事人、犯罪被害人不能直接向法官评鉴委员会提请个案评鉴;直接提请的,书状将被移交"司法院",由其视情况决定是否以自己名义提请个案评鉴。法官评鉴委员会需先审查是否有付评鉴之情事,再行调查并作出不付评鉴、请求不成立、请求成立有惩戒必要以及请求成立但无惩戒必要的决议。有惩戒之必要者,报由"司法院"移送"监察院"审查,"监察院"也认为有惩戒之必要的,作出弹劾决定,移送职务法庭处理。职务法庭采用一级一审制,由公务员惩戒委员会委员长及 4 名法官组成合议庭审理,当事人不服可提起再审。③

---

① 陶珂宝:《日本和法国的法官惩戒制度简介》,载《法律适用》2003 年第 9 期。

② 徐静村、潘金贵:《法官惩戒制度研究——兼论我国司法弹劾制度的建构》,载《公法研究》2004 年第 1 辑。

③ 王上仁:《台湾法官评鉴制度与问题——以"法官法"为核心》,载《司法改革论评》2015 年第 2 期。

总体来看,其他国家和地区的法官惩戒程序主要有以下经验可资借鉴。

1. 规范化的程序设计。各国和地区的法官惩戒程序多有明确的规范性依据,对惩戒事由、标准、主体和流程等事项规定清晰,且法律位阶相对较高。美国法官弹劾程序由宪法直接规定,一般惩戒程序则体现在《司法理事会改革和司法行为与资格丧失法案》等法律中;德国由基本法、宪法法院法和法官法对法官惩戒程序予以规范;日本则由宪法、国会法、法官弹劾法、法院法对法官惩戒程序进行规定;我国台湾地区"法官法"的颁布,也使法官惩戒从公务员惩戒中剥离出来,更具特殊性和专门性。

2. 民主化的参与方式。为确保法官不动辄得咎,各国和地区对法官惩戒保持高度谨慎态度;但为维护司法公正,亦建立了较为广泛的公众参与机制。在美国,任何人认为联邦法官实施有偏见之行为的,均可向上诉法院书面投诉;在日本,任何人认为有理由对法官实施弹劾罢免时,均可向起诉委员会提起罢免起诉要求;在我国台湾地区,有权请求法官个案评鉴的主体不仅包括"司法院"及"法官法"所规定的主体,当事人、犯罪被害人也可间接书面陈请法官个案评鉴。接受公众投诉的要么是负责法官惩戒的专门性机构,要么是较高层级法院。

3. 多元化的惩戒模式。根据法官行为的性质和严重程度,各国普遍设置不同的司法惩戒程序。美、德、日等国的法官惩戒程序均包括弹劾程序和一般惩戒程序两种;法国虽仅规定了一般惩戒程序,但在内部区别了初步惩戒程序和正式处分程序,以区别较严重和较轻的不当行为;这种非正式惩戒和正式惩戒的区分,在美、德等国的惩戒程序中同样存在。简言之,法官惩戒的域外实践呈现出"非正式惩戒—正式惩戒—弹劾罢免"这样一种梯级化和承继化的样态。

4. 司法化的处理路径。各国和地区的法官惩戒制度在职权配置及程序设计方面,均有明显的司法化色彩。首先,符合角色中立、职权分离等特点。普遍设有专门化的法官惩戒机构,且在机构定位、人财物供给等方面具有较强独立性,能直接接受公众投诉,且调查、控诉、审判分工相对明确,程序流转相对集中。其次,处理方式为审判或类审判模式。美国各州司法行为机构普遍采用法庭式和诉讼化程序,法国最高司法委员会采用专门行政法庭形式,德国纪律法院采用类诉讼程序,日本最高法院和高等法院采用大法庭或合议庭形式,我国台湾地区职务法庭亦组成合议庭审理。最后,规定有对等化的救济程序。各国和地区的法官惩戒程序对法官享有的救济权利、行使方式和行使时间有较明确且详细的规定,而不仅是单纯宣誓性的权利种类罗列。

五、我国法官惩戒程序的完善路径

针对我国法官惩戒程序存在的缺陷及其深层原因,结合域外法官惩戒程序的有益经验,完善我国法官惩戒程序的路径选择,可从基本原则的厘清和具体方案的改进两方面着手。

(一)完善我国法官惩戒程序的基本原则

1. 惩戒与保障并重原则。“在一个法治社会中,因害怕惩罚而不犯法的法官绝不可能成为好的法官,这样的法官也不可能承担独立审判的重任。”①因此,在有效监督法官的同时,强化法官职业保障,是完善法官惩戒程序的总体原则。② 这就要求依法履职责任豁免机制、不实举报澄清机制、错误追责救济机制、人身安全保护机制、独立办案保障机制等配套机制及时跟进。③

2. 系统改革原则。完善法官惩戒程序应谨防“钱穆制度陷阱”,要在理念上建立系统改革的思想,围绕“权责利统一”的改革思路,真正以去司法行政化为立足点,于司法改革的全局中通盘考量;要认清倒逼式改革的局限,理顺各项改革任务之间“放权—赋利—强责”的逻辑关系,正向激励与反向倒逼相结合,系统推动程序构建。

3. 程序法定原则。我国法官法规定,法官只能因法定事由,经法定程序,才能被追究责任。当前我国法官惩戒程序主要由最高人民法院及各地的意见、试用办法、章程等构成,位阶较低、严谨性较弱,与法官法所规定的程序法定原则相悖。因此,需要修改现行《法官法》,将法官惩戒程序纳入;或制定专门的《法官惩戒法》,全面规定法官惩戒程序,以改变程序规定阙如的状态。

4. 内外监督相结合原则。法院内部监督具有发现问题及时、调查便利等优势,有助于保护法官免受无妄之灾;但在主动性和公信力方面存在先天不足。外部监督主体范围更广,更易发现法官违法违纪线索,追责动力更为充足,监督效果也更易被公众认可;但力量相对分散,引入舆论关注后,又易因舆论压力侵害

---

① 廖永安:《关于错案责任追究制度的反思》,载《江苏社会科学》1999 年第 3 期。

② 陈松、王晓成:《我国法官惩戒机制改革刍议》,载《西昌学院学报(社会科学版)》2006 年第 1 期。

③ 韩德强、张纵华:《司法责任追究制需要系统化构建》,载《人民法院报》2016 年 7 月 7 日第 5 版。

当事法官的合法权利。因此,建立内部与外部混合型的监督机制,对构建科学、合理的法官惩戒程序具有重要作用。

5. 司法性原则。作为对裁判者的裁判,法官惩戒程序更应具备公平、公正、权威、高效的优秀品质,故其理应是司法性的,而不应是行政性的。[①] 法官惩戒和救济应该降低行政化倾向,不断加强司法性程序保障,并采用类诉讼程序。首先,责任认定主体应中立且职权清晰,符合角色分离原则,不能集调查权、裁判权或控诉权、裁判权于一身。其次,惩戒程序应科学、公正,确保查明事实清楚、适用法律正确、裁判结果正当。最后,救济程序应具有对等性和抗辩性,行使方式和行使时间需要具体明确。

(二)完善我国法官惩戒程序的具体方案

1. 机构设置。在控审职权配置上,为避免法院自我追责弊病,有观点主张强化法官惩戒委员会职权,在其内部分设控诉委员会和审理委员会,分别负责法官惩戒的调查、控诉和裁判、建议,由法院监察部门配合控诉委员会的工作。但鉴于惩戒委员会作为新生事物难担此重任,加之内部分工容易陷入"角色重叠"困境,造成新的"非中立"因素,故出于制度连续性和改革稳妥性考虑,建议仍保留法院监察部门负责调查、控诉,惩戒委员会负责裁判、建议的分工模式,在国家和省一级建立法官惩戒委员会,有效衔接现有法院监察制度及法官惩戒制度。

2. 程序启动。目前,我国法官惩戒制度实行一元化的程序启动模式,仅可由法院依职权启动,主体范围偏小。建议在保留依职权启动模式的同时,增加依申请启动模式,即由法官惩戒委员会根据公民、法人或其他组织的申请,依法启动法官惩戒程序。

(1)依职权启动。第一,经初步审查,各级人民法院发现本院或下级人民法院法官符合应受惩戒之情形的,应启动或责成下级法院启动法官惩戒程序。第二,各级人民法院收到对本院或下级法院法官应受惩戒之投诉和举报的,应进行或责成下级人民法院进行初步审查;若符合应受惩戒之情形,应启动法官惩戒程序。

(2)依申请启动。第一,提起申请。任何公民、法人或其他组织发现法官有应受惩戒之情形的,除有权向当事法官所在法院或上级法院举报、投诉外,亦可

① 蒋惠岭:《论法官惩戒程序之司法性》,载《法律适用》2003年第9期。

直接向法官惩戒委员会申请启动惩戒程序,但必须提交初步的书面意见、理由及证据材料。当事法官属最高人民法院的,应向国家法官惩戒委员会提出申请;当事法官属省级以下法院的,应向省级法官惩戒委员会提出申请。第二,初步审查。受理申请的惩戒委员会需要对申请进行初步审查。在此过程中,委员会可请当事法官说明情况或请相关法院作非正式调查,以帮助查明事实真相。非正式调查工作以非公开形式进行,不得影响当事法官正常行使职权。第三,驳回申请或作出建议。惩戒委员会应于收到申请之日起 15 日内作出是否启动惩戒程序的建议。若认为反映情况不属实或申请事项不符合惩戒事由的,应书面驳回申请;同时,将相关情况通报同级法院,并告知当事法官。若认为可能有应被惩戒之情形的,应向同级法院作出启动法官惩戒程序的建议。

3. 全面调查。经各级法院或惩戒委员会初步审查,认为应追究法官责任,则依法启动惩戒程序,进入全面调查程序。建议调整现行法院纪检监察制度,取消根据法官行政级别确定管辖法院的规定,根据法官所在法院,建立统一的省级统管模式。除最高人民法院由本院自行全面调查以外,其他法院均由高级人民法院全面调查,并由当事法官所在法院协助调查。在调查过程中,当事法官有权就相关事宜进行答辩。具体程序如下:

(1)依职权启动模式下的全面调查程序。第一,中基层人民法院经初步审查,认为本院法官可能有应受惩戒之情形的,经本院院长决定,报送高级人民法院,由高级人民法院监察部门进行全面调查,本院协助调查。第二,最高人民法院和高级人民法院认为本院法官可能有应受惩戒之情形的,由本院监察部门全面调查。第三,高级人民法院认为下级法院法官可能有应受惩戒之情形的,可主动全面调查。第四,最高人民法院认为下级法院法官可能有应受惩戒之情形的,可主动全面调查,或责成高级人民法院全面调查。

(2)依申请启动模式下的全面调查程序。惩戒委员会通过初步审查投诉、举报材料,认为法官行为可能有应受惩戒之情形的,应将投诉、举报材料交由同级法院监察部门全面调查。法院监察部门须于 30 日内完成全面调查工作。经调查后,无论调查结果如何,均需报请院长同意,通报惩戒委员会——认为应追究法官责任的,应将调查结果提交审理;认为无须追究法官责任,或情节轻微可私下训诫的,则需书面作出说明。

4. 正式指控。根据全面调查情况,最高人民法院和高级人民法院监察部门认为应追究法官责任的,应报本院院长决定,向同级惩戒委员会提交正式指控书,并附调查报告及相关证据材料。惩戒委员会应于收到指控书之日起15日内向当事法官送达上述材料副本。当事法官应于收到指控书副本之日起20日内向惩戒委员会提交书面答辩意见,否则视为承认指控事实。

5. 开庭审理。法官惩戒案件,一般由全体惩戒委员会委员组成合议庭开庭审理。对于事实清楚、情节轻微的法官惩戒案件,征得当事法官同意,可适用简易惩戒程序,由全体委员采取书面方式审理。审理期间,当事法官正常行使职权不受影响。但若惩戒委员会认为情节重大,有先行停止职务之必要的,可建议暂停当事法官职务。

普通程序主要包括:第一,庭前准备。惩戒委员会收到当事法官答辩,或答辩期限届满后,应及时安排开庭,并通知控诉法院、当事法官开庭时间、地点。第二,举行庭审。负责全面调查的最高人民法院监察部门或高级人民法院监察部门出庭控诉。当事法官出庭应诉,并有权申请回避、陈述、举证、辩解、申请证人出庭作证、聘请辩护人。为充分保障法官权益,审理过程一般不公开进行,但惩戒委员会认为有公开必要或当事法官要求公开的,可公开审理。第三,举证质证。审理过程需要进行充分的证据展示,双方均可传唤证人,并对证人交叉询问。具体证据展示规则可类比诉讼程序。

6. 作出建议。惩戒委员会委员平等发表意见,经全体委员过半数通过形成无责、免责或给予惩戒处分的最终建议,送达控诉法院及当事法官。应注意的是,惩戒委员会所作建议虽非最终决定,但为了充分保障其职能发挥,除非有确凿证据证明建议有误,相关部门应对其予以充分尊重,严格按照宪法和法律规定,根据建议内容进行处理。鉴于惩戒委员会建议的该"刚性"特征,有必要赋予当事法官申诉和申请复议的权利。

7. 申诉和申请复议。当事法官对惩戒委员会所作建议不服,可自收到建议书之日起15日内向原惩戒委员会申诉或向上一级惩戒委员会申请复议,对国家法官惩戒委员会所作建议不服的只能申诉。任何人不得以任何借口剥夺当事法官申诉和申请复议权。接受申诉或复议的惩戒委员应于60日内作出维持原建议的书面答复或重新作出建议。新建议不得在原建议基础上加重责任。在申诉和申请复议程序中,当事法官正常行使职权不受影响,但惩戒委员会认为情节重大,有先行停止职务之必要的,可建议暂停当事法官职务。

8. 惩戒决定。惩戒委员会作出建议后,当事法官在法定期限内未申诉或申请复议的,或在申诉或申请复议后,惩戒委员会维持或重新作出建议的,由组织人事部门、纪检监察部门、司法机关、人大依法处理。

结 语

程序正义是实现实体公正的必要前提。让法官在严格依法裁判的同时能够独立裁判是完善法官惩戒程序的核心命题。也许本文许多建议落地尚有难度，但并不妨碍其为推进改革提供参考。构建好的制度和程序有时不怕太慢，而怕太急。

裁判者被裁判:我国法官惩戒制度的现实困境与应然走向

李 翢*

摘要:以结果错误为主要惩戒事由的当前我国法官惩戒制度较少关注法官惩戒正当程序规制。本文以法官被惩戒的四个典型案例为切入点,研究我国法官惩戒制度的实际运行状况,并发现当前我国法官惩戒制度存在惩戒主体不合理、惩戒事由不科学、惩戒程序混乱、救济保障缺乏等问题。针对以上问题,本文提出改革与完善的路径,希冀建构完备而科学的法官惩戒制度体系。

关键词:法官惩戒制度;惩戒主体;惩戒事由

2015年8月18日,中央全面深化改革领导小组通过了《关于完善人民法院司法责任制的若干意见》,要求建立权责统一、权责明晰、权力制约的司法责任制体系,既要严格依纪依法追究法官违法审判责任,又要充分保障法官依法独立履行审判职责,实现司法责任与司法豁免相统一。法官作为正义的化身和法律的守护者,在依法履职过程中定分止争,而当其因违法违纪受到惩戒和处罚时,理应在完备的惩戒制度下享有正当程序保障。惩戒主体是否适格,惩戒事由是否充分,惩戒程序是否正当,成为考量一个惩戒制度是否完善公允的先决条件。

一、案例透析:亟待规范的法官惩戒现状

案例一:2002年,广东四会莫兆军法官审理了一起民间借贷纠纷案。原告凭借条请求判决被告还钱,被告答辩称借条是受原告持刀胁迫所写,但无法举

---

* 作者系西南政法大学法学院2018级博士研究生,重庆市渝中区人民法院民二庭法官助理。

证,也未向警方报案。莫法官根据民事诉讼"谁主张,谁举证"的证据规则,在被告无任何证据的情况下判决被告败诉。被告夫妇于败诉后在法院门口服毒自杀,此事引起巨大轰动。事后,检察院以"对证据未作全面审查,已构成玩忽职守罪"对莫兆军加以逮捕并提起公诉。①

案例二:2003 年,洛阳市中级人民法院法官李慧娟在一份判决书中作出如下表述:"《河南省农作物种子管理条例》作为法律位阶较低的地方性法规,其与《种子法》相抵触的条(款)自然无效。"这一表述激起河南省人大的强烈反应,认为"其实质是对省人大常委会通过的地方性法规的违法审查,违背了我国人民代表大会制度,是严重违法行为"。继而发文要求河南省高级人民法院对李慧娟和分管领导作出严肃处理。根据省人大要求,洛阳市中级人民法院撤销了李慧娟的审判长职务及判决书签发人民事庭副庭长赵广云的职务,免去李慧娟的助理审判员资格。此事后来在舆论和专家、学者、法律界人士的关注下最终采取冷处理方式,李慧娟于 2004 年回到洛阳市中级人民法院工作。②

案例三:2009 年,河北唐山马瑞芝法官调解了一起民间借贷纠纷,双方达成和解协议,用被告的工资分期还款,被告工资账号因此被冻结。两个月后,被告前妻凭离婚判决请求法院强制执行被告的工资收入,但因被告的工资账号已被冻结,执行无法进行。前妻因此认为马瑞芝法官被"收买"了,帮助被告转移财产,从此便多次上访,甚至在信访部门有自杀等过激行为。在其频繁上访之下,2011 年,检察院以"致使该民事案件的利害关系第三人多次上访告状,造成了恶劣的社会影响,属于滥用职权"为由,对马瑞芝提起公诉。③

案例四:2011 年对河南"天价过路费"案件的裁判存在定罪和量刑错误,在对法官进行追责时,河南省高级人民法院直陈审判存在审查不细、把关不严等问题,但在平顶山中级人民法院刚决定启动再审程序,改判结果未出之前,河南省高级人民法院便责令平顶山中级人民法院提请免去原刑一庭庭长职务,并"经商市委同意"对分管副院长停职检查。

---

① 杨涛:《冤案夫妇在法庭外自杀　法官称"自杀与我无关"》,载《南方都市报》2003 年 4 月 25 日 A23 版。

② 曾金胜:《李慧娟事件再调查》,载 http://www.people.com.cn/GB/paper83/12252/1102665.html,最后访问日期:2016 年 6 月 1 日。

③ 李蒙:《法官缘何成被告》,载《民主与法制》2013 年第 22 期。

上述四个案例折射出当前我国法官惩戒制度的种种乱象:惩戒事由"任性"而随意,缺乏稳定性和科学性;惩戒程序混乱,行政化色彩浓郁。

二、问题溯源:当前我国法官惩戒的制度困境

(一)惩戒规定不系统

笔者梳理了从1995年《中华人民共和国法官法》发布以来涉及法官惩戒的各种法律法规及规范性文件,如表1所示:

表1 法官惩戒相关法律法规

发布时间	名称	时效性
1995年	中华人民共和国法官法	有效
1997年	刑法	有效
1998年	人民法院审判人员违法审判责任追究办法(试行)	有效
1998年	人民法院审判纪律处分办法(试行)	废止
2001年	中华人民共和国法官职业道德基本准则	废止
2002年	人民法院执行工作纪律处分办法(试行)	废止
2003年	关于严格执行《中华人民共和国法官法》有关惩戒制度的若干规定	废止
2004年	关于规范法官和律师相互关系维护司法公正的若干规定	有效
2005年	法官行为规范(试行)	废止
2008年	人民法院监察工作条例	有效
2009年	最高人民法院关于"五个严禁"的规定	有效
2009年	最高人民法院关于违反"五个严禁"规定的处理办法	有效
2009年	人民法院有关部门配合监察部门核查违纪违法线索暂行办法	有效
2009年	人民法院工作人员处分条例	有效
2010年	中华人民共和国法官职业道德基本准则	有效
2010年	法官行为规范	有效
2011年	关于在审判工作中防止法院内部人员干扰办案的若干规定	有效
2012年	关于人民法院落实廉政准则防止利益冲突的若干规定	有效
2013年	关于切实防止冤假错案的指导意见	有效
2015年	最高人民法院关于完善人民法院司法责任制的若干意见	有效

通过表1,可看出涉及法官惩戒的法律法规缺乏系统规范整理,较为杂乱。第一,规定繁多。涵盖法官惩戒的法律规定包括以《中华人民共和国法官法》为代表的各种法律、条例、办法、规定、准则,总共20个,先后承继、废立比较频繁,但并未形成体系。有的是规定纪律处分的标准,有的是规定纪律处分的程序,有的是规定职业道德标准,有的是规定行为规范标准,使我们需要把所有的法律全部看完才能大致建立一种法官惩戒制度。第二,缺乏针对性和系统性。这些规定不直接针对法官个体,因此无法具体和细化,从而影响到规范的可操作性和直接约束性。总之,缺乏一部统一规定法官惩戒制度的专门性法律或文件,这与域外法治发达国家通过清晰明确的专门法律来规范法官惩戒形成鲜明的对比。正是由于我国缺乏统一系统的法官惩戒法,才使得各地法院在落实法官惩戒制度时各自为政、花样百出,有些法院甚至完全曲解了顶层初衷。第三,位阶偏低。除《中华人民共和国法官法》《中华人民共和国刑法》是由全国人大制定的法律之外,其余各项规定几乎清一色都出自最高人民法院之手,可谓法官惩戒的"家法",一方面效力较低,另一方面惩戒力度十分有限。

(二)惩戒主体追责不力

当前我国法官惩戒的主体主要有两部分,外部惩戒主体是人大及其常委会,内部惩戒主体是院长及其领导下的监察部门,而又以内部惩戒主体为主。本轮司法改革虽然提出了在省级建立法官惩戒委员会,但惩戒程序启动主体依然是本院纪检监察部门或案件管理部门。首先,人大及其常委会行使惩戒的方式是罢免由其任命的法官,但罢免投票权一般并不会主动行使,通常由法院提请启动,人大并不会对法官作实质意义的审查,只是依照法院的建议走一个形式,因此人大的实质惩戒作用必然有限。其次,法院院长及纪检监察部门作为内部惩戒主体,所面对的惩戒对象与自己同属利益共同体,这样的追责启动主体注定难以逃脱"内部人处理内部人"的窠臼。部门保护主义是我国常态,领导基于政绩和集体荣誉考虑,多不愿意主动追究。"家丑不可外扬"的心态在很大程度上会动摇院长处理本院法官的决心,能够在内部消化处理就消化,大事化小、小事化了,最后不了了之。而纪检监察部门面对抬头不见低头见的同事,多持"睁一只眼闭一只眼""能放一马就放一马"的态度,以便维护良好的人际关系。如此,内部追责措施必难得到良好执行。"极有可能造成法官群体内部的官官相护,腐败劣迹的隐瞒,出现更多的司法腐败产生源和增长点。”[①]

(三)惩戒事由背离科学

我国现阶段的法官惩戒事由主要集中在错案追责中,过分看重裁判结果的实体对错,错案的来源主要是上级法院改判、发回重审的案件或经人大、政协监督,当事人持续上访造成恶劣社会影响的案件。

首先,错案并无清晰明确的界定。该提法本身就包含一个前提,即一个案件有且只有一个正确的裁判,否则就是错误裁判。实际上,“法律运行过程中存在来自三个方面的不确定性,即法律条文的不确定性、事实认定的不确定性和法律以外的其他社会和个人因素(甚至非理性的因素)的不确定性。由于有这些不确定性存在,想明确地界定什么是错案是一件十分棘手的工作”[②]。法律的生命在于经验而不是逻辑,对同一案件、同一个事实、同一份证据,不同的法官因自身经历不同、对事实的认定不同完全有可能得出截然不同的结论。因此,单纯从经二审改判、发回重审的案件中去寻找错案的方法缺乏科学性,也会导致上诉程序的设计失去其本来意义。

其次,“即使司法机关内每个工作人员都尽职尽力,不时出现一些司法决定上的偏差、错误仍然是难免的”[③]。诚如罗伯斯庇尔所言:“如果法官是天使,是不会犯错误的完美无缺的人,那么立法就成为多余,只需设置法官的职权就够了。但是无论法官怎么样,他们总是人。”[④]因此,为规范错案来源,早在1998年,最高人民法院的两个办法——《关于人民法院审判人员违法审判责任追究办法(试行)》和《人民法院审判纪律处分办法(试行)》就将追究错案责任的前提限定在法官主观上有过错,且导致错误裁判或造成严重后果,同时还专款规定了法官不承担责任的除外条款。然而遗憾的是,各地在具体执行时却远远突破了最高人民法院对错案的界定,演变成以判决结果实体的对错来认定错案,从上级法院改判、发回重审的案件中去寻找错案。“每位法官都应受到保护,决不能弄得法官一边用颤抖的手指翻动法书,一边自问‘我这样做,我要负损害赔偿的责任

① 徐显明:《论司法腐败的制度性防治》,载《法学》1998年第8期。

② 王晨光:《法律运行中的不确定性与“错案追究制”的误区》,载《法学》1997年第3期。

③ 苏力:《法治及其本土资源》,中国政法大学出版社1996年版,第159页。

④ [法]罗伯斯庇尔:《革命法制和审判》,赵涵舆译,商务印书馆1965年版,第30~31页。

吗？'只要法官在工作时真诚地相信他所做的事是在他自己的法律权限范围内的，那么他就没有受诉的责任。"①这样的追责机制势必导致两种负面效果：一是损害法官办案的积极性。在错案责任追究制的达摩克利斯之剑下，法官为了避免被追责，主观上排斥办案，每次办案都如临深渊、如履薄冰。甚至有"多办案多出错，少办案少出错，不办案不出错"的想法。二是间接损害司法独立。在法院系统繁杂考核指标的规制下，法官为了不被上级法院改判或发回重审，会主动放弃自由裁量权，稍有问题就请示汇报，仔细揣摩领导意思，合议庭只合不议，或主动提请审委会以规避责任，或请示上级法院，如若上级法院没有及时回复，则案件就久拖不决。

（四）惩戒程序行政化色彩浓重

我国法官惩戒活动的程序规定始终没有脱离适用于普通公务员的纪检监察制度，并没有建立司法性的法官惩戒程序。首先是公开性不足。正义不仅要实现，而且要以看得见的方式实现。当前我国对法官惩戒程序的设计集中在《人民法院监察工作条例》中，而监察部门作为法院的内设职能部门，从根本上决定了惩戒程序的不公开性质。监察部门内部调查、内部处理，既不公开又欠公允，追责过程和结果均缺乏透明度，公信力值得怀疑。其次是救济性欠缺。司法程序的救济性包含两个方面：一是在对抗程序中充分表达自己的不同意见，二是对处理结果不服可以提起上诉。我国的法官惩戒程序缺乏对法官的救济性保障。首先体现为被惩戒法官没有机会充分表达自己的观点，虽然《人民法院监察工作条例》规定了书面审理应当询问被调查人，但询问不同于司法意义上抗辩，更倾向于职权主义的调查了解程序。其次体现为处理决定一旦作出，所谓的申诉复查程序基本上都流于形式，并不能像司法程序的上诉程序一样保障法官的救济权利。

三、路径探索：人民法院四个五年纲要对法官惩戒制度的改革设计

为了逐一解决当前法官惩戒制度的种种问题，最高人民法院从"一五"到"四五"改革纲要，逐步设计了完善法官惩戒的制度主张，如表 2 所示。

---

① ［英］丹宁勋爵：《法律的正当程序》，李克强等译，法律出版社 1999 年版，第 72 页。

表2 人民法院四个五年纲要对法官惩戒制度的改革设计

纲要简称	对法官惩戒制度的改革设计	对应条款
“一五”纲要	贯彻执行《人民法院审判人员违法审判责任追究办法(试行)》和《人民法院审判纪律处分办法(试行)》,提出法官惩戒免责情形; 细化追责类型和责任承担形式。	第40条
“二五”纲要	制定法官惩戒程序规则,规范法官惩戒条件、案件审理程序以及救济途径等,保障受到投诉或查处法官的正当权利。	第43条
“三五”纲要	1. 加入职业伦理责任,对法官违反“五个严禁”等职业伦理行为进行追责; 2. 提出违法审判责任追责制,用以取代错案追究制; 3. 强化纪检监察工作的内部监督作用,健全外部监督举报机制。	第16条、第17条
“四五”纲要	1. 追责主体外部化,变内部问责为外部问责,首次提出在国家和省一级建立法官惩戒委员会,实现了问责主体横向独立和纵向高位设置; 2. 实现纪检监察程序与法官惩戒程序有序衔接; 3. 建立领导干部和法院内部人员过问案件记录和追责制度; 4. 建立符合司法规律的追责体系,区分不同主体职责,明确不同类型过错的甄别标准和免责事由; 5. 健全法官履行法定职责保护机制,完善法官申诉控告制度,建立法官合法权益因依法履职受到侵害的救济机制,健全不实举报澄清机制。	第35条、第55条、第56条

人民法院四个五年纲要对法官惩戒制度的改革设计逐步趋于科学,立足建立完备有效的惩戒机制,着力解决以下问题:

1. 优化惩戒主体,变内部惩戒为外部惩戒。从“一五”期间延续1998年最高人民法院的两个办法中规定的以监察部门和院长为惩戒主体,到“四五”纲要创新性地提出在国家和省一级分别设立由法官代表和社会有关人员参与的法官惩戒委员会,实现了惩戒主体横向独立和纵向高位设置。一是横向独立,吸收法院外部人员组成法院惩戒委员会,包括律师、学者、人大代表等;二是纵向高位,法官惩戒委员会设置在国家和省一级,既可以避免同级权力机关的干预,又可以增强惩戒机构的权威性。

2. 完善惩戒事由,走出错案概念陷阱。“一五”期间对惩戒事由的规定集中在两个办法中,实际运作中以裁判结果的对错即错案责任的追究作为主要惩戒理由,“三五”纲要提出完善法官行为规范,对错案背后的不当行为加以追责,包括强化法官党风廉政行为要求及严格遵循《法官行为准则》。“四五”纲要更进一步要求明确不同主体、不同类型过错的甄别标准和免责事由,防止错案泛化。

3. 规范惩戒程序,保障法官合法权益。"二五"纲要提出规范法官惩戒案件审理程序,完善救济途径;"三五"纲要强调法官惩戒程序应具备司法性,体现了高层去行政化的决心;"四五"纲要特别强调了法官申诉救济权利的保障,提出要在惩戒程序中确保法官辩解、举证、申请复议和申诉的权利。

四、有的放矢:细化和完善改革纲要,建立完备的惩戒制度体系

(一)完善法官惩戒主体

1. 明晰法官惩戒委员会的成员结构。法官惩戒委员会高位设置在国家和省一级,与检察官惩戒委员会分设。人员组成应当体现专业性、权威性和代表性,由具有法学专业背景、法律工作经验丰富、具有良好社会声誉的资深法官、检察官、人大代表、政协委员、知名律师、高校法学学者、中基层普通法官、检察官代表组成。法官惩戒委员会主任应当由资深法官或其他德高望重的人士担任,从全体委员中推选产生,主持全面工作。各类人员的占比应遵循法官占多数(一半以上),其他各类人员尽可能包括的原则。设立常任委员和非常任委员,建立法官惩戒委员会后备人才库,非常任委员从人才库中随机抽取。常任委员每届任期3年,每次换届更新1/3。法官惩戒委员会下设办公室作为常设机构,分别设立在最高人民法院和省高级人民法院,负责日常行政事务,如惩戒委员会成员的召集及惩戒程序的启动等。

2. 控审分离——厘定法官惩戒委员会与法院纪检监察部门的权力边界。法官惩戒委员会与纪检监察部门如若不能形成相互制衡的关系,则会使法官惩戒委员会异化为另一种形式的行政干预。首先,本轮司法改革并未解决高级人民法院司法地方化的问题,高级人民法院人、财、物依然受制于省级政府。即使中基层两级法院摆脱了同级地方政府的控制,高级人民法院仍然要受限于省级政府财政。同时,法官惩戒委员会享有对本省三级法院的问责权,如若将调查权与处理决定权都赋予法官惩戒委员会,则有可能使法官惩戒委员会演变为省级政府、高级人民法院控制下级法院的另一种行政干预机制①。其次,纪检监察部门在长期实践中积

① 陈瑞华:《法官责任制度三种模式》,载《法学研究》2015年第4期。

累了丰富的监察经验,相关法律,如《人民法院监察工作条例》《人民法院工作人员处分条例》也均将监察部门作为监督权和处分权的主体,在"审者不判,判者不审"的传统模式下,监察部门和案件管理部门在确保案件质量方面发挥了重要作用。如果贸然废止纪检监察部门,一是会遭遇政治风险;二是法官惩戒委员会面对全省庞大的法院系统,受制于人员数量,在没有纪检监察部门进行调查和举证的前提下,能否迅速启动惩戒机制,并作出准确的责任认定,实在值得怀疑。因此,现阶段保留纪检监察部门是必要的。纪检监察部门可以与法官惩戒委员会形成相互掣肘、相互制衡的关系,既解决了传统惩戒制度中纪检监察部门监督惩戒如同"隔靴搔痒"的问题,又可以避免法官惩戒委员会权力过大的问题。

法官惩戒委员会与纪检监察部门、同级人大应各司其职。纪检监察部门负责受理举报、投诉并进行质询、前期调查。法官惩戒委员会则专门负责行使法官惩戒案件的审理权。法官是否应被惩戒、处以何种方式的惩戒都由法官惩戒委员会决定。纪检监察部门作为调查部门同样需要高位设置,即调查权赋予被惩戒法官的上一级纪检监察部门。当接到投诉举报时,由上级法院纪检监察部门派员到涉案法官所在法院进行调查取证。一方面可以解决以往内部监督使惩戒流于形式的弊端;另一方面调查权的高位设置可以增强调查权威,避免效率降低和资源浪费,有力解决"捂盖子"问题。法官惩戒委员会经审议决定给予受惩戒法官免职处分时,应当提请人大行使罢免权。

(二)明确法官惩戒事由

1. 以行为不当作为惩戒事由

"正当程序通过审判程序的多方参与机制、证明机制以及救济机制即可保证结果的合理性。"①所谓行为不当,是指法官实施了违反法律法规或《法官行为规范》《法官职业道德基本准则》的失范行为,损害了司法公信力,影响了公众对法官的信任。例如,法官接受一方当事人吃请、收受贿赂、在法庭上限制一方当事人发言等。相较于错案这一结果性评判标准而言,行为不当这一行为化的标准更具有操作性,因为行为本身是外化的,易于观察,而结果却有不可预测性,过分看重案件实体裁判的结果对错容易侵犯法官的独立审判权。《人民法院工作人员处分条例》对不当行为作了较为详尽的规定,具体而言,行为不当包括以下情况:

---

① 陈瑞华:《程序正义理论》,中国法制出版社2010年版,第184～185页。

一是法官职务内的不当行为。包括主观上存在故意或重大过失，客观上造成损害司法公信力的后果的行为。职务内的不当行为应涵盖司法程序的各个环节，从立案、开庭审理、裁判到执行全过程。它主要包括两大类。第一类是法官承办案件时的违法审判行为，如违反规定私自办理案件或内外勾结制造假案；故意泄露审判秘密；篡改、伪造或者故意损毁庭审笔录、合议庭评议笔录；违法保全；违法执行；应回避不回避；违规会见当事人及其辩护人；故意隐瞒主要证据、重要情节，提供虚假材料，因过失遗漏主要证据等。实践中，河南"眼花法官"水涛案就是典型的违法审判案例，其在被告人没有赔偿的情况下，以"被告人积极赔偿"为重要依据，对肇事司机从轻发落。第二类是违规行为，如插手过问他人承办案件，为案件当事人介绍律师、说情打招呼等。

二是法官职务外的不当行为。主要指其在业外生活中违反《法官职业道德基本准则》的行为。2014 年开始，最高人民法院每年都向公众通报法院干警工作作风不正的典型案例，有公车私用、公款吃喝、违规操办宴席、借考察之机公款旅游、收送节礼等。[①] "法官就是法律由精神王国进入现实王国控制社会生活关系的大门。法律借助于法官而降临尘世。"[②]无论在岗位上还是岗位外，法官的言行将直接成为民众评判司法队伍整体形象和素质的标杆。"只有在法官表现得崇高神圣的时候，受法院管辖者与法官之间才能产生信任关系，也才能感受到司法公正。"[③]如果法官在审判工作之外肆意践踏职业道德准则，则将严重损害司法公信力。上海法官集体嫖娼案的教训不可谓不深刻[④]，该事件如一枚深水炸弹将人民法院的形象毁于一旦，对司法公信力造成了严重的损害。因此，将法官职务外的不当行为纳入法官惩戒事由之内，对于重塑司法公信力具有十分重要的意义。

2. 区分错误案件和瑕疵案件

中政委《关于建立涉法涉诉信访执法错误纠正和瑕疵补正机制的指导意见》

---

① 罗书臻：《最高人民法院通报 6 起法院干警违反中央八项规定精神的典型案件》，载《人民法院报》2014 年 4 月 22 日第 4 版。

② ［德］拉德布鲁赫：《法学导论》，米健、朱林译，中国大百科全书出版社 1997 年版，第 100 页。

③ 怀效锋：《法官行为与职业伦理》，法律出版社 2006 年版，第 304 页。

④ 杨金志：《上海对法官夜总会娱乐事件作出严肃处理》，载《人民法院报》2013 年 8 月 7 日第 2 版。

对“执法错误”的定义为:“对于认定事实错误或事实不清、适用法律不当、办案程序严重违法、处理结果明显不公等,依法应当通过启动法律程序予以纠正或重新作出处理的,应当认定为执法错误。”最高人民法院《人民法院审判瑕疵处理办法(试行)》规定:“人民法院审判和执行工作在文书制作、审判程序、事实认定、法律引用、审判行为等方面存在损害司法公信力的错误和问题,但不影响裁判结果的正确性、不属于法律规定启动审判监督程序的条件,或对执行结果正确性不产生影响的,可以认定为审判瑕疵。”参考上述规定对错误司法行为和瑕疵司法行为的区分标准,可以对错误案件和瑕疵案件进行界定:错误案件主要指法官主观上存在故意或重大过失,客观上造成严重损害司法公信力的后果,致使案件认定事实、适用法律错误,或严重违反法定程序导致裁判结果错误或执行结果错误的案件;瑕疵案件则指法官主观上虽有过错,但不存在故意或重大过失,客观上未对裁判结果造成实质影响,未损害司法公信力的案件。如严重超出当事人申请范围或者标的额进行查封、扣押、冻结,当事人提出异议后,不及时纠正,造成严重后果的属于错误案件;适用简易程序审理的民事案件,向被告送达传票时未留足15天法定期限的则属于瑕疵案件。

对于错误案件和瑕疵案件,应区分追究责任的形式。错误案件的责任形式包括警告、记过、记大过、降低法官等级、撤职、取消法官资格、开除等;瑕疵案件的责任形式则包括批评教育,诫勉谈话,书面检查,通报批评,取消年度评先、评优资格,责令离岗学习等。

(三)规范法官惩戒程序

“司法惩戒活动是司法活动,而不是司法行政活动,更不是行政机关的行政活动。”①域外法治发达国家法官惩戒程序有一个共性:都采取审判模式或准审判模式。法官在从事职业活动中,以公平公正的审判程序保证控辩双方当事人的合法权益,而当影响法官切身利益的法官惩戒活动加之于法官本人时,法官同样有权利要求以审判程序来查明事实,尽可能减少其他非理性因素的干预,最大限度保障法官的合法权益不被侵犯,防止不实投诉举报干扰和影响法官正常的独立审判活动。法官惩戒程序具体设计如下:

1. 启动程序。启动方式分为外部启动和内部启动。外部启动主要指任何公

---

① 蒋惠岭:《论法官惩戒程序之司法性》,载《法律适用》2003年第9期。

众、人大代表和政协委员都可向法官惩戒委员会对涉嫌违法违纪的法官提起投诉或举报,但需准备书面理由和初步证据。内部启动是指法院内部进行纪检监察、执法执纪检查、案件评查、审务督察、处理涉诉信访、院长邮箱、公众服务网投诉和上级法院转督办案件中发现法官存在违法违纪行为,应向法官惩戒委员会报告。

2. 调查和立案程序。调查程序参照《人民法院监察工作条例》进行,调查期间不能对涉案法官采取强制措施。调查工作结束后,调查部门给惩戒委员会出具一份详尽的调查报告。如若认为检举属实,则由法官惩戒委员会立案。如经调查认为检举不实,则向检举人说明原因,同时向涉案法官所在法院澄清不实举报。

3. 审理程序。法官惩戒委员会负责审理,监察部门指派人员出席指控,涉案法官可以委托律师作为辩护人。整个审理流程、证据规则、证明标准均参照刑事诉讼法,充分确保涉案法官的陈述权、辩护权。审理结束后,法官惩戒委员会集体讨论决定法官惩戒事项,最终决定应当由出席讨论的 2/3 以上委员同意通过。涉嫌犯罪的,移送司法部门依法处理。惩戒决定载明下列事项:被惩戒法官基本情况及所属法院;违法违纪事实和依据;惩戒种类;不服惩戒决定申请复议的途径和期限。

4. 救济程序。对省级惩戒委员会惩戒程序决定不服的,被惩戒法官可以向全国惩戒委员会申请复议,复议期间,全国惩戒委员会应当派员听取被惩戒法官的意见,有针对性地对相关问题进行调查核实。全国惩戒委员会的复议决定为终局决定。

结　语

“制度层面的改革成就要想转化为司法运作的实际效果,还有一个‘时滞’,而缩短‘时滞’需要全社会司法观念的深刻转变。”①法官惩戒制度的改革,是对现有惩戒模式反思下,基于宏观运行基础作出的系统性调整和具体规范,仅是新一轮司法改革的一个环节。在深化司法改革的宏观视域下,理顺法官惩戒与主审法官、合议庭办案责任制度、法官遴选和退出机制的关系,对其他环节进行关注与推动,才能更加高效有序地推进司法体制改革。

---

① 季卫东:《法律职业的定位——日本改造权力结构的实践》,载《中国社会科学》1994年第2期。

检察机关司法责任制运行情况调查报告*

——以某分院及其辖区院为例

秦 蜻**

摘要：当前司法责任制运行中出现了办案模式多元化，落实司法责任的载体文书署名混乱、审批制一定程度上仍然存在，办案组织内部职责履行交叉、混乱，司法决定权与管理监督权运行呈现出新的特点，基层院案多人少矛盾突出等问题。对此，应树立正确的司法责任制理念，培育检察官依法独立办案的习惯与能力；完善司法责任制相关制度；合理界定办案组织内部权责利，突出检察官主体地位；明确司法决定权与管理监督权运行的界限与程序；完善司法责任制运行保障机制。

关键词：司法责任；办案组织；司法权；管理监督权

党的十八届三中、四中全会对全面深化司法体制改革作出总体部署，目前改革基本完成，成效初步显露，表现为：检察官回归办案本位，一线办案力量增加20%左右；检察官办案主体地位得到确认，检察队伍专业化、职业化水平提高；符合司法规律的体制机制逐步形成；办案质量、效率稳步提升，司法公信力不断提升①。资料显示：2016年上海各级检察机关刑检部门检察官独立作出处理决定的案件占82%，检委会讨论决定的案件同比下降11.5%。② 重庆改革后审查起

* 本文系重庆市人民检察院2017年度重点课题“检察官办案主体地位研究”的阶段性成果。

** 作者系重庆市人民检察院第一分院检察官，法学硕士。

① 王治国、张伯晋：《最高检机关司法责任制改革今日正式启动！首席大检察官为您详解改革内容》，载《检察日报》2017年6月12日第1版。

② 刘子阳：《上海检察推动司法责任制精准落地》，载《法制日报》2017年7月4日第4版。

诉案件期限平均减少 13 天,结案率同比提高 14.3 个百分点。[①] 但在运行初期,受各种因素影响,出现了一些不符合改革精神与要求的问题,影响了司法责任制运行效果。本文拟对某分院及其辖区检察机关司法责任制运行情况进行考察,分析存在的问题与原因,并提出完善对策。

一、司法责任制运行的现状及其存在的问题

(一)办案模式多元化不能体现司法责任制的要求

司法责任制的落实与办案模式密切相关,由于对司法责任制理解不同,实践中办案呈现出两种模式:第一种是检察官不再分案给检察官助理,助理只是协助检察官办案,甚至没有署名权。这种模式虽然能体现检察官办案责任制要求,但弱化了助理角色,其协助办理案件工作量无法体现。这种模式在案件量大的基层院并不适用,在某分院与辖区 10 个基层院中仅 2 个基层院审查逮捕案件采用此种模式。第二种是检察官二次分案给助理,助理全权独立办案,检察官履行审批职责,助理有署名权,这是当前审查逮捕和审查起诉案件普遍采用的一种模式。基于上述办案模式不能完全适应司法责任制改革要求,最高人民检察院于 2017 年 6 月底对办案系统进行了升级,办案模式又演变为两种:第一种是检察官将案件全权委托助理办理,助理拟制文书流转给检察官作决定;第二种是检察官将某一个案件办理事项分为文书拟制、讯问、听取意见、出庭、案卡填写、卷宗装订等具体事项,分别委托检察官助理、书记员办理,检察官负责核心事务和行使最终决定权。检察官二次分案、全权委托导致检察官助理成为实际上的办案主体,检察官异化为新的行政官,形成了检察官助理—检察官这个新的层级审批,不符合改革要求。除此之外,还有一种系统升级前后都存在的变相"三级审批"办案模式,即案件无论是检察官办理还是全权委托助理办理,办结前在系统外以书面形式报给其他资深检察官或者部门负责人把关。

(二)落实司法责任制的载体文书署名混乱、审批制一定程度上仍然存在

1. 文书署名混乱,不能体现检察官主体责任。通过抽查 2016 年 12 月 26 日起至 2017 年 6 月 15 日期间该分院及其 10 个辖区院办结的 388 件案件发现:文书

---

① 《重庆制定检察官"权力清单"205 项权力授予一线检察官》,载 http://news.xinhuanet.com/legal/2016-07/19/c-1119244996.htm.1016nian,最后访问日期:2017 年 7 月19 日。

署名既有按照改革前称为“检察员、助理检察员、书记员、承办人、代理检察员”的，占了文书总量的51.3%；也有遵循司法体制改革称为“检察官、检察官助理、书记员”的，占了文书总量的48.7%。此外，文书落款只署名检察官助理的占文书总量的11.1%，署名检察官和检察官助理仅占文书总量的35.2%。这反映出员额制改革后检察官与检察官助理对不同称谓的司法责任、法律属性理解不准确。

2. 法律文书审批制仍然存在。通过对388件案件的法律文书决定权来看：不属于分管检察长决定的文书仍由其审批的占到抽查总量的4.4%，不属于部门负责人决定的文书仍由其审批的占到抽查总数的4.2%。存在“检察官助理—检察官—部门负责人—分管检察长”的四级审批和“检察官—分管检察长”两级审批现象。这反映出各权力主体在行使权力时未严格按照权力清单要求，权力行使存在越界与混乱现象。

（三）办案组织内部职责履行交叉、混乱

1. 主任检察官的地位、作用、责任未体现。根据某市《检察机关办案组织设置办法》《权限配置办法》《岗位职责规范》等有关规定：主任检察官由检察长（副检察长）指定，主任检察官在办案组内享有司法决定权，其职权、地位、责任不同于办案组中的其他检察官。实际运行中检察官办案组构成随意性大，办案组内主任检察官与其他检察官职权、地位未作明显区分。以某分院为例：半年来公诉部门有5件案件是由检察官办案组承办，仍然沿用了原来的联合办案形式，由部门负责人口头指令组成办案组，未明确办案组的主任检察官。

2. 检察官与检察官助理履行职责交叉、重叠，影响了司法责任的界定。某市《岗位职责规范》第6条规定检察官应当亲自承担的职责包括“至少亲自讯问一次犯罪嫌疑人、询问关键证人、组织收集调取审核证据、出庭”等9项内容。第7条规定了两种例外可以指派助理履行：一是审查逮捕案件不属于《人民检察院刑事诉讼规则》规定应当讯问嫌疑人情形的；二是审查起诉案件，经审查认为可以适用速裁程序的，可以指派具有检察员或者助理检察员身份的检察官助理出席法庭。实际运行中，讯问犯罪嫌疑人既有检察官带检察官助理讯问的，也有检察官助理带书记员讯问的，并没有严格区分案件类型是否属于应当讯问嫌疑人情形；出庭既有检察官助理对普通程序案件出庭的，也有检察官助理仅对速裁案件、简易程序案件出庭的。

（四）司法决定权与管理监督权运行呈现出新的特点

1. 部门负责人办案职能与监督管理职能冲突。从走访调研来看，基层院部门负责人从以管理为主转变为以办案为主,主要充当办案检察官角色,行政管理权弱化,对案件的管理监督以及其他诉讼监督、对外统筹协调工作无暇顾及。例如,某基层院 2017 年 1—6 月公诉部门检察官平均办案量达到了 112 件,是 2016 年同期的 1.6 倍,由于案件多部门负责人办案量都达到了人均 80 件左右。作为有办案经验的部门负责人主要办理疑难复杂案件,远超过某市制度规定中部门正职办案不得少于本部门检察官上年度办案数量 30%的指标。

2. 分管检察长办案决定权与管理监督权交织混淆。司法实践中,随着权力下沉,分管检察长、部门负责人对新办案模式尚不适应,习惯于以“审批”方式对案件质量把关,对司法权力把控。对某些检察官决定事项,分管检察长通过参加检察官联席会议发表意见,或者要求检察官事中汇报处理结果等方式将自己的意见贯彻到案件处理中去,实际上是用管理监督权起到了办案决定权作用,架空了检察官决定权。另一种是机械地理解办案责任制,对检察官办案放任不管,认为只有这样才是尊重检察官办案独立性。

3. 检察官司法办案权行使趋于保守可能有损司法效果。受司法责任制和“以审判为中心诉讼制度改革”的影响,检察官办理案件更加小心谨慎,对证据的把握愈加严格,改变了过去“积极公诉”的做法。例如,从 2017 年上半年某分院及其 10 个辖区院办理批捕案件来看,在办结人数同比上升 4.8%的情况下,不捕人数同比上升了 19.5%,其中以证据不足不捕人数同比上升了 31.2%;在捕后审查起诉的审结人数同比上升 3.9%的情况下,捕后不诉的人数同比上升了 12.5%。从办案效果上看,全市 2017 年上半年捕后不诉人数同比上升 56.1%;职侦撤案率同比上升 4.15%,渎职侵权案件不诉率同比上升 16.66%;不服检察机关处理决定的申诉同比上升 35.71%。①

4. 检委会趋同于检察官意见,权力下放仍有空间。检委会讨论案件大幅度下降,检委会主动改变检察官意见的较少。例如,改革完成后 2017 年上半年某分院及其 10 个辖区院检察委会讨论案件比 2016 年同期平均下降了 44%,改变检察官意见的案件同比下降了 66.7%。说明随着权力下沉,绝大部分案件检察官能够独立作出决定,对检委会的依赖程度下降。该分院及其基层院检委会审议不起诉案

① 分院与辖区院数据来自报表,全市数据来自 2017 年 8 月 4 日贺恒扬检察长在全市检察长座谈会上的讲话《固强补弱、全面发力以新业绩迎接党的十九大胜利召开》。

件占审议案件总数的85.4%，而微罪不诉占到不起诉总数的52%，检察官意见大多得到检委会认可，个别基层院已将酒驾微罪不诉的权力下放给了检察官。这反映出在司法责任制博弈下，负有审核监督职责的主体更加倾向于同意检察官意见以避免“谁决定谁负责、谁改变谁负责”的风险，权力下放仍有空间。

（五）基层院案多人少矛盾突出

通过选取A分院与4个基层院办理批捕和公诉案件量可知(如表1、表2所示)，虽然按照办案人员总数计算改革前后人均办案量差异不大，但批捕案件独任检察官办案组办案量最高增加了147.8%(件)、116.2%(人)；公诉案件独任检察官办案组办案量最高增加了173.7%(件)、171.8%(人)。按照制度设计初衷，检察官是办案主体，以B、C两个主城区基层院办案量为例：如果案件全部由检察官办理，则批捕与公诉案件必须1～2天办结一件，检察官无法完成这样的工作量，就算是履行制度规定必须由检察官亲自处理的事务也不现实。由于案多人少，加之部分检察官助理也具备办案能力，司法实践中出现检察官助理代为履行了检察官职责，书记员承担检察官助理工作的现象。但是由于待遇、地位差异，加之工作存在一定同质性，导致检察官助理对落实制度心有抵触。为了缓解案多人少矛盾，一些检察机关大量聘用外派制书记员，外派制书记员缺乏稳定性与归宿感，责任心不足又导致了新的问题。

表1 A分院及4个基层院2016年与2017年上半年办案数量对比(批捕案件)

	2017年1—6月独任检察官办案组平均批捕量	2017年1—6月人均批捕量	2016年1—6月人均办案量	办案组办案量同比	人均办案量同比
A分院	13.5件16.2人	6.8件8.1人	6.3件8.6人	114.3%、88.4%	7.9%、−5.8%
B基层院	61.8件80.0人	33.0件42.8人	34.4件43.3人	79.7%、84.8%	−4.0%、−1.2%
C基层院	100.0件124人	43.2件53.5人	46.4件53.9人	115.5%、130.0%	−6.9%、−0.7%
D基层院	42.6件56.3人	18.3件24.1人	20.8件27.3人	104.8%、106.2%	−12.0%、−11.7%
E基层院	61.7件66.8人	26.4件38.1人	24.9件30.9人	147.8%、116.2%	6.0%、23.3%

表 2 A 分院及 4 个基层院 2016 年与 2017 年上半年办案数量对比(公诉案件)

	2017 年 1—6 月独任检察官办案组平均办案量	2017 年 1—6 月人均办案量	2016 年 1—6 月人均办案量	办案组办案量同比	人均办案量同比
A 分院	6.3 件 13.8 人	3.2 件 6.9 人	3.2 件 5.4 人	96.8%、155.6%	0%、27.8%
B 基层院	89.5 件 110.9 人	37.9 件 46.9 人	32.7 件 40.8 人	173.7%、171.8%	13.7%、15.0%
C 基层院	143.9 件 177.3 人	59.2 件 73.0 人	53.1 件 62.0 人	171.0%、186.0%	11.5%、17.7%
D 基层院	57.2 件 70.0 人	26.0 件 31.8 人	31.4 件 37.9 人	82.2%、84.7%	−17.2%、−16.1%
E 基层院	42.1 件 56.6 人	21.1 件 28.3 人	20.2 件 24.8 人	108.4%、128.0%	4.5%、14.1%

二、存在问题的原因分析

(一)对司法责任制理解出现偏差,依法独立办案的理念与习惯尚未形成

一方面,有的检察官认为司法责任制就是“谁办案谁负责”,检察官只对自己直接办理案件负责,对分案给检察官助理承办的案件仅负审核责任。有的检察官助理认为司法责任制就是“谁决定谁负责”,二次分案后虽然案件是检察官助理办理的,但名义上决定权与责任主体都是检察官,司法责任与检察官助理没有关系。还有人认为改革后新旧办案模式变化不大,仅仅是将审批权下放给了检察官。另一方面,长期以来实行的“三级审批制”让检察官产生了依赖感,遇到案件证据存在瑕疵或者其他办案障碍时依赖思想严重,层层讨论以“证据不足不起诉”或者“重大疑难复杂案件”为由提交检委会决定,将烫手山芋推给检委会,以此来推脱可能存在的责任风险。加之,检察官选拔是按照统一的比例和标准,未考虑各个院人才结构和办案具体情况,某些基层院年富力强的资深检察官断层厉害,大量有工作能力但工作经验相对不足的年轻人走向检察官岗位,尚不能完全适应独立办案要求,而分管检察长、部门负责人也不太放心他们独立办案而不得不要求检察官将案件交给资深检察官二次把关。

(二)司法责任相关制度不完善,未能将检察官办案主体地位协调统一

首先,《关于完善检察官权力清单的指导意见》授权内容不能完全体现检察官办案主体地位。司法责任制运行初期,各地检察机关制作的权力清单从制定

主体、内容、授权范围都显得五花八门。尤其是对检察官授权范围有不同意见：有的认为法无明文规定则应授权检察官行使，即“应放尽放”；有的认为法无明文规定则由检察长、检委会行使；有的认为应该根据案件的复杂、疑难程度来区分两者的权限；还有的认为凡是程序前行且不是重大、疑难、复杂案件的，一般都委托给检察官，凡是程序终止或回退的，都保留给检察长或者检察委员会。[①] 从最高人民检察院发布的《关于完善人民检察院司法责任制的若干意见》(以下简称《若干意见》)第 16 条、第 17 条规定来看，检察长掌握了包括是否批捕、起诉、抗诉等核心的司法权力[②]，但检察长并不亲自办理案件，检察官权力大多是承办性质权力，如讯问、询问、调取、审核证据等，承办权与决定权的分离造成了审批制与非亲历性。对此，最高人民检察院于 2017 年 3 月下发的《关于完善检察官权力清单的指导意见》(以下简称《指导意见》)，对制定主体、内容、授权范围在一定程度上予以了明确。第 5 条规定对于基层院和地市级检察院的一般刑事诉讼案件多数办案事项决定权委托检察官行使，重大、疑难、复杂案件中的办案事项决定权由检察长(副检察长)或检察委员会行使。这种根据检察机关层级和案件性质不同来决定检察官权限的做法并不合理，一方面检察官依法独立办案是原则，员额制改革并没有区分不同级别的检察官权限不一样，因此较高层级的检察官也应如此。另一方面，因为案件重大、复杂、疑难而采取审批制，与部分检察职权的行使所要求的司法化相悖，也无益于检察权威的提高；重大疑难复杂案件决定权不由检察官而是检察长或者检委会行使，一定程度上意味着检察官并不全权具备相应的办案能力，或没有赢得检察长的信任[③]。对重大、疑难、复杂案件处理更需要经验丰富的检察官亲历办案形成内心确认，检察长一般不直接办案，检委会通过听报告决策的方式并不意味着决定就更正确。

其次，司法责任制主体和形式多元化，无法体现检察官办案主体地位。《若

① 最高人民检察院司法体制改革领导小组办公室：《关于完善检察官权力清单的指导意见的理解与适用》，载《检察日报》2017 年 5 月 24 日第 4 版。

② 《若干意见》第 16 条规定：“检察长统一领导人民检察院的工作，依照法律和有关规定履行以下职责：(一)决定是否逮捕或者是否批准逮捕犯罪嫌疑人；(二)决定是否起诉；(三)决定是否提出抗诉、检察建议、纠正违法意见或者提请抗诉，决定终结审查、不支持监督申请……”

③ 陈海锋：《检察官权力清单制定中的若干问题》，载《上海法治报》2017 年 7 月 19 日第 4 版。

干意见》第36条至第41条分别规定了个人责任、共同责任、审核责任、监督管理责任等多种责任形式。《若干意见》第38条规定检察辅助人员参与司法办案工作的,根据职权和分工承担相应的责任;检察官审核把关的,应当承担相应的责任。检察辅助人员中也包括书记员,是否意味着书记员也纳入了司法责任范畴?检察官是办案主体却只承担审核责任,检察官助理没有决定权却承担司法责任,违背了权责相一致的原则。《若干意见》第40条将原来检委会集体责任界定为根据错误形成的具体原因和主观过错情况承担部分责任或不承担责任,表面上是将集体责任落实到个人,避免责任不明确,实际上一旦出现错案追究责任,难以查明检委会委员的主观过错与具体原因,也无法划分责任大小。

最后,有关配套制度缺失。司法责任改革完成后《检察官法》《人民检察院组织法》《刑事诉讼法》等制度尚未进行对应修改,检察官法律地位并没有在宪法中明确,在刑事诉讼程序中检察官的权力、诉讼地位也没有体现,法律文书署名是按照改革后新的称谓还是继续沿用旧称谓没有明确。

(三)检察官与检察辅助人员的职权关系不明晰

首先,虽然各地出台的《权力清单》《权限配置办法》《岗位职责规范》对检察官与检察官助理的权力、职责进行了划分,但职责却有交叉、重叠部分,如讯问、接待当事人、听取辩护人意见、制作法律文书、出庭等职责两者都可以履行。其次,改革前后具有办案资格的检察人员身份交叉、混淆。改革前具有助理检察员、检察员身份的检察人员可以独立办案,改革后并不必然是检察官,继续出庭也有制度依据,新旧身份交织导致职能交叉、重叠。由于检察官与检察官助理之间的职责重叠,替代性、同质性强,检察官助理事实上成为检察官附属和以往"三级审批制"模式中的案件承办人,检察官成了审批人,削弱了检察官办案责任制。最后,检察官助理的地位、功能弱化虚置影响办案组织团队力量的发挥。由于改革对员额检察官比例的限制,部分有办案能力与经验的年轻人未能如愿以偿,巨大的心理落差和工作待遇差异,加之工作内容与检察官差异性不大,上升空间受限让他们容易产生失落、懈怠心理,进而影响工作积极性和办案组织团队力量的发挥。

(四)检察一体化与检察官独立办案的冲突未合理解决

一方面,部门负责人办案职责与检察一体化下兼具的管理监督职责相冲突,在部门内部既是裁判员也是运动员。尤其在案件量大的基层院部门负责人两种角色冲突更加明显,部门负责人一线办案的确加强了办案力量,但是司法责任制下检察官是责任主体部门负责人意见仅仅是参考意见,加之考评机制量化了办案指标,却无法量化管理监督工作,因此无论是制度规定、现实需要还是内在考核激励机制都推动部门负责人办案而非履行管理职责,也导致了某些需要部门负责人统筹协调、牵线出面的诉讼监督工作难以落实。另一方面,检察官办案独立性与检察长(分管检察长)监督审核冲突未合理解决。《若干意见》第10条规定了检察长(分管检察长)有权对检察官承办的案件进行审核;不同意检察官处理意见的,可以要求检察官复核或者提请检委会讨论,也可以直接作出决定,检察官对于检察长(分管检察长)的决定应当执行。该规定体现了检察一体化原则和检察长负责制,但在处理检察长(分管检察长)与办案组织间的关系上显得手段单一、过于刚性,检察官独立与检察一体化之间的硬冲突缺乏"润滑剂"。

(五)司法责任保障机制还不健全

首先,案多人少极大地制约了检察官全面履行职责,影响了办案质量的提高和司法责任制的落实。除了办案模式转变增加了检察官工作量外还包括:一是办案系统不能完全适应司法责任制改革需要。系统中业务流程固定化,没有考虑繁简分流提供多元化的操作模板,重复填录多,智能化水平不够。二是拟制内部审查报告占据了检察官大量时间与精力,制作一份内部使用的审查报告时间是制作对外使用的法律文书的数倍。三是应付各种考核检查工作让检察官耗费巨大精力,由于检察官绩效考核直接与办案质量挂钩,在没有出现应当追究司法责任的案件质量问题时,为了考核而考核纠结于细枝末节的问题。其次,办案组织中书记员不足现象突出,大部分检察机关按照1∶1的比例配置独任检察官办案组,一些事务性工作还需要检察官亲自处理。最后,办案激励机制不够,与相对完善的案件质量考评、司法责任追究、办案指导与监督等保障机制比起来,职业保障与发展、激励机制略显不足。

三、完善对策

(一)树立正确的司法责任制理念、培育检察官依法独立办案的习惯与能力

首先,落实"谁办案谁负责、谁决定谁负责"的司法责任制是对办案组织的整体要求,而不是对办案组织中的个体要求,因为办案组织实现了"承办权与决定权""决定权与责任"的合二为一,检察官是办案组织的负责人对办案组织的办案行为与案件处理决定承担主体责任,并不意味着具有承办职责和行使部分司法权的检察官助理不承担司法责任。由于在办案组织内部的确存在"承办权与决

定权相对分离状态”,因此追究司法责任时应当根据权限行使、职责履行等因素来划分具体责任。其次,正确理解检察官办案独立性、亲历性与责任制的要求。独立性要求检察官能依法独立行使检察权,而亲历性要求检察官亲自办理案件,办案独立性与亲历性是为了落实责任制,因此责任制才是立足点与核心。独立性不是对检察官行使职权放任不管,而是在遵循检察一体化机制下的独立性,在授权范围内的独立性。亲历性不是指检察官亲力亲为处理与案件有关的一切事务而是对案件的亲历,核心体现为对案件事实与证据的亲历、对处理结果负责。检察官将哪些职权委托给检察官助理行使,取决于检察官助理的能力以及两者间的默契、信任度。最后,要培育检察官依法独立办理案件的习惯与能力,减少请示、汇报、审批等行政管理流程;探索预备检察官制度,对预备检察官设置 1~2 年试用考察期,由资深检察官带队、辅导办案,积累丰富经验后再独立办案;完善咨询机制,建立跨部门、跨行业的咨询委员会,为检察官办案提供智力支持、知识传授。

(二)完善司法责任制相关制度,为改革顺利进行提供制度保障

首先,完善《权力清单》的内容。改革初期为了实现办案“三级审批制”向检察官办案责任制平稳过渡,授权范围有所保留,随着检察官独立办案能力与习惯的养成,授权检察官独立行使权力的范畴会越来越大,如 2016 年重庆市制定《权力清单》时初次授权 204 项,再到 2017 年年初扩大到 217 项,授权比例接近 70%,并将最高人民检察院《指导意见》中保留给检察长与检委会行使的提请抗诉权授权给检察官行使。因此,应当建立动态的权力清单逐步扩大授权范围,对重要的司法决定权进行授权,实现办案组织承办权与决定权最大限度统一。待授权内容完善后最终制定专门的法律制度予以明确,从法律上突出检察官主体地位,明确检察官职权。

其次,构建以“个人负责制”为核心的责任体系。美国的检察官以个人负责制为基础,他有权就案件的调查作出决定,不用集体负责。① 构建科学的检察官责任制,必须要转变“集体责任、共同责任”的传统思想。集体责任往往就是无人负责,检委会集体责任制的弊端已经证实了这一点。司法办案内在规律要求构

① 樊崇义、吴宏耀、种松志主编:《域外检察制度研究》,中国人民公安大学出版社 2008 年版,第 71~74 页。

建以"个人"为主体的责任制度,个人责任与发挥团队精神并不冲突,强调以团队协作的办案组必须有一个人"全权负责、权责一致",这个人就是办案组织中的检察官。个人责任的建立有利于真正实现权责统一,从而赋予了检察官更多的权力,更独立的地位。

最后,完善相关制度。一是完善《人民检察院组织法》《检察官法》《刑事诉讼法》等基本法律制度,为司法责任制改革提供组织法、程序法保障。① 因此应在组织法上明确检察官依法独立办案,将关于办案组织的设置,检察人员分类、任免、选拔、履职保障等改革成果吸纳其中,在诉讼法上明确"检察官办案具体职权、诉讼地位"。二是完善《人民检察院检察委员会组织条例》《人民检察院检察委员会议事和工作规则》等有关规定,对议题范围、提请主体、意见的发表、记录署名等内容予以完善,使之与司法责任制落实相适应。三是针对司法责任制运行中出现的问题及时出台小制度进行规范,如对文书的署名、审批、签发进行规范,因为法律文书、工作文书是检察官履行职责、行使权力的载体,也是追究司法责任的依据。

(三)合理界定办案组织内部权责利、突出检察官主体地位

检察官与检察官助理之间较为科学和合理的法律关系与职业分工是:检察官在检察官助理的协助下,从事检察工作的核心法律事务,并可以根据案件需要授权、指导、监督检察官助理从事检察工作的核心法律事务。② 这是当前较为普遍的观点,但对核心法律事务界定存在争议:有的认为检察官处理的核心事务包括讯问、看卷、出庭;有的认为应当根据案件难易程度来界定等。事实上"核心法律事务"外延是变化的,受司法习惯、理念、案件数量、素质能力等多种因素影响,但在司法责任下内涵界定只有一种:对案件的处理决定和承担司法责任。司法实践中已打破了传统观点中认为"核心法律事务"由检察官亲历的具体要求,办案亲历性更多是指办案组织的亲历而非检察官个体,检察官对案件的亲历程度取决于对检察官助理的信任度与支配度、检察官助理的个人素质与能力、检察官的责任心、案件量几个因素。例如,对于讯问笔录,如果是两个检察官助理去讯问的,自然是由两名检察官助理签字,由检察官签字反而有违逻辑、违背事实。

① 陈光中、魏晓娜:《论我国司法体制的现代化改革》,载《中国法学》2015年第1期。

② 李小龙:《分类管理形势下助理检察员的角色定位及角色转换问题研究》,载《法律与社会》2015年第4期。

检察官与检察官助理的联系与区别在于:不管检察官助理在办案时介入多深,对案件办理结果影响多大,性质上终究是辅助办案,不具有独立性。[①] 检察官助理享有案件承办权,但不享有决定权;检察官助理人身独立,业务上依附检察官,受检察官指导、支配、管理、评价;检察官助理对于检察官办案行为存在严重不当可能导致错案发生时,可以通过一定的途径反映;检察官助理是检察官的助手,也是重要的后备力量,在检察官指挥、领导下办理案件,对自己参与的案件有署名权,但不具有单独署名权;检察官助理虽然不对办案结果负责,但是要对自己的办案行为负责,对自身行为失当、违反规定都应该承担相应责任。[②]

(四)明确司法决定权与管理监督权行使的界限与程序

“整个检察官法律地位问题的核心,不在行政官或司法官的问题,而在指令权及其界限问题。”[③]落实司法责任制就是要排除对检察官独立办案不必要的干扰,在检察一体化机制下,将这种人为干扰纳入制度化、规范化、法治化范畴。从域外考察来看,为了保障检察官独立办案,检察长及其他权力主体行使权力时应当遵循以下几个原则:一是法定主义原则。我国《检察官法》第 2 条规定“依法行使国家检察权的检察人员”包含检察长、副检察长、检委会委员、检察员和助理检察员,说明法定主义原则是我国检察权行使的基本原则。二是谦抑性原则。我国台湾地区规定检察总长、检察长如果行使职务收取权和职务转移权时“应当本谦抑态度,妥善行使法律所赋予事务分配之权责,尤其不得受到政治势力之影响,以免入政治干预司法及司法沦为政争附庸之口实”[④]。在检察一体化下检察首长[⑤]有权对检察官发布指令,但是发出具体案件处理指令时要受谦抑性原则影响。三是书面主义原则。大陆法系国家及我国台湾地区检察一体化中,凡上级检察机关或检察首长指挥监督命令涉及裁量权行使、强制处分权行使以及事实认定和法律之适用的,其行使者应以书面理由附之。[⑥] 因此检察首长对个案下发具体指令应当以书面方式下达,并说明理由。四是尊重与信任原则。我国

① 马英川:《检察人员分类管理制度研究》,载《法学杂志》2014 年第 8 期。

② 高宗祥、李领臣:《检察辅助人员辅助办案机制检视》,载《人民检察》2017 年 4 月。

③ 林钰雄:《检察官论》,法律出版社 2008 年版,第 155 页。

④ 史庆璞:《法院组织法》,台湾五南图书出版有限公司 2012 年版,第 269 页。

⑤ 检察长、上级检察机关等。

⑥ 孔璋:《检察一体制的原则与规制》,载《人民检察》2008 年第 23 期。

台湾地区将部门负责人称为主任检察官,主任检察官对检察官的独立性和办案主体地位十分尊重,主任检察官对检察官的监督也是建立在充分的尊重和信任的基础之上。[①] 为了提高办案效率,为检察长分担监督指挥职责,德、日及我国台湾地区检察机关也设置了内设机构负责人,但内设机构负责人大多只负责行政事务,对检察官办案给予尊重与信任不强制干涉。

"检察一体是在承认检察官相对独立基础上的一体,检察官独立是在检察一体下的有限独立。"[②]保障检察官依法独立办案并不是要弱化对司法行为的管理监督,但是要规范司法决定权与管理监督权在各自的轨道上并轨运行而不是交叉混淆、纠结不清。换言之,对属于检察官决定范畴事项部门负责人、分管检察长不能直接干扰办案,管理监督更多是面上的而不是针对个案,对个案事中监督也应谨慎克制。对于检察官办理案件确有不当行为,检察长(分管检察长)可以行使行政手段调换检察官或者行使司法决定权以书面指令方式要求检察官报送审核,但不能以行政命令方式直接要求或者以职务上的权威震慑检察官按照自己意见处理案件。在检察官责任制下,兼具双重身份的部门负责人、检察长(分管检察长),行使何种权力承担对应责任。

(五)完善司法责任运行保障机制

一是以落实"司法责任制"为核心完善办案系统。以提高效率为目标优化系统,减少重复录入、减少不必要的节点控制,实现智能化管理监督,同时在系统中新增绩效考核、质量评查等内容。二是针对不同案件类型简化内部文书审查报告。改革前内部文书审查报告的重要功能在于:承办人通过制作审查报告熟悉案情、分析矛盾、提出处理意见;供部门负责人、分管检察长、检委会查阅、决定;供上级机关检查需要。改革后检察官对自己办理的案件负责,提请分管检察长、检委会决定的案件大大减少,上级检察机关检查的重心也转向司法责任制的落实与认定。为了提高司法效率,速裁程序、认罪认罚等诉讼制度改革应运而生,诉讼程序的简化与提速要求对应的内部审查报告、工作文书也予以简化,以司法效率促司法公正。三是转变考核检查模式。长期以来,上级检察机关发挥指导

① 陈治军、马燕:《大陆法系国家和地区检察官办案责任制比较研究》,载《人民检察》2015年第3期。

② 张春山、崔浩:《检察官办案责任制:理念目标、建构原则与制度保障》,载《行政与法》2016年第12期。

监督工作的重要途径是开展专项执法检查,该项工作自上而下以专项活动方式推进,往往具有滞后性、临时性、书面性。改革后考核检查的重心是司法责任制的落实情况,因此要改变考核检查方式方法、统一评价标准,以标准引导和规范办案行为。四是增强办案组织的团队力量。提高员额检察官比例,员额检察官的数量应根据各个院办案数量和人员素质的具体情况来确定而不是搞一刀切。同时完善聘用制书记员的招录、管理、培训、薪酬制度,建立一支稳定的高素质队伍承担事务工作,让检察官有充分时间办理司法事务。五是落实职业保障与激励机制。针对检察官与检察官助理不同的职业特点,要拟定职业发展保障与规划,落实薪酬激励制度,明确检察官助理向检察官交流转任的条件,充分发挥两者的办案积极性,保持队伍的和谐稳定。

司法责任制视野下检察人员业绩评价制度的导向、构建与结果运用制度研究

——兼以重庆市渝中区人民检察院的实践为考察对象

夏 阳[*] 范志飞[**]

摘要：检察人员业绩评价制度属于完善司法职业保障制度的范畴，是当下司法责任制改革收官阶段的完善措施。检察人员业绩评价制度应实现“从集体到个体”“从管理到激励”的导向转变。应发挥司法档案的作用来构建科学的检察人员业绩评价制度，并以个体激励为中心运用业绩评价结果。基层检察官在宏观政策指导下虽在业绩评价制度建构上取得了一定进展，但仍需上级政策支持和业绩评价指标的优化。

关键词：司法责任制；检察人员；业绩评价；司法档案

一、司法责任制下检察人员业绩评价制度的导向转变

党的十九大报告提出：“深化司法体制综合配套改革，全面落实司法责任制，努力让人民群众在每一个司法案件中感受到公平正义。”2018年中央政法工作会议提出要办好的五件事之一就是“加快完善司法职业保障制度，科学设计绩效奖金发放标准，合理拉开档次，最大限度激励入额人员多办案、办好案”。有学者指出：“检察官的业绩考核办法亟须完善，否则司法责任制不可能真正落实。”①因此，当下司法改革已进入完善综合配套改革阶段。检察官和检察辅助人员作

* 作者系重庆市渝中区人民检察院检察长。

** 作者系重庆市渝中区人民检察院法律政策研究室检察官助理，法学硕士。

① 王玄玮：《检察机关司法责任制之规范分析》，载《国家检察官学院学报》2017年第1期。

为直接办理案件的主要力量，关涉其绩效考评、职务晋升等切身利益的业绩评价制度属于配套措施的重要组成部分，对于全面落实司法责任制、增强已有改革实效具有重要意义。本轮以司法责任制为核心的检察改革的基础是检察人员分类管理制度，将检察人员分为检察官、检察辅助人员和司法行政人员三大类，人员分类管理的目的是在突出检察官办案主体地位的情况下，配备检察官助理、书记员作为辅助人员协助办案，同时建立不同类别人员的单独职业发展通道，以实现检察办案队伍专业化。在司法行政人员依然适用公务员业绩评价体系和适用公务员晋升机制的情况下，探索符合司法规律的检察官和检察辅助人员（下以“检察人员”代称）业绩评价制度则是构建这两类人员职业发展通道的基石，在构建科学合理的检察人员业绩评价体系的过程中，首先应当注意到司法责任制改革给检察人员业绩评价制度带来的导向转变。

1.“从集体到个体”——检察人员业绩评价制度的对象转变

第一，司法责任制是要突出“谁办案谁负责，谁决定谁负责”的办案责任制，更多强调的是如何执行法律以实现司法公正，关注的着力点在于司法权的运行机制，将模糊不清的集体责任转化为权责相一致的个体责任。同样的逻辑，与检察人员行使权力进行保障的职业保障，也应关注到检察人员个体身上。第二，长期以来，检察工作考核更多体现为上级检察机关对下级检察机关的考核，进一步具体为上级部门对下级部门的考核，难以看到检察官个体的身影，检察官的意志和利益必须服从于部门的意志和利益，失去了个体能动性的发挥空间，也导致检察官从最初“怨声载道”，变为漠不关心或者逃离①，同时也难以彰显检察官所行使权力的司法属性。以员额制改革为核心的检察人员分类改革的目的就是要突出检察官的办案主体地位，从而为侧重以检察官个体业绩进行评价提供了基础；检察辅助人员是检察官办案不可或缺的助手，并且其除了单独的职业发展通道外还可以经过遴选成为员额制检察官，因而也应参照检察官的业绩评价内容设计评价指标。因此，检察人员的业绩评价制度不仅是个体业绩评价的应有之义，也是司法责任制下“权责利”相一致的必然要求，业绩评价的对象也应由“集体”的“机关”转向具体的“个体”检察人员。

---

① 卞朝永：《司法体制改革视野下检察机关层级考核改革的思考》，载《中国法律评论》2017 年第 5 期。

2.“从管理到激励”——检察人员业绩评价制度的结果导向转变

对检察人员的业绩评价结果应当着重予以激励意义上的运用。这包括两个层次的含义:第一个层次是指检察人员的业绩评价应当以相应的结果来体现。在之前检察机关实施行政化管理体制之下,对检察人员的业绩评价结果并没有体现出其作用,没有作为检察人员绩效奖励、检察官等级晋升和工资待遇晋升的依据,这就导致了业绩评价的“虚无化”,使得检察人员对考评持“不求有功,但求无过”的无所谓心态。第二个层次是这种结果运用更多体现在激励意义上而非管理或惩罚意义上。检察人员本身享有职业保障权,无法定事由不得追责或者予以惩戒。比如,在收入保障上,无论根据我国的政治体制,还是根据《公务员法》,检察人员必然属于国家公务人员,享有基本的工资和福利待遇保障,只要检察人员具备国家公务身份就人人都可享有的,而且已经按照级别、区域和岗位进行了等级划分;《公务员法》同时也规定了“在定期考核中被确定为优秀、称职的,按照国家规定享受年终奖金”的奖励制度,检察人员业绩表现也要作为绩效考核奖励或培训学习奖励的依据,而这部分奖励就应根据检察人员业绩评价不同而予以差别对待。当检察官、检察辅助人员在一定工作年限内多次获得考核优秀的,应当予以职务和待遇上的定期晋升或择优晋升。总之,只有以激励为导向的业绩评价制度,才能真正塑造优秀检察官和检察辅助人员,对具体个人发挥由外至内的导向作用,而以单纯“管理”甚至“惩罚”为导向的业绩评价制度,将会成为约束检察人员办案活动的“枷锁”,必将是失败的业绩评价制度。

二、以司法档案为构建检察人员业绩评价制度的基础

1. 以司法档案为中心,可以全面反映检察人员的司法办案活动

2017年7月11日,最高人民检察院检察长曹建明在大检察官研讨会上强调“全面推行司法档案制度,把检察官履职情况如实计入司法档案,并作为岗位调整、绩效考核和责任追究的重要依据”①,这充分体现了司法档案在本轮司法改革中的重要地位和检察机关对其的重视。司法机关的主业是司法活动,检察人员的主业是检察办案活动,对检察人员业绩评价自然应聚焦其办案活动。检

① 王治国、徐盈燕、李波:《科学配置动态管理,完善和规范员额制》,载《检察日报》2017年7月13日第2版。

察人员办案活动的客观化应体现在其司法档案中,司法档案是全面反映检察人员尤其是检察官和检察辅助人员办案数量、质量、效率和效果的载体,可以更加客观化反映检察官和检察辅助人员的业绩,也是据以对检察人员进行业绩评价的基础材料。在西方法治较为发达的国家如法国,也为每位司法官建立了"行政档案",包括司法官的公民身份、任命文件、司法级别、所受培训以及司法事故和纪律惩戒,而且司法官"行政档案"最核心的部分就是业绩考核[①]。我国《检察官法》第26条规定:"对检察官的考核内容包括:检察工作实绩、思想品德、检察业务和法学理论水平,工作态度和工作作风",因此,司法档案应当围绕上述内容以办案为中心全面反映检察官和检察辅助人员的业绩。以公诉检察官为例,应从检察官的办案数量反映其总体工作量,从其案件起诉后被撤回起诉、被判无罪、诉判不一案件数量来反映其工作质量,从其提交检察官联席会讨论情况和提交检委会讨论情况反映其独立承担办案责任情况,从其所办案件在本院和上级院的司法规范化检查中发现的问题反映其履职规范化情况,从其对侦查机关违法侦查行为的纠正情况和效果、向法院提出纠正违法建议和提起抗诉、向涉案单位提出检察建议的情况反映其履行法律监督职责情况。对于检察辅助人员,同样可以在司法档案中记载上述协助检察官办案的内容,虽然检察辅助人员不具有独立的办案决定权,但依然有机会参与协助检察官的办案活动。这些活动都可以反映在其司法档案中,并作为其单独职级晋升和参加检察官遴选的依据。有些检察机关已经为检察官助理建立司法档案,作为强化内部监督、加强检察队伍管理的重要举措,也为员额检察官遴选提供重要参考[②];某些检察机关如宁夏中卫市人民检察院为所有检察官和检察辅助人员"一人一档"建立司法档案。

2. 以司法档案为中心,可以尽可能量化检察人员的考评内容

长期以来,检察机关的人员考评一直都是采用普通公务员的考核标准和程序,即"个人自述—民主(群众)测评—部门推荐—机关领导审定"的方式来进行,缺乏量化指标,也缺乏客观性。对检察人员从事特殊的司法办案活动未进行客观评价,容易产生"干多干少一个样"的"大锅饭主义",或取决于"个人人缘""领

① 施鹏鹏:《司法行政事务管理与司法权的独立运行》,载《江苏社会科学》2016年第5期。

② 崔洁:《江苏南京玄武区:建立检察官助理司法档案》,载《检察日报》2017年9月6日第2版。

导青睐”等不合理因素，无法促使检察人员将着力点放在办案主业上来，也无法让考评结果得到干警普遍认同。以可考评甚至是可量化的方式对检察人员进行业绩评价能够最大限度地将检察人员的办案工作予以客观化呈现，也能最大限度地将办案主力的检察官、检察辅助人员的办案能力可视化，同时让考评结果更容易得到干警普遍认可，而且“利用信息化、大数据手段，实行常态化的绩效考核，坚持公开、量化考核”①也是最高人民检察院确定的检察官办案绩效考核机制的方向。

3. 对司法档案内容应有合理的指标评价设计

考核指标设计是业绩可考评或可量化的具体体现，完全不要考核的观点实质上是一种“大锅饭主义”思维，很少有人再坚持不要考核的观点，而且法治较为健全的，如我国台湾地区和美国等西方国家也有一套对检察官绩效进行考评的机制。对考核的反对意见实质上是对考核指标不合理的反对而非对考核本身的反对，因而考核的指标设计必须合理，在国家层面已经废除对批捕率、公诉率、无罪判决率等不合理指标进行考核的情况下，对作为办案主体的检察官也不再适用这些指标考核，而应将重点放在执法办案活动的量化评价和效果评价上。这既能引起检察人员的重视，也能有效指引检察人员规范司法行为、提高工作效能。从指标制定上，可以将已有的对检察机关按业务条线划分的考核指标具体化为检察官个体的考核指标；在考核指标运行过程中，不断根据实际情况和征求各方意见来进行调整完善，不断优化考核指标的合理性。

4. 以司法档案为中心，应当依法保障被评价人的合法权利

不同于人事档案无法由被记载人查询，司法档案记载的都是可公开的业绩评价内容，并且关系到被记载人职级和薪酬晋升，理应赋予被记载人查询和提出异议的权利。司法档案内容由综合管理部门填写和个人填写两个部分组成，对于如办案量、司法规范化检查情况、是否被追究司法责任、是否有违反检察纪律行为、业务研修情况等客观内容，可直接由相关业务和综合管理部门直接为检察官和检察辅助人员填写，但应经档案所有人核对；对于有些只能由档案所有人自己掌握的办案内容，应当由档案所有人自己提供。对于评价结果是否公开问题，有观点以法官业绩评价为例，认为评价结果公开虽有“激励”先进法官、“刺激”落

① 王治国、徐盈燕、李波：《科学配置动态管理，完善和规范员额制》，载《检察日报》2017年7月13日第2版。

后法官的作用，但牺牲了法官在职业共同体内基本的自信、自尊，对法官独立人格具有贬损效应；一些域外国家和地区对评价结果予以特别保护，严格限制评价结果公开的范围和方式，因此我国也应限缩法官业绩评价结果公开的范围，仅向受评法官本人、所在庭庭长和法院院长公开，不向其他法官开示，更不应以通报、文件形式在全院公开。① 这种观点有其合理性，而且检察官与法官应当是同类型的司法官员，但考虑到业绩评价结果与检察人员的切身利益密切相关，尤其是考核优秀者能直接体现为绩效考核奖金的增加和职务晋升的优先选择，应对业绩评价优秀者名单在本院予以公开，既是管理民主的体现，也有利于发挥对其他检察人员的激励作用。

三、以个体激励为中心运用业绩评价结果

马克思说过："人们奋斗所争取的一切，都同他们的利益有关。"对检察人员进行业绩评价除了评判相关人员是否胜任其岗位，还应作为其职务晋升和薪资待遇的依据。重视业绩考评和注重考核结果的运用是世界各国检察官考核考评的两大特征②，在法国，司法官业绩评价机构会综合司法官行政档案及其个人陈述作一书面的综述材料，包括对司法官员的总体评价以及所擅长的职位建议和是否需要进行培训，并在 28 个不同等级的评价标准中进行定级评价，晋升委员会则根据评价材料作出决定③。业绩评价结果的运用应契合当下的司法改革要求，服务于司法改革，处理好以下四个方面的问题：

一是建立考核优良和称职者的职务等级和薪资定期晋升制度。检察人员薪酬制度实行公务员薪酬制度，在公务员薪酬制度经过多轮改革之后，已经建立起较为完善的职务和职级并行的薪酬制度，本轮司法责任制改革中，对检察官群体进行等级套改，赋予检察官等级对应薪酬的实质意义，部门负责人、检委会专职

① 阳元霞、高翔、薛海明：《比较法视野下我国法官业绩评价机制的偏失与改革》，载《尊重司法规律与刑事法律适用研究（上）——全国法院第 27 届学术讨论会获奖论文集》2016 年。

② 王欣、黄永茂：《国外检察官考核考评制度之比较及启示》，载《江苏大学学报》2013 年第 2 期。

③ 施鹏鹏：《司法行政事务管理与司法权的独立运行》，载《江苏社会科学》2016 年第 5 期。

委员等以往体现行政层级的职务已被检察官等取代，并对检察辅助人员进行检察官助理和书记员等级定级，将来也会按照检察人员等级进行职务晋升和待遇提高，如重庆市检察机关已在2017年年底开始实施检察官和检察辅助人员职务晋升制度，根据不同情况实行按期晋升和择优晋升。检察人员的业绩评价应在“择优晋升”中体现出其意义，不能再沦为“按资排辈”或“找关系”的儿戏，而这种不合理现象在过往已有调查予以验证，有学者实地调研发现，在三个法院近年被提拔的人员中，连续三年考核均为“优秀”的人员在竞聘上岗中并没有明显优势，相反只有一年获“优秀”的人员提拔概率更大，这说明考评结果与晋升提拔是相脱钩的①。在本轮改革中，应当以检察人员分类后的单独职务发展通道为契机，建立以业绩考评结果作为职级、薪酬晋升依据的制度。业绩考评结果可以分数为基础，按比例分为优秀、良好、称职、不称职等几个级别并计入其个人档案，并按照等级对应作为该年度绩效奖励的依据，以及职务晋升的依据。尤其是长期考核优秀者，应奖励其比称职者更短的晋级时间和更大的加薪幅度，以及培训、休假方面的机会，从而激发其工作积极性，这是业绩评价结果运用的应有之义。

二是建立上下级检察机关检察官之间的流动制度。根据目前的司法改革政策，对各级检察院检察官和检察辅助人员等级设置了比例和最高限制，这显然受到了原有公务员管理体制的影响，即在建立检察官单独职务晋升通道的情况下，检察官的最高等级也不得高于所在地区的最高行政级别。这种限制使得检察机关的级别越高，检察官的级别普遍也越高，其他检察人员也如此，基层检察人员面临晋升级别的“天花板”，容易使下级检察机关人员产生“干到底也不过如此”的消极想法。在确立检察官办案主体地位的要求下，最理想的解决办法是废除检察官等级与区域行政等级对应的做法，即基层检察机关也可以产生高级检察官。但考虑这一问题与政治体制相结合的现实性，折中解决方法应是建立上下级检察院检察官之间的流动制度，即严格执行司法改革要求，上级检察院检察官需从下级检察院检察官中择优遴选，禁止上级检察院从本院选拔检察官，上级检察院检察辅助人员想走检察官职业发展通道，只能选择到基层检察院成为检察官后再通过遴选考试到上级检察院成为检察官，这就为优秀检察官获得更大的

---

① 王飞:《论法官考评机制的职业化构建——以激励理论为分析视角》,载《法治社会》2016年第1期。

职级晋升提供了发展通道。这种渠道应视为对优秀检察官的一种奖励，上级检察机关员额制空缺名额应通过遴选考试从下级检察机关选拔，既能对检察官身份进行保障，也能打造"能者上"的检察官等级晋升之路，还可发挥让检察人才愿意到基层检察机关工作的导向作用。同样，对于检察辅助人员，上级检察机关也应从基层检察机关择优遴选。

三是根据业绩评价建立检察官与其他类别检察人员之间的流动制度。在人员分类管理和员额制改革已经实施的情况下，检察机关会将资源向作为办案主体的检察官倾斜，但由于并没有建立单独的人员分类招聘和发展制度，不同类别的检察人员依然可以进行流动，其他人员在符合检察官任职条件下，可以作为检察官候选对象，而业绩表现就应成为其最重要甚至是唯一的考评依据；当检察官出现不适合担任检察官事由或者主动退出员额时，也可视情形转任检察辅助人员。

四、渝中区人民检察院业绩评价制度构建的探索与反思

前面已述，符合司法规律的检察人员业绩评价制度应当以司法官个体的司法活动为考察对象，并侧重于激励意义上的运用，应当以司法档案为载体来构建检察人员业绩评价体系，以个体激励为中心运用业绩评价结果。这与传统的将检察机关视为与行政机关一样的业绩评价制度有着巨大的差异，行政机关的业绩评价以"资源投入—产出"和服从上级机关的指令为侧重，更重视整体的作用，而司法人员更侧重于案件事实认定和法律适用，更重视司法官个体能动性。过去我们司法系统出现了如"赵作海案""佘祥林案""杜培武案"等不少冤案，这些冤案在以"真凶再现"或者"亡者归来"方式得到平反后，被司法追责的人员却寥寥无几，一方面固然可能有"从轻发落"的嫌疑，更有可能是另一方面的情况，即责任不清而导致的无法追责。司法责任制体现的恰恰就是一种由司法官个体承担责任的改革，通过增强司法官的相对独立性来保障司法公正，业绩评价则是激励司法官多办案、办好案的保障措施，通过下面以重庆市渝中区人民检察院的业绩评价制度为考察对象的分析，可以看出虽然体制内早已意识到检察人员业绩评价制度的重要性，但在依然适用传统公务员业绩评价体系下并无业绩评价制度的用武之地，而是在本轮以司法责任制为核心的司法体制改革中才体现出其意义。

（一）渝中区人民检察院业绩评价制度的实践探索

重庆市渝中区人民检察院是全国第二批司法责任制改革试点单位，在检察人员分类改革、明确检察官权力清单、院领导和部门负责人带头办案等方面的改

革均走在全国前列，积累了丰富的经验，也总结了很多有价值的研究成果。目前该院正在积极进行着检察人员业绩评价体系构建，主要做了三个方面的工作：

一是健全和完善检察官司法档案。渝中区人民检察院为检察官建立司法档案已有十余年的探索，2004年以来已开始构建检察官执法档案工作机制，2008年出台了《渝中区人民检察院检察官执法档案管理办法》，是重庆市首家建立推行检察官执法档案的单位，出台文件之初的目的即是“为了进一步完善检察官办案责任制，健全业务管理机制，加强对检察官执法工作质量的档案管理和监督制约，使对检察官的绩效考核工作更加规范化、科学化”，但由于绩效奖惩制度的不到位，导致该制度在实际运行过程中形同虚设。在原来的司法档案中，除了检察官个人简历、自我个人年度总结和案件质量抽查记录这三样外就没有其他内容，导致司法档案几乎无运用价值，司法档案实际上对检察官“毫无意义”可言。在本轮司法改革过程中，根据重庆市人民检察院修订印发的《重庆市检察机关检察官司法档案管理办法（试行）》，渝中区人民检察院率先以司法档案为中心构建检察官业绩评价体系，并修改了原有的《检察官司法档案管理办法》，为不同业务条线的检察官设计了九大类表格，主要包括：检察官履行司法办案工作基本情况、检察官履行检察监督职责工作情况、检察官司法办案质量监督检查总体情况、执法办案绩效考核决定事项通知书、案件讨论和审议情况、执行办案纪律及司法责任追究情况、检察官司法技能情况登记表（调研、信息、宣传业绩，培训业绩和获奖情况），从而能够全面反映《检察官法》所要求的“检察工作实绩、思想品德、检察业务和法学理论水平，工作态度和工作作风”。

二是为每位检察官设计《岗位职责规范》和《业绩评价指标得分》。在最高人民检察院《关于完善司法责任制若干意见》和重庆市《检察官、检察辅助人员业绩考评办法》的基础上，要求每个部门对每位检察人员设计《岗位职责规范》，设计专人专岗专责；在《岗位职责规范》的基础上，以工作评价为核心，细化考评内容。以《公诉科检察官业绩考评办法》为例，设置满分100分，分为“办案效率”“案件质量”“执法规范”“诉讼监督”四个考察部分，分别赋予分值10分、35分、20分和35分（为了突出检察机关的监督主业，赋予了“案件质量”和“诉讼监督”同等分值），每个部分再细化具体考核指标。检察官的业绩评价，既体现其代表国家打击犯罪、追诉犯罪的业绩表现，又体现其作为国家法律监督机关的客观义务，如排除非法证据、保障犯罪嫌疑人权益等方面业绩。

三是在全院以检察官为主体构建“一对一”办案组。除院领导外，基本上为每位检察官单独配备一名检察辅助人员协助办案,因而可以检察官《岗位职责规范》和《检察官业绩考评办法》为基础,设计检察辅助人员的协助办案规范,并对其协助参与的案件进行业绩考评打分。相对于检察官业务工作评价占总分100分的70分,检察辅助人员的业务工作评价分值稍低,占60分,而在司法作风评价中比检察官高10分,即占20分,司法技能评价和职业操守评价与检察官一样,均占10分。

四是制定了《重庆市渝中区人民检察院检察官、检察辅助人员业绩考评实施办法》。对考评组织、考评内容、考评程序、考评结果、考评结果运用等方面作了全面规定,其基本框架来源于重庆市检察机关制定的《检察官、检察辅助人员业绩考评实施办法》。这两个文件的亮点在于两个方面:第一个亮点是详细规定员额检察官(包括副检察长、检察委员会专职委员、检察官)和检察辅助人员(检察官助理和书记员)的考评内容,明确规定"检察官、检察辅助人员业绩考评应当实行量化评分"。以检察官为例,其业绩考评包括业务评价(70分)、司法作风评价(10分)、司法技能评价(10分)和职业操守评价(10分);对兼任部门负责人的检察官分别赋予业务工作评价(40分)和履行部门领导岗位职责评价(30分),其余三项分值不变。检察官的业务工作评价也是"根据检察官岗位职责,采用案件量化评价、任务量化评价等方式进行"。检察辅助人员业绩考评分值为业务工作评价(60分)、司法作风评价(20分)、司法技能评价(10分)和职业操守评价(10分)。该规定的第二个亮点则是实现业绩评价与绩效考核挂钩制度,根据规定,绩效考核奖金分为两个部分:基础性绩效考核奖金和奖励性绩效考核奖金。其中,基础性绩效考核奖金为绩效考核奖金总量的40%,按月发放;剩余60%绩效考核奖金依据考核结果进行发放,分为优、良、中、差四档,各个等次之间的档差为10%~20%,评为"差"等次的,不发放奖励性绩效考核奖金,检察官和检察辅助人员考评为"优"等次的人数一般掌握在检察官总人数的15%以内,最多不超20%。

总的而言,渝中区人民检察院在业绩评价制度上的探索是超前的,即为检察官建立了司法档案;但具体实施是停留在表面的,司法档案只记载一些案卷抽样检查记录,并未与检察官的职级晋升、绩效考核等利益挂钩;而真正的制度完善仍是在本轮司法责任制改革启动之后,即有了详细的岗位职责规范、详细的考评内容,以及与业绩考评相挂钩的绩效奖励。

(二)渝中区人民检察院业绩评价制度的运行效果评析

2017年11月1日,最高人民检察院曹建明检察长在十二届全国人大常委会第三十次会议上所作的《最高人民检察院关于人民检察院全面深化司法改革情况的报告》中说:“全国检察机关面上的司法责任制改革基本完成,初步建立了权责明晰、监管有效、保障有力的检察权运行机制。”[①]因此,2017年是司法责任制改革的收官之年,也是渝中区检察官实行检察人员业绩评价的开始之年,在检察人员业绩评价上,有以下两个方面的特点:

一是公务员考核和人员分类考核的“双轨制”运行。目前检察机关仍实行公务员考核机制,公务员考核机制仍适用全院而不仅是司法行政人员。公务员考核机制的程序如前所述,实行“个人自述—民主测评—部门审定—院领导审定”程序,“优秀”名额已根据全院名额按部门人数进行了分配,由此产生出本院公务员“优秀考核名单”。然后,召开全院干警大会推选检察官、检察辅助人员、司法行政人员三类人员中的“优秀名单”,三类人员分别设置了不同的优秀人员限额,分别为检察官8名(占比17%)、检察辅助人员11名(占比12.6%)、司法行政人员3名(占比13.6%)。经过民主推选后,经院党组决定公布各类人员优秀个人名单,如果一名检察官所办理案件因为司法不规范问题被上级院予以通报的,在是否优秀考核上会被“一票否决”。为了避免以公务员考核方式产生的“优秀人员”与以三类人员分类考核产生的“优秀人员”发生重合,在三类人员考核民主推荐会上作出说明让干警尽量避免重复投票,评选结果也印证了两种评价结果没有重合,但各类人员总人数依然控制在各类人员比例的20%之内。

二是考核奖励上的“双轨制”。以检察机关整体作为考核对象的“集体考核”也继续存在,机关考核的成绩会影响到每个成员的年终绩效奖金,这种绩效奖金还会按照科级、处级、厅级等职务的不同而予以差别化体现;而真正作为检察人员个体业绩评价的奖励才会以“奖励性绩效考核奖金”的方式予以体现,在奖励金额上,作为业绩评价结果的绩效考核奖金低于机关考核结果产生的检察人员绩效考核奖金。由于此类绩效考核奖金的行政性,实际上导致的结果是检察人员的实际薪酬水平并未真正实现“检察官高于同级公务员工资水平的50%,检察官助理和司法行政人员高于同级公务员工资水平的20%”的水平。

(三)检察人员业绩评价制度的未来展望

渝中区人民检察院的检察人员业绩评价体系构建尚在探索阶段,其面临的

① 王治国、郑博超、谢文英、王丽丽:《深入贯彻党的十九大精神全面深化司法改革 坚定不移走中国特色社会主义法治道路》,载《检察日报》2017年11月2日第1版。

问题和未来的发展方向主要体现在以下四个方面：

一是非常依赖顶层设计和政策支持。无论是业绩评价内容和指标的构建，还是业绩评价结果与职务晋升的挂钩，都既是涉及检察人员切身利益的重大变革，又是涉及检察人事制度的重要改革。即使基层检察机关的热情再高，也无法在“于法无据”的情况下进行，否则可能引发各种不稳定因素。渝中区人民检察院在本轮司法改革中的检察人员分类改革和检察官权力清单改革中之所以能顺利推进，一方面可归因于10多年来积累的经验，因为渝中区人民检察院曾是全国首家检察人员分类管理改革试点单位，最早将检察人员划分为“检察官、检察事务官和检察行政人员三类”，并建立起了以检察官为核心的办案工作机制，与目前的改革方向和思路完全一致。另一方面也是因为这种单纯的检察权运行机制改革并没有过多涉及“利”的因素，在检察机关整体适用公务员管理方式的背景下，单纯的检察权运行结构改革并未触及每个人最核心的利益问题。在构建检察官司法档案过程中，渝中区人民检察院是按照上级检察院的文件要求才使得改革“有法可依”，而进一步的检察辅助人员单独定级甚至各类检察人员的职务晋升制度，都有待顶层设计出来的制度和政策才能推行下去。

二是检察官业绩评价结果能在多大程度上与检察官职务晋升和待遇挂钩仍具有不确定性。从2017年试行的第一年来看，检察官业绩评价仅仅与其年终绩效考核奖励相关，而在涉及更广方面的职级晋升并未开展，且前景并不乐观。以渝中区人民检察院为例，其行政级别为副厅级，检察官等级套改时检察长被定为二级高级检察官，最高可升至一级高级检察官。对于一个普通检察官而言，如果其职业生涯并未担任副检察长或检察长，其可以按期晋升至四级高级检察官（行政级别对应副处级），其如果想晋升至更高级别的检察官等级，只能通过受到名额限制的择优晋升途径，或者在行政级别更高的检察机关担任检察官，这体现了其业绩评价结果与职务晋升关联度的有限性。

三是除检察官外，检察辅助人员的绩效考核指标尚不明确。由于前述顶层设计不足，检察辅助人员并没有自己的司法档案，其考评对象很大程度上依赖自己的书面材料汇报，主观内容多于客观内容。此外，检察辅助人员绩效考评还存在与检察官办案职责界限不明的问题。按照相关文件规定，为检察官配备的检察官助理除了不享有决定权之外，可以承担法律文书草拟、复核证据等绝大多数工作，基层检察机关承办的大部分案件为适用简易程序处理的事实清楚、证据充分的案件，在实践中存在检察官辅助人员可以完成一个案件绝大部分工作量的现象,但因其不具备决定权而没有自己的司法档案,也无法反映出其办案情况,显然并不合理,如果再与检察官的待遇差距过大,则会显得更不合理。

四是定性考评的优化问题。对于任何一项制度,批评它的人自然可以找出批评的地方来,因为几乎不存在一项完美的制度,而只有在不断完善和改进的制度。除了业绩考评内容可根据办案数量、质量和效果等内容予以量化评分外,还有思想品德、工作态度和工作作风等方面的考评只能采用定性评分,这就涉及考评方法的逐步优化问题。比如对于司法作风问题,可以实行扣分制,即设定每位检察人员均有优良作风,均应获得满分10分,如果有辩护人、诉讼代理人、侦查人员、法官以及本院其他人员对其作风有意见,则经调查核实后予以扣分,但扣分幅度就需要在实践中不断优化评判标准,因为属于主观定性评价,不管是“一票否决”、较大幅度扣分或者较小幅度扣分,都会产生不公平问题。比如,根据《渝中区检察官、检察辅助人员业绩考评实施办法》第39条的规定“检察官、检察辅助人员确定为‘优’等次,原则上应当业绩评价得分高,完成工作任务且质量和效率高、效果好,职业操守无扣分”,就是将“职业操守”作为评“优秀”的一票否决事项,这样的规定是否合理,有待于实践运行状况的检验。

结 语

随着学术探索和司法改革的不断深入,学界和实务界都已认识到司法应当是司法官进行司法判断的活动,需要充分发挥司法官的个人能动性才能更好地实现社会公平正义,完善的业绩评价制度既是对司法官个人能动性的激励,也是对司法官依法履职的监督方式之一,“只有独立、不偏不倚的司法人员是不够的,他们还需要表现良好,为了衡量他们的司法表现,以提高高质量的司法,评估是不可避免的”①。司法责任制改革已建立了越来越完备的业绩评价制度,越来越细化的业绩评价规则,但纸上的规则能否真正落地到司法实践之中,能否真正成为激励司法官“多办案、办好案”的动力,改变长期以来考核与奖惩脱钩的现象,还需要进一步的改革完善和力量推动。

---

① [法]让-马克·白休斯:《法官管理问题初探》,魏晓娜译,转引自周泽民主编:《国外法官管理制度观察》,人民法院出版社2012年版,第153～154页。

民事诉讼专论

复杂民事庭审如何化繁为简
——争点归纳节约性技术之运用刍议

黄　湧*

摘要：在复杂民事案件的审理中，法官如何从纷繁复杂的"争点群"中提取出真正有价值的争点进行审理，是实现繁案精审的关键性问题。为此，极有必要研究争点归纳节约性技术的内涵、功能，从依要件事实进行筛选、依真伪识别进行排除、依引导协商进行限缩以及依设定位序进行简化等多层面，讨论争点归纳节约性技术在实践中的运用，建立技术运用之"路线图"，并分析该技术运用与审理充分性的辩证关系，以期实现"充分下的节约"，提升复杂案件的审判质效。

关键词：民事庭审；争点归纳；节约性技术

引　言

在复杂民商事案件争点归纳问题的研究中，有一项核心的问题需要解决，即法官如何从当事人提出的纷繁复杂的"争点群"中梳理、择取出若干真正有价值的争点进行审理，而不至陷入"争点群"之迷雾为其所蒙蔽。笔者曾就争点归纳技术撰写过系列文章，在与法官同仁们的讨论中，他们质问"在疑难复杂案件中，我不担心不能发现问题，而是担心问题太多而不知取舍"，由此引发我对争点如何实现节约化问题的研究。何谓争点归纳的节约性？争点归纳节约性技术包括什么内容？如何在审判流程中依一定的位序开展争点归纳的节约性工作？又如

* 作者系厦门市集美区人民法院法官，法律硕士。

何处理好争点归纳节约性与审理充分性的关系？笔者尝试收集学界的相关研究成果，但未能收集到可供参考的学术资料。[①] 笔者揣测，学界对此研究匮乏的原因可能在于：一方面，这些问题纯属实务问题，理论挖掘深度有限，故研究者可能对之缺乏兴趣，不愿关注；另一方面，这些问题均出现在案件操作层面，学者即便试图研究，可能也因其过强的实务性质难以介入。对于这一研究的空白地带，本文尝试结合既有真实案例，从微观层面切入问题讨论，尝试对前述问题作出回答。为集中笔力，本文将研究范围局限于事实争点，不涉及对法律争点的讨论，但不代表本文的讨论对法律争点的归纳没有借鉴意义。

一、从相关案例引出讨论的问题

复杂民事案件的庭审中，当事人在诉辩后呈现给法官的往往是数量庞大、真伪交织、层叠错落的“争点群”，这种现象，可由下举四则案例体现出来。

【案例一】[②]A在B宾馆住宿摔倒致伤，A、B签订事故赔偿协议书后，A以显失公平为由诉请撤销该协议。在该案庭审中，围绕诉讼请求，A除主张“A、B协商期间，B单方邀请当地公安、工商部门工作人员参与，参与的公务人员对A施加了不当影响；协议确定的赔偿金额与实际损失金额差距较大”(简称事实一)等事实外，另陈述“A、B协商期间，A的伤残鉴定结论书未出，A通过电话向鉴定机构了解其伤残等级为十级后即匆匆与B订立赔偿协议书，但事后鉴定部门出具的鉴定结论书载明其伤残等级为八级”(简称事实二)。B对A陈述的以上事实均予以否认。承审法官将上述的争议均归纳为本案的事实争点。

问题点：是否应将事实一与事实二均归纳为本案的事实争点？

延伸思考：如何科学框定事实争点的范围？

---

① 笔者尝试以“争点整理”(相较“争点归纳”，“争点整理”系一学术用语)为关键词在“中国知网”进行检索，共搜索得到文章42篇，发现这一领域的学术讨论均重点围绕“审前程序中的争点整理”而展开，旨在发挥审前程序之功能，在诉讼的前阶段展示所有的攻击防御方法，在诉讼的后阶段则将诉讼攻防严格限定于前期确定的争点范围内开展，解决实践中存在的“随时整理争点随时进行审理”的“漂流审”问题，从而提升审判质效，而对于复杂个案在审前、审中等审判全程中，如何通过科学的争点归纳工作，限缩纷繁复杂之争点范围，实现审理的节约化，研究成果付之阙如。

② 该案例案号为：厦门市集美区人民法院〔2009〕集民初字第807号。

【案例二】[①]在一起房屋租赁合同案件中，A公司（承租方）诉称租赁期限已届满，要求B公司退还租赁保证金、空调装修押金，B公司（出租方）辩称，涉案厂房在A公司租赁期间出现外墙污损、铝合金窗损坏、吊扇变形、地漏缺失等16处破损（事实一），A公司在没有依约做好厂房恢复整改情况下，不得要求退还各项费用，并由此提出反诉，诉称委托第三方维修上述破损项目支出30000元（事实二），请求判令A公司支付该项费用。承审法官将案件的事实争点归纳为：(1)涉案厂房在A公司租赁期间是否出现前述16处破损？(2)前述破损继续整改恢复原状的费用如何确定？

问题点：是否应将事实一与事实二均归纳为本案的事实争点？

延伸思考：在争议项目繁多的案件中如何引导当事人简化争点？

【案例三】[②]在一起买卖合同案件中，A（出卖方）诉请B（购买方）依双方订立的《挖掘机分期付款买卖合同》支付所欠货款，法庭审理中，B辩称A、B另订立一份补充协议，对付款条件、期限另有约定，目前付款条件不成就，故无付款义务（事实一）；同时又辩称，原买卖合同中购车人签名处的签名不是其所签，其亦未授权他人代签（事实二），故原合同对其没有约束力。承审法官将案件的事实争点归纳为：(1)根据补充协议，涉案的付款条件是否成就？(2)原买卖合同是否在A、B意思表示一致下所订立？

问题点：是否应将事实二归纳为本案事实争点？

延伸思考：如何识别当事人提出的事实争点之真伪？对于可能存在的伪争点，如何处理？

【案例四】[③]在一起医疗损害赔偿纠纷中，A诉请B医院赔偿因医疗过失导致的经济损失，法庭审理中，B辩称：(1)A主张的误工费、护理费等损失计算标准缺乏事实与法律依据；(2)A未将原有隐疾告知医院自身存在过错；(3)涉案医生的手术行为与A的损害后果之间并无因果关系；(4)涉案手术严格按照规程进行并无违规行为。承审法官按照B的答辩顺序，将以上四项事实列为本案的事实争点。

问题点：将损失计算及A自身过错问题排列于违规行为之前进行审理在争

① 该案例案号为：厦门市集美区人民法院〔2016〕闽0211民初4416号。

② 该案例案号为：厦门市集美区人民法院〔2017〕闽0211民初3782号。

③ 该案例案号为：厦门市集美区人民法院〔2006〕集民初字第22号。

点排序上合理吗?

延伸思考:对事实争点的排序如何更加科学化?如何依位序之安排提升审判效率?

二、争点归纳节约性技术的内涵与功能

(一)争点归纳节约性技术的内涵

本文的研究范围仅涉及事实争点问题,研究伊始,有必要对事实争点的概念及特征进行界定。所谓事实争点,指的是根据法条的构成要件所归纳的待证事实方面的争点,也即事实的实质争议点,[①]其具有要件性、私权性、位序性等特点,具体表现在:(1)在争点归纳工作中,法官应当以涉案的法律要件为模具,从纷繁的生活事实中先整理出要件事实,再从要件事实中划定双方的事实争议点,故而事实争点必定具有要件事实的属性,也即不具有要件事实属性的争议问题,当可剔除于事实争点的范围。(2)民事诉讼法是确定私权存在与否及其范围的法律,充分尊重当事人的自主意识,"承认程序当事人得较量各该事件所涉实体利益与程序利益之大小轻重,合意选择使用诉讼制度",[②]是立法蕴含的机理,故而在争点的处理上,我们应当充分尊重当事人对争点的选择权,此即事实争点之私权性特征。(3)在民事诉讼中,常出现对于某一事实争点的判断必须以另一事实争点的判断为前提的情形,即事实争点之间的关系可能会存在递进关系,此时事实争点间即体现出位序性的特征。

限缩事实争点使之实现节约化的工作,应围绕事实争点的以上特点来规划进行。由此,本文所述之争点归纳节约性技术,即指针对事实争点归纳工作中忽视争点的要件性、私权性、位序性的现象,通过依要件事实对"争点群"进行筛选,通过引导当事人进行事实争点协商,排除伪争点,并科学地对事实争点进行排序,实现事实争点之节约化,依此引导对抗,以提升案件审理质效的一项技术安排。需说明,在以上各层面工作中,依要件事实筛选争点的技术,系依事实争点之内涵对非事实争点的一种排除,它体现的争点之"节约",其实应属于对实务中存在的"将非要件事实归纳为事实争点这一错误做法"的一种校正;而依争点协

① 关于事实争点的定义分析,参见黄湧:《民事审判争点归纳——技术分析与综合运用》,法律出版社2016年版,第14～15页。

② 邱联恭:《程序选择权论》,三民书局2000年版,第38～39页。

商、排伪(这些“伪争点”仍系属于要件事实范畴之内)及位序确定技术对事实争点的进一步限缩,才属于严格意义上的对事实争点的节约化工作。二者本不应混为一谈,但考虑到本文的写作目的在于为裁判者科学限缩纷繁复杂之“争点群”提供一定的方法论指导,故将实务中出现的“将非要件事实归纳为事实争点”之典型错误情形,亦收纳于“争点归纳的节约性技术”名下,希望这一便宜性做法,不至对读者造成困惑。

(二)争点归纳节约性技术的功能

争点归纳节约性技术可从两方面对审判质效起到保障作用:一是有助于提高案件审理的质量。实践中,那些质量不高的案件之所以产生,往往是由于法官被表面存在争议的非争点或伪争点所迷惑,无法准确地描绘出案件审理的路线图,导致审判方向出现错误。依要件事实对“争点群”进行筛选,将纷乱的诉讼材料,以规范要件这一“筛子”进行整理归纳,确定了通往正确的事实认定、法律适用的路径。二是有助于审判效率的提升。笔者参与的课题组曾对本院审理的100件存在多次开庭情况的民商事案件进行调研,发现审判“随波逐流”,仅具有程序的空壳,缺少明确的方向,一些事实经多次庭审反复查明,审理时间冗长。[①]争点归纳节约性技术的有效运用,有助于解决效率问题。一方面,法官通过运用争点协商技术,可就相关争点帮助当事人达成共识,看看哪些先前的争议可以改列为不争执事项,甚至可以再次简化排除,以减少将来庭审中的无益活动;另一方面,法官可以就各类争点作出梳理,确定审判的位序,以此引导当事人举证、质证,避免庭审中重复、杂乱的现象出现。可以说,任何一场复杂案件的审判,均离不开对表面上呈现出来的“争点群”的切割与提炼,这事关审理的方向,形塑审理的脉络。在这个意义上,争点归纳节约性技术是争点归纳技术中最核心的一项。

三、实现争点节约化的相关技术及适用位序

(一)相关技术分析

1. 依要件事实进行筛选的争点归纳节约方法

该方法即以要件事实为“筛子”,直接剔除在要件事实之外的有关事实争议,

① 厦门市集美区法院课题组:《民商事案件多次开庭现象剖析》,载《人民司法·应用》2014年第3期。

避免这些争议稀释事实争点。关于该项技术的运用,应从"事实"这一概念入手进行分析。关于"事实",有两个层面上的意义,一为主张事实,一为要件事实。所谓主张事实,是指诉讼当事人为支持自己在诉讼中的主张或反驳对方的主张而向法院叙述的一系列事实;所谓要件事实,又称"规范事实",是指民事实体法律规范中规定的可以引起民事法律效果发生、变更和终止的构成要件事实。[①]在以上两种事实中,主张事实中蕴含着还原案件真相的大量原材料,但往往繁杂无序,良莠混杂,需要要件事实这么一个"模具",按法律设定的标准尺度对主张事实作出衡量、取舍,再求同存异,将其整理为有实质意义的争点,从而实现争点的节约化。以【案例一】为例,A 以协议存在显失公平诉请撤销,其请求权基础在于《民法通则》第 59 条第 1 款第 2 项,[②]依该项,要件事实包括:当事人在订立协议时是否受到不当影响而违背其真实意思、协议金额与实际损失金额之间是否差距较大等,故【案例一】中的争议应当被归纳为事实争点,但【案例二】中的争执,则不在显失公平法律规范的涵盖范围之内,而属于重大误解法律规范的调整范围,因 A 未将此作为其诉请之请求权基础,故该争执不属于本案要件事实范围,法官不应将其列入事实争点进行审理,否则即逾越了案件的审理范围。

实务中要关注的一个问题是,在依要件事实进行事实争点筛查后,需解决对事实争点的提示方式问题,即由要件事实所筛选出来的事实争点,是否均应当由法官明示地归纳出来,交由当事人进行诉讼攻防;还是可由法官视情酌定,除明示方式外,也可采用由法官在内心将其归入争点并听取、收集对此的诉讼攻防意见,而不再明确告知当事人以重开辩论等其他形式。笔者认为,争点归纳的核心功能有两个方面:一是通过争点归纳,提升案件的审判质效;二是通过争点归纳明确当事人提供证据的方向与举证责任,防止裁判突袭,进而实现诉讼民主。若为实现第一项功能,争点归纳可采取明示方式进行(其中又包括以争点为名的归纳及以提问为形式的归纳,适用前者,通常由法官陈述"本案的事实争点为以下诸项……",再由当事人围绕争点开展诉讼攻防;适用后者,法官在内心判断本案的事实争点后,并不采用以"下面进行争点归纳"等形式,而是就相关争点提炼出若干问句,组织当事人逐一答问,借此引导当事人开展诉讼攻防。实务中,法官

---

① 许可:《民事审判方法——要件事实引论》,法律出版社 2009 年版,第 40 页。

② 该案审理时间为 2009 年,故适用《中华人民共和国民法通则》作为裁判依据。

多依偏好选择两种方法之一予以适用)；亦可采用非明示的方式进行(当某些事实争点，在法官未明示揭示出来前，当事人已对此进行充分的诉讼攻防，此时法官即不再明示地将事实争点归纳出来，而是记录下双方对于该事实争点的攻防意见以作为判案参考)。以上两种形式，其中明示的方式，亦同时有利于实现争点归纳的第二项功能，而未予以明示的方式，则有可能会对当事人造成诉讼突袭，损及诉讼民主。在此情形下，对于方式的取舍，笔者认为，可将"不明示性地归纳是否会对当事人造成裁判突袭"作为判断的尺度，由法官斟酌个案情况予以确定。具体而言，某些事实争点，事关诉讼的成败，但双方当事人并未意识到此问题，未对此展开充分的诉讼攻防，法官若不将争点提炼出来进行充分性审理，对当事人影响甚大，此时即应当采用明示性地归纳之方式，以防对当事人造成裁判突袭，损及其诉讼利益；而对于某些事实争点，在法官未明示揭示出来前，当事人已对此进行充分的诉讼攻防，问题已陈述透彻，只不过攻防意见未冠以此项争点名下而已，此时为防止意见重复发表，提升审判效率，法官即无再度明示提出之必要。就此问题，笔者在与法官同仁们的讨论中，多数法官认为，在前述情形下承认非明示的争点归纳方式的存在，使之成为法官行争点归纳的一种选择方案，符合审判习惯做法，不致使争点归纳成为一项过于仪式化的工作而滞碍了审判进程。

在依要件事实进行事实争点的筛选工作中，还涉及对涉及当事人主观情感的事实的取舍问题，对于该类事实，是否应当以其不是要件事实争点为由一概不允许当事人发言，涉及对审判慰抚功能的考量。此处所称之"涉及当事人主观情感的事实"，指的是不在案件的要件事实之中，但当事人认为对其影响甚巨，需要在审判过程中予以发表、宣泄的生活事实。实践中，一些法官对于当事人的情感性发言、情感性证据的出示，一概不予准许或多加制止。笔者曾见一例，在一起保管合同案件的审理中，原告钟爱的一只法国斗牛犬在被告开办的宠物店寄养中因被告保管不善而死亡，原告基于被告在保管合同中未履行保管义务诉请被告登报赔礼道歉并赔偿损失，法官认为本案为合同之诉不存在此种赔偿道歉的责任承担形式，遂在被告阐述自己对于爱犬的感情时多次制止，仅让原告陈述经济损失等情况，原告认为法官缺乏对动物的关爱之情，庭后反映法官司法生硬缺乏柔性。在遭遇此类情形时，经验型法官通常会认识到，涉及当事人主观情感的事实虽然不是要件事实，但若制止当事人发表此方面的见解，极易引起当事人对法官的负面情绪，质疑法官的公正性与职业伦理，故基于有效推进案件审理及为下一步的协商性司法铺垫基础等考虑,在运用要件事实筛选事实争点工作中,不应过于机械,应策略性地允许当事人对涉及主观情感的事实发表意见,让其在一定限度上宣泄压力,以利案件审理。

2. 依真伪识别进行排除的争点归纳节约方法

此方法即通过审查当事人的争执的动机与目的,将作为诉讼策略的伪争点排除于事实争点外,从而实现争点节约化。在审判实践中,诉讼中提交上来的一定数量的争点,系当事人为增加诉讼攻防的筹码而提出,具有互相刺探及假定形式,属于伪装的争点。这类伪争点通常具有以下特征之一:一是对于对方提出的诉讼主张或证据,仅是消极地否认或对证据的形式要件予以质疑,通常无法就抗辩理由提供反证;二是与己方主张的其他事实相抵牾,存在矛盾;三是步步设限,延滞诉讼的目的明显。对于此类争执,法官应加强审查,运用"五听"等方法进行识别,依职权排除争议。例如,在【案例三】中,B既认可补充协议,又否定原合同的真实性,这两项陈述中存在矛盾。实践中,补充协议通常系在原协议基础上进行增加或变更,依常理判断,B的后一答辩很可能是其为增加防御筹码而提出的一个伪争点,此时,法官可依照"B认可补充协议"这一事实来追问是否意味着"其对原协议的追认",依矛盾排除伪争点,若未依职权探知,则将订立原协议是否体现被告的真实意思列为本案争点,将使案件审理复杂化,降低审判效率。

3. 依引导协商进行限缩的争点归纳节约方法

该方法即在纷繁的事实"争点群"中,通过争点协商剔除弱态的事实争议,将审理工作集中于强态的事实争议上。审判实务中常发现,有些具有实质意义的争点,是诉讼攻防的关键点,但这些争点的"正确答案"其实较为明显,当事人虽在诉辩早期据理力争,但在证据举、质证阶段后往往在内心中能形成共识,只要法官稍为引导,双方可能会基于诉讼效率的考量而放弃争执;[①]亦有一些争点属于案件枝节上的问题,不具实质性,重要程度不高,当事人在此方面较易达成妥协。这些"较易判断的争点"以及"较为枝节上的争点",均具有和解面的因素,可借由法官的引导,建议当事人协商撤回,从而为案件审理减负。所谓的争点协

① 美国法官波斯纳在研究诉讼规则对和解率的影响中发现,在证据开示中,当事人对信息进行全面的交流,能在内心对案件的可能结果形成较为准确的估计,在一定范围内达成协商意见甚至实现全案和解。参见[美]波斯纳:《法律的经济分析》(下),蒋兆康译,中国政法大学出版社1997年版,第727页。

商，指当事人在法官的指导下，就有关的争点进行充分讨论，同意限缩有关争点(这里既包括双方对各自所执的争点进行交易而就争点项下争议达成一致，也包含了单方对争点的放弃)，实现争点的节约化的一项诉讼行为。在【案例二】的审理中，较为妥当的处理方式是，法官不急于将 16 处争议均归纳为事实争点并要求当事人进行举证、质证，而是召集当事人前往涉案厂房进行勘察，通过逐一查勘争议项目，并结合双方当事人意见，将争议项目确定为争议较小、一般性争议、争议较大等项内容，分项予以解决。例如，对于争议较小及仅存在一般性争议的项目，考虑争议项有一定数量且较为分散，逐一进行鉴定有悖诉讼经济原则，法官应予以释明，建议双方各自提出一个总报价，一次性协商解决。对于争议较大项目，则可归纳为事实争点，由双方围绕争点开展诉讼攻防，从而使各方集中精力于核心争点的审理，提升审判效率。

4. 依设定位序进行简化的争点归纳节约方法

该方法即对事实争点进行合理排序，先予审理构成前提条件的事实争点，再决定是否对后续事实争点进行审理。实务中，事实争点间很可能并不是并列关系，而存在着互为前提的递进式关系，在这种情形下，即可通过合理地排序来实现争点的节约化。通常，事实争点的排序可依历史方法来进行，①就案例事实发生的历史过程，依序检索事实争点，如在合同纠纷案件中，从合同成立—生效—履行—违约等依次进行争点排序，前一事实争点问题的解决，构成是否开展后一事实争点审查的前提，逐层推进；又如在侵权责任纠纷案件中，从侵权行为成立—过失相抵的适用—损害赔偿金额的计算，亦存在递进式的审理路径。在【案例四】中，承审法官在争点排序上的不当在于，若违规行为不成立，则审理在先的损失计算及原告自身过错问题将成为不必要的审查内容，从而浪费了诉讼资源，故而最科学的审理位序是"将医生在手术过程中是否存在某项违规行为"作为第一顺位的事实争点，将"此项行为与患者死亡之间是否存在因果关系"作为第二顺位的事实争点，再将"患者的监护人是否未将患者原有隐疾告知医院"作为第三顺位的事实争点，而将"损害赔偿金额的计算"作为最后一个争点。后一争点均以前一争点为前提，呈现出严密的逻辑关系，保证审理的节约化。

---

① 此处所述的历史方法，是参考王泽鉴教授在论述案例分析步骤时所提出的解题方法，本文将其引用于争点归纳实践。参见王泽鉴：《民法思维：请求权基础理论体系》，北京大学出版社 2009 年版，第 33～35 页。

实务中，在事实争点排序中，法官亦可衡量争点审理之难度，通过先行审理难度较低的争点，避免触及难度较高的争点，以实现审判的节约化。举一案析之，[①]A系B公司的债权人，其在案件中提出确认B与C签订的《资产转让合同》(该份合同将B公司资产全部转让于C，用以抵偿B所欠C的债务)不生效力，B经传票传唤未到庭。庭审中，A主张，因B未到庭，无法核实涉案《资产转让合同》中B的公司印章及法定代表人签名的真实性；同时，B私自向全部资产转让于C不合法，损害其他债权人的权益，以物抵债行为应认定为无效。C辩称，B的公司印章及法定代表人签名具有真实性；同时，其不知道B还有其他债权人，未侵犯其他债权人的权益，涉案资产亦已交付其使用至今，《资产转让合同》应为合法有效。本案中，若将涉案合同的真实性问题作为第一项争点进行审理，只能启动鉴定程序，但即便该合同经鉴定具有真实性，仍需对以物抵债行为是否具有合法性作出判断，真实性、合法性问题均为涉案合同合法有效的必要条件，缺一不可。此时，鉴于启动鉴定程序诉讼费用成本与时间成本较高，即可考虑优先审理合法性问题。该案中，承审法官通过分析B与C的商业往来紧密程度、资产转移时间、资产涵盖范围，依法认定C在订立合同时应当知悉B存在其他的债权人，将涉案合同确认为无效，避免启动鉴定程序，有效提升了审判效率。

事实争点之位序，有时甚至影响到裁判的质量。在一起发回重审案件中，[②]A与B订立一批次用于装配矿用车的车辆前桥的买卖合同后，B第一批交付的前桥用于装配矿用车后出现质量问题，双方为解决质量问题，订立补充协议，就前桥的更换、修理、技术改进达成一致意见，后A以质量问题仍未能解决为由诉请解除合同并由B承担违约损害赔偿责任。该案中，对补充协议的合同解释问题，即成为关键性争点，若经解释能将该协议确定为对整个批次的合同标的物质量问题的一揽子解决协议，则应将补充协议作为解决纠纷的依据，不应绕过补充协议径行依买卖合同来处理案件。原审法官由于忽略了争点位序性问题，在未对补充协议性质进行判断前，直接将买卖合同中的相关内容作为裁判依据，导致裁判出现错误。

(二)争点归纳节约性技术的适用位序

对于以上四项技术的运用，在审判流程上，是否有位序之分？如前所述，事

---

① 该案例案号为：厦门市集美区人民法院〔2017〕闽0211民初4082号。

② 该案例案号为：厦门市集美区人民法院〔2014〕集民初字第3823号

实争点具有要件性、私权性及位序性等特征，我们可据此将诸项技术分为四个层次，依序进行。其中，要件性是事实争点最本质的属性，依要件事实"筛子"去除不具有要件内容的事实争执，将争点提纯于要件事实领域，实现了第一层次的争点节约；而通过法官依职权揭示、去除伪争点，对上一步骤中确定的争点进行真实性、合法性审查，予以进一步精纯，应属于第二层次的争点节约；根据事实争点的私权性特征，由法官引导当事人协商，逐步地限缩争点，去除"较易判断的争点"以及"较为枝节上的争点"，实现的是第三层次的争点节约；根据事实争点的位序性特征，在尚余的事实争点之中，通过争点间的排序确定审理的位序，尽可能实现审理的节约化，为第四层次的争点节约（如图1所示）。在审判过程中，可依序运用以上技术，实现争点流的逐渐缩减，达到庭审由繁入简的目的。

当然，以上对技术运用的位序排列应属于一般情形，其间也可能存在各项技术的相互进行、渗透互补，如当出现某项争执的事实是否属于要件事实判断不清时，在第一层次与第二层次、第三层次的节约技术运用之间，即可能出现"倒流"，我们可以依据对伪争点的判断或引导当事人进行争点协商，在不对该项事实争执进行要件性判断前，即将该事实争执排除；又如在前述的同一假设情形，若该事实争执的审理尚有位序在先的其他事实争点作为审理前提时，我们亦可能先运用第四层次的争点节约技术，优先审理其他事实争点，而视情排除对该事实争执的审查。

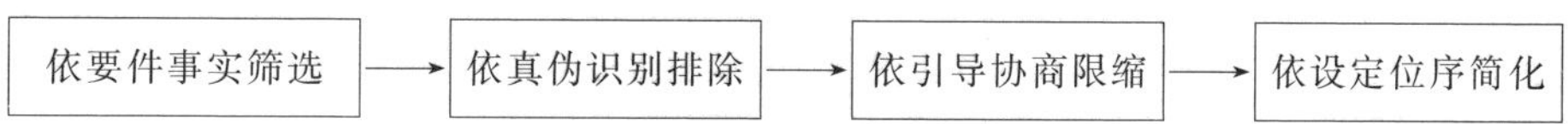

图1　争点归纳节约性技术运用位序图

四、争点归纳节约性与审理充分性的辩证关系

对于疑难复杂案件审理充分性的重要性，有学者认为，"当事人在口头辩论前如果不能相互知晓对方当事人关于案件事实的主张，充分准备需要反驳的地方……围绕纠纷核心压缩争点将无法实现"。① 笔者认为，复杂民事案件裁判的科学进路应是一个由繁入简的过程，即不留缺漏地充分揭示出案件的实质争议

① 段文波：《一体化与集中化：口头审理方式的现状与未来》，载《中国法学》2012年第6期。

面，然后再化繁为简，逐渐限缩争议，集中解决核心争点问题。故而争点归纳技术的运用往往涉及相对立的两端，一端为争点归纳的充分性技术，另一端则为争点归纳的节约性技术。这两端如何统筹协调而达到最优，考验法官的司法能力。

（一）保障争点归纳的充分性

考察实践中的庭审，在争点归纳充分性问题上存在很多不足，难以将争议面无缺漏地呈现出来，体现为：(1)诉辩缺乏清晰度。“实践中，大量案件之所以审理效率低下，就是因为权利请求没有得到很好的固定”，[①]具体情形包括：原告所提出的诉讼请求或诉讼标的不明确，法官未对原告进行诉讼引导以准确划定诉讼攻防的范围，被告难以作出有针对性的答辩；被告针对原告诉请的答辩过于笼统，法官未引导被告进行有针对性的答辩以析明争点；在诉辩意见发表后，法官未给予原告补充说明及被告第二次答辩的机会以充分暴露争议问题，以上均导致诉辩环节未实现聚焦争点的功能。(2)质证缺乏纵深度。如原告依证据清单一次性就全案证据进行举证后，质证方逐一对证据发表质证意见，质证意见较为繁杂，此后法官未允许举证方作补充说明，亦未允许质证方补充发表质证意见，径转由被告方举证并由原告发表质证意见，导致证据展示如蜻蜓点水，质证方对问题揭示不透，举证方亦对问题解释不清，诉讼攻防无法达到全面、深入。(3)对抗缺乏绸密度。质证中，质证方就每份证据“三性”(真实性、合法性、关联性)发表意见后，法官转而要求被告举证，由原告对证据“三性”发表质证意见，之后即草率地结束法庭调查阶段。由于法官未于举证质证后提炼争点，引导双方围绕争点组织正反证据开展诉讼攻防，整个举质证环节被异化为各自独立地发表质疑意见，缺乏对抗性，对于重点问题的审理无法深入，难以实现审理充实化。

针对以上三方面的问题，可着重从三个方面提升争点归纳的充分性：一是在诉辩阶段保证争点的充分呈现。通过法官释明，要求原告将模糊不清的诉讼请求或诉讼标的予以明确，同时要求被告进行有针对性的答辩，借助法官的梳理归纳，促进诉辩意见的清晰化、条理化；应保障当事人在第一次诉辩意见发表后的补充陈述权利，以利争点之充分展示。二是在举证、质证阶段发挥从证据中“寻找争点”的功能，保障当事人在第一次举证、质证之后的补充说明权利，法官适时引导询问，加强举证、质证的对抗性，通过有效质证将争点充分暴露出来。三是

① 邹碧华：《审判思路的确立与庭审技巧》，载《法律适用》2011年第6期。

围绕重点问题提高审理绸密度。在举证、质证之后，由法官提炼事实争点，锐化差异，由当事人围绕争点组织前述证据开展诉讼攻防，将重点问题说清说透；同时，在不违反举证时限制度的情况下，给予关键性争点证据准备期，允许再次开庭进行诉讼对抗。

(二)在充分的基础上实现节约

对于法官而言，疑难案件的审理是一个摸索求证的过程，在打开争点的充实性这一"潘多拉魔盒"后，各类问题点会全盘呈现出来。面对纷繁的争点，我们应运用争点归纳节约性技术，以实现提纯求精。申言之，应将"是否能实现充分下的节约"作为庭审之评价标准，以此来协调争点归纳充分性与节约性二者之间的关系。一方面，审理是否具有充分性，是判断一场庭审是否合格的重要指标。衡量是否已满足充分性，应视案件中的争点是否存在遗漏而定，通过引导当事人进行充分的诉辩攻防、提高案件审理的绸密度、重视法官的释明权行使，将案件的法律与事实问题充分展现出来；另一方面，审理是否达致节约化，是判断一场庭审是否优质的重要指标。此涉及在对充分展示下呈现出来的"争点群"的有效识别、提炼问题，相关的争点归纳节约性技术，之前已作讨论，不再赘述。

结　语

完美型人格的法官有一个特质，即他(她)发现问题的能力可能超出解决问题的能力。对于复杂诉讼，细节是没有止境的，它会给审判带来一种毁灭性，为了防止出现问题"遍地开花"的现象，必须限制问题的领域。

总体而言，民事案件中争点的确定，不宜过窄，亦不宜过宽。过窄，则导致案件审理的缺漏，并由于法官对争点的释明不足，容易对当事人造成裁判突袭；过宽，则造成审理的枝节化，无法聚焦于核心问题保证裁判质量，同时导致裁判效率下降。法官对此的拿捏把握，是审判的艺术问题。争点归纳的节约性技术旨在解决争点过宽的问题，旨在借助技术运用，避免一种平铺直叙式的庭审，实现庭审的繁简得当。当然，节约性技术的运用，必须以审理的充分性为保障，在锐化差异的前提下，实现案件审理的有效聚焦，从而追求审判质效的最大化。

证券虚假陈述责任纠纷中被告逐案提出管辖权异议的现象研究

——兼议集团诉讼的适用困境与变革方向

曹明哲*

摘要:当前在证券虚假陈述责任纠纷案件中,作为被告的上市公司在原告提起的每一个案件中逐案提出管辖权异议申请并针对裁定进行上诉,已经成为上市公司几乎都采用的拖延诉讼方式。此种行为影响此类案件的司法效率、浪费司法资源、违反民事诉讼诚实信用原则,使管辖权异议制度背离其本质。但是,此种行为并不违反《民事诉讼法》的规定,对此种行为并无法律上的规制和限制措施。此种现象表层上与管辖权异议上诉有关,深层上与当前此类案件的诉讼模式未采用代表人诉讼有关。当前代表人诉讼的规则仍不够完善,对于美国式集团诉讼,立法者应采取"渐进式"的变革路径,以便于当事人诉讼、提升司法效率、节约审判资源、契合司法改革背景下审判质效的考核等作为指导,通过个别问题个别解决的方式不断完善此类纠纷的诉讼模式。

关键词:证券虚假陈述;管辖权异议;诚实信用;代表人诉讼;集团诉讼

一、问题的提出

因发行人、上市公司违反《证券法》及相关法律法规信息披露规则并被行政机关处罚抑或人民法院刑事判决之后,作为投资者可依照《证券法》《公司法》《最高人民法院关于审理证券市场因虚假陈述引发的民事赔偿案件的若干规定》(以下简称《虚假陈述若干规定》)向发行人以及相关的责任主体提起诉讼,即证券虚

* 作者系北京市第一中级人民法院民事审判第四庭法官助理,法学硕士。

假陈述责任纠纷。

而上市公司股票发行与交易涉及分散的众多投资者，按照《虚假陈述若干规定》第 12 条的规定，存在单独诉讼或者共同诉讼的情况。从目前证券虚假陈述责任纠纷的诉讼状况看，实务中，出现了一批紧密跟踪证券市场和证券处罚的律师，一旦出现索赔诉讼的机会，便利用互联网以及报纸报刊征集潜在的原告投资者进行诉讼。因而，在证券虚假陈述责任纠纷案件中的原告，每案几乎都有代理律师。由此，案件的一般模式为投资者分别委托不同的代理人到法院诉讼，人民法院根据投资者的不同单独立案，单独审理或者合并审理。

与此同时，在此类纠纷中，出现了正常但又有些"不正常"的现象，即被告尤其是上市公司针对每一案件逐案提出管辖权异议。所谓"正常"是因为，被告提出管辖权异议申请并上诉是依照《中华人民共和国民事诉讼法》(以下简称《民事诉讼法》)第 127 条、第 154 条赋予的法定权利，而"不正常"是因为部分案件经过一审和二审的裁定后，案件的管辖权已无争议。对后续继续产生的案件，被告依然针对每一个案件提出管辖权异议并针对裁定进行上诉，拖延诉讼进程的目的可谓"司马昭之心路人皆知"。

在证券虚假陈述责任纠纷中，被告逐案提出管辖权异议，已经成为发行人、上市公司的常用套路。根据笔者在威律先行数据库中的检索，江苏省的"海润光伏案"，江苏省高级人民法院作出 136 份管辖异议裁定；北京市的"华锐风电案"，也有 96 件裁定；而广东省高级人民法院则在"佛山照明案"中，可查到 817 份管辖裁定。囿于文书公布的现状，实践中的管辖权异议要远超此数据。目前正在上海市第一中级人民法院审理的"大智慧案"，根据大智慧 2017 年 4 月 14 日晚的公告，已有 982 人投资者起诉，标的累计约 20706.63 万元。对于每一个投资者起诉的案件，大智慧公司一直在提出管辖权异议，有的代理律师也表示，"对于管辖权非常明确的案件，甚至已有开庭已有判决(裁定)先例了，大智慧还是在针对其他案件提起管辖权异议，当然我们也知道这个纯粹是为了拖延时间考虑了"①。

被告行使法律赋予的法定权利无可厚非，但是，从司法审判效率和司法资源

① 大智慧案原告代理律师许峰微博，http://weibo.com/lawyerxufeng? refer_flag=1001030102_&is_all=1&is_search=1&key_word=大智慧%20 管辖#_0，最后访问日期：2017 年 5 月 13 日。

的合理利用而言，上述逐案提出管辖权异议的行为仍有值得思考之处：

第一，此种行为造成了人民法院大量的重复性劳动。由于事实同一、理由同一、被告同一，法院对被告源源不断提出的管辖权异议重复地作出几乎相同的裁定，不断地进行送达、书记员装订案卷，由专门负责移送案卷的部门在上下级法院之间移送实体卷宗。一个没有争议且没有意义的管辖问题不断地在上下级法院之间处理，有限的司法资源在此问题上输送，导致司法资源的浪费。人民法院目前的案件数量逐年增长，证券虚假陈述责任纠纷一般是在人民法院的商事审判庭或者金融庭审理，也就是说，除了此类案件之外，人民法院还要面临其他案件的审理，如在商事案件中占比例较多的金融借款、保险纠纷、买卖合同纠纷与民间借贷纠纷。

第二，严重拖延诉讼进程。从管辖权异议申请的提出、人民法院作出裁定、上诉、上诉移送、上一级法院作出终审裁定、案卷回到一审法院，从笔者所在法院的工作流程和进程看，这一过程一般需要5～6个月的时间。而加之此类在重大性、因果关系、系统风险、投资差额损失计算等疑难复杂问题，导致此类纠纷的处理耗时更长。有学者统计，截至2013年3月31日，证券虚假陈述责任纠纷中，案件审理的平均值达到了405.1日(13.5月)，中位值也有351.7日(11.7月)。[①]

针对上述行为，有观点认为，如果法院已经存在同类案件关于管辖的已生效裁定，当事人再就管辖权问题提出异议的，法院在向当事人说明理由后可以直接驳回。[②] 但此种方式恐违反民事诉讼法的规定。或许是基于解决本文被告逐案提出管辖权异议的原因，或许是基于其他原因，现实中，有一些受理证券虚假陈述责任纠纷案件的法院，采用“分别立案，集中审理”的方式来处理此种纠纷并借此解决此类问题，“即法院在等待两年的诉讼时效届满后才开始安排审理”。[③] 但此种方式恐违背立案登记制，违背民事诉讼法审限规定，而且一旦被诉上市公司、其他责任人在两年之内发生资产和经营状况的变化致使财产不足以赔偿投资者，会使人民法院陷于不利境地。

---

① 黄辉：《中国证券虚假陈述民事赔偿制度：实证分析与政策建议》，载黄红元主编：《证券法苑》(第9卷)，法律出版社2013年版。

② 申洁：《恶意诉讼的司法阻却法律的缺位与完善》，载《法律适用》2010年第10期。

③ 黄辉：《中国证券虚假陈述民事赔偿制度：实证分析与政策建议》，载黄红元主编：《证券法苑》(第9卷)，法律出版社2013年版。

据此，产生的疑问是，对于此类纠纷中发行人、上市公司逐案提出管辖权的行为，是否应予限制来提升审判和司法效率？在后续案件中，其是否继续具有提出管辖异议申请的权利？如果不具有提出管辖异议的权利，在现行法律框架内是否具有足够充分且正当的限制理由？若不具有，人民法院对后续案件采取什么样的方式来处理被告提出的管辖异议申请？由于被告的此种行为所导致的审判效率低下，自制度而言，究竟是司法规律所致还是人为原因所致？是否与当前未适用集团诉讼有关？如此种种，均需予以考察。本文将首先从内外部两个视角考察在证券虚假陈述责任纠纷中被告逐案提出管辖权异议的行为性质，并试图提出在现行法律框架内的对此种行为进行规制的正当理由和方案；之后将以此为切入点，分析集团诉讼适用的可能与未来证券侵权诉讼模式的变革方向。

二、外部考察：对被告行为的价值判断

（一）可能的限制理由一：诚实信用与恶意诉讼

在目前理论对恶意诉讼的类型划分中，通说观点均将滥用管辖权异议拖延诉讼程序界定为恶意诉讼行为。[①]《民事诉讼法》第13条第1款规定，民事诉讼应当遵循诚实信用原则。根据大陆法系国家对诚实信用原则的适用来看，诚实信用原则的内涵之一是当事人负有促进诉讼的义务，要求当事人在诉讼中不得实施迟延或者拖延诉讼行为，或者干扰诉讼的进行，应协助法院有效率地完成诉讼，完成审判。还要求当事人不得滥用诉讼上的权能，如无正当理由反复要求法官回避、期间制定申请权的滥用等。[②]

据此，被告在证券虚假陈述责任纠纷中逐案提出管辖权异议的行为是否属于一种恶意诉讼违反诚实信用原则的行为？本文认为，此种行为构成恶意诉讼。

首先，在主观上，被告逐案提出管辖异议申请的行为具有主观上的恶性。管辖权异议制度设置的初衷是防止地方保护主义，同时纠正人民法院在管辖分工上的错误。假设在前期，部分投资者起诉发行人、上市公司的诉讼伊始，被告并

---

① 申洁：《恶意诉讼的司法阻却法律的缺位与完善》，载《法律适用》2010年第10期；王中伟：《恶意诉讼治理：以审判权运行为核心思路》，载《人民司法·应用》2011年第11期；牛玉兵、董家友：《民事恶意诉讼的司法规制——以我国新民事诉讼法为中心的考察》，载《法学杂志》2015年第2期。

② 张卫平：《民事诉讼法》，法律出版社2016年版，第51～52页。

不明晰受诉的法院是否具有管辖权，而提出管辖权异议，尚可理解被告的行为，尚可认为不违反管辖权异议制度设置的目的。但是随着二审法院管辖异议裁定的终审，因被告行为而生诉讼的管辖已经没有争议，即便被告再次提出不同的理由，也无法动摇具有合法理由而确立的受诉法院的管辖权。被告逐案提出管辖权异议的行为已经超出了管辖异议制度设置的目的和救济的需要。况且，事实上，《虚假陈述若干规定》第19条出具的目的之一，就是让被告清晰管辖法院，"确定虚假陈述案件由部分中级人民法院管辖的原则后，可以使原告在起诉时，很容易的知道应向哪一个法院起诉，同时也可以使被告很清楚地判断受理的法院有无管辖权"。①

其次，被告的行为客观上妨碍了原告权利的实现，严重浪费了司法资源。如果将司法资源理解为公共资源，则被告的行为实质上侵害了公共利益，则限制并对被告行为进行否定性评价具有了合理的理由。被告在后续案件中继续提出管辖权异议的时候，实际上面临着原告与被告在此阶段的利益权衡问题，被告的利益是程序上的救济权益，而原告的利益是裁判尽快推进其实体权益得以救济的利益。在这两种利益面临权衡时，考虑到先期案件已经为被告提供的程序救济，在司法资源有限的情况下，此时诉讼程序的推进即原告的利益应成为主要矛盾，不应允许被告再次提出管辖权异议。而且，如前所述，被告的此种行为在客观上拖延了诉讼进程，妨碍了原告权利的实现。

但是，即便认定本文被告的行为属于违背诚实信用原则和滥用诉讼权利的行为，在民事诉讼法无明确的操作流程和惩罚细则下，如何落实？

《民事诉讼法》第112条和第113条对虚假诉讼的典型行为的规制作出规定，《最高人民法院关于防范和制裁虚假诉讼的指导意见》对人民法院具体认定虚假诉讼提供了可供指引的标准，并规定了对进行虚假诉讼当事人的处罚措施。但是对除虚假诉讼行为之外的其他恶意诉讼的行为，民事诉讼法并无规定，因而，即便人民法院根据理论和诸多因素认定某行为属于恶意诉讼和违背诚实信用原则的行为，也不具备下一步操作的法律依据。能否参照适用《最高人民法院关于防范和制裁虚假诉讼的指导意见》中的相关精神，尚有疑问。

---

① 李国光主编：《最高人民法院关于审理证券市场虚假陈述案件司法解释的理解与适用》，人民法院出版社2015年版，第150页。

(二)可能的限制理由二:司法资源与公共利益

除了原被告之间的利益衡量外,事实上还有司法自身的利益衡量,即如果将司法资源作为一种公共利益的体现,则如果某一行为有害公共利益,则具有限制其权利的足够充分且正当的理由。

具体而言,在先期诉讼已经将管辖权确定的情况下,被告再无限提出管辖权异议的行为属于浪费司法资源。在司法资源有限的情况下,应将司法资源更多地分布在需要救济之处,而非不需要救济之处,否则就是浪费司法资源,有害公共利益。

现代社会诉讼爆炸导致司法资源严重短缺,"司法资源的短缺是各国普遍存在的基本事实。这种短缺是绝对的,因为任何一个社会都不可能通过无限增加司法资源的供给,满足社会利用诉讼解决纠纷的全部需求,司法资源的增加并不必然导致正义产出随之增量,而且这种昂贵的需求还可能被不断地刺激出来,甚至可能使司法陷入恶性循环或危机"①。本文所探讨的被告逐案提出管辖异议的行为,一审二审法院对大量案件的审理增加了大量司法资源的供给,最终带来是司法资源的浪费和诉讼程序的拖延。

在面临着诸多利益衡量的时候,司法应有所作为来优化配置司法资源,在此方面的典型就是2012年《民事诉讼法》修改中增加的小额诉讼,小额诉讼在诉讼程序方面通过牺牲当事人的程序利益,比如一审终审,换来的是司法资源的优化配置。同样是限制当事人的程序利益(上诉权),小额诉讼的正当性能够在理论上得到解释、立法上得到认可,那么本文所关注的纯程序性利益的事项管辖权异议抑或管辖权异议上诉,在证券虚假陈述纠纷这种涉众型纠纷中,可参照小额诉讼,给予一定的限制具有理论上可论证的可能。

(三)可能的限制理由三:管辖权异议的制度本质

管辖权的行使属于法院的职权,但法院在判断是否属于本案管辖也有可能存在错误,并且管辖问题又涉及当事人的利益,因此就应当给予当事人提出异议的机会,以便受诉法院斟酌是否存在管辖权错误或者管辖权行使不符合法律规定的情形。

---

① 范愉:《司法资源供求失衡的悖论与对策——以小额诉讼为切入点》,载《法律适用》2011年第3期。

因而,管辖权异议制度的本质功能在于,一方面是法院自身纠正管辖错误的情形,另一方面为涉诉案件的被告提供救济以免受到管辖错误的不利影响。就此,管辖权异议制度可以说是一种具有救济功能的制度。如果涉诉案件的被告不具有救济的需要,则不应为其提供救济的制度,更何况被告利用该制度还会产生其他的外部性负面效果。

具体至本文所探究的被告行为,如前所述,在被告因证券虚假陈述行为而生的一系列诉讼中,或许真的存在管辖错误的情形,在先期的案件中应允许被告提出管辖权异议以便为被告提供救济。而一旦先期案件的管辖权结果尘埃落定,则因被告虚假陈述而生的诉讼的管辖权已经确定正确,被告的救济权也得以实现,后续案件再允许被告提出管辖权异议已经没有道理。

(四)无从落实

无论是从司法资源、公共利益的角度还是管辖权制度本质的角度,都可能成为理论上限制被告逐案提出管辖权异议的理由。但是,在现行法框架下,人民法院无论如何也无法绕过《民事诉讼法》第127条和第154条的规定,从而对被告的逐案提出的管辖权异议行为进行程序上的限制。当前能够做的或许只能是在裁定书中对此种行为给予道德谴责。①

三、可能的路径:示范性诉讼?

抛开对被告行为的价值评价,在当前法律框架内是否有解决此问题的可能路径?由于案情相同、理由相同、被告相同,能否从示范性诉讼的角度来规制被告在相同案情的诸多案件中逐案提出管辖异议的行为?

所谓示范性诉讼,也称试验性诉讼、实验性诉讼,是法院解决具有共同事实或法律问题的群体纠纷的一种诉讼制度。在现代型纠纷中,诉讼当事人一方或

---

① 在北京知识产权法院〔2016〕京73民初182号中,裁定书在本院认为部分写道:“根据法律规定提出管辖权异议,是法律赋予当事人的合法诉讼权利,应予保障。但当事人在行使诉讼权利的同时,应体现出对法律的敬畏和对司法的尊重。本案为侵权诉讼,被告均为企业法人,民事诉讼法等法律对被告为法人的侵权诉讼如何确定管辖权有明确规定。而被告深圳乐时购公司在聘请专业律师作为委托代理人参加诉讼的情况下,却依据完全无关的法律规定提出管辖权异议申请,明显是草率的、不负责任的。而被告深圳乐时购公司的委托代理人作为执业律师,在为当事人提供专业法律服务时,本应尊重法律规定,恪守职业道德,在本案中却未体现出职业律师应具备的最基本的敬业精神和专业素养,在诉讼中应予以避免。”

多方往往人数众多，而诉讼空间有限，难以容纳这么多的诉讼主体，为了解决群体诉讼给双方当事人和法院审理带来的诸多困难，不同的国家采取不同的途径，示范性诉讼即为其中一种。①

之所以以示范性诉讼的方式来解决本文的问题，是因为示范性诉讼的特征在于示范判决对其他诉讼的当事人具有拘束力。示范性诉讼超越了个案的意义，成为法院处理同类纷争的解决依据。示范性诉讼的示范性意义和判决效力的扩张性能够减少解决群体纠纷的劳力、时间和金钱方面的支出。在此之下，如果法院对一个或几个投资者诉发行人、上市公司的证券虚假陈述责任纠纷作出终审的判决或者裁定，该结果便能约束后续的具有同样事实和同类法律问题的案件，包括人民法院对该类案件作出管辖的终审裁定。

《最高人民法院关于进一步推进案件繁简分流优化司法资源配置的若干意见》(法发〔2016〕21 号)(以下简称《繁简分流意见》)第 7 条规定：探索实行示范诉讼方式。对于系列性或者群体性民事案件和行政案件，选取个别或少数案件先行示范诉讼，参照其裁判结果来处理其他同类案件，通过个案示范处理带动批量案件的高效解决。

但是，结合示范性诉讼的基本特征以及上述《繁简分流意见》确立的精神，以示范性诉讼处理本文被告提出管辖异议申请的行为，仍面临以下问题：

第一，示范性诉讼是否意味着其他案件的当事人就案件的事实与法律问题不得再提出上诉，示范性诉讼的含义是否意味着示范性诉讼具有程序性事项的拘束力。具体就管辖问题而言，在法院对部分涉诉当事人的诉讼最初终局判决和裁定后，其他未进行的诉讼的当事人是否还有权利在其诉讼过程中提出上诉。如果可以，则示范性诉讼对本文问题的解决并未有实际作用。

第二，《繁简分流意见》第 7 条的规定只是原则性的规定，并无实际的操作流程和细则，《繁简分流意见》第 7 条的意旨尚不明确，无法为示范性诉讼的实施提供指引。同时，从第 7 条的措辞与文意看，其他案件只是参照示范性诉讼的裁判结果，并无约束程序性权利的功能。

综上，在证券虚假陈述责任纠纷中，尽管能够从多角度提出限制被告逐案提

① 肖建国、谢俊：《示范性诉讼及其类型化研究——以美国、英国、德国为对象的比较法考察》，载《法学杂志》2008 年第 1 期。

出管辖权异议行为的理由，但是在现行法律框架下并无可能的路径和法律依据，已超出解释论的范畴。那么，出现此种现象，是否意味着在诉讼制度等方面存在待完善之处呢？

四、内部考察：案件受理、上诉制度与诉讼模式

（一）表层问题：管辖异议的上诉制度与立案现状

根据《民事诉讼法》第154条的规定，对管辖权异议的裁定，当事人不服可以提出上诉，并无限制性条件。而事实上，关于管辖权异议的上诉，许多国家将管辖权异议的裁定规定为不可上诉的裁定。因就管辖权本身的制度本质而言，其是人民法院内部的分工，如果过多地强调了管辖的程序性权利，则意味着“将管辖的内部分工外部化一种诉讼利益”，①而作为一种内部分工所发生的管辖权的分配，是没有必要外部化的。民事诉讼法在管辖异议制度设计上有程序过剩之嫌，此在民事诉讼法修改之前规定管辖错误可以成为再审理由时表现得最为明显。

由于任何一个案件中的管辖异议均可以上诉，导致在涉及众多的投资者的案件中，大量的时间和司法资源在当事人对管辖异议裁定提出上诉至二审法院作出终审裁定的这段时间被消耗。如果，对管辖权异议的裁定不得上诉，像当事人申请回避一样，只可以向人民法院申请复议，则即便每个案件中被告均提出管辖异议，均可在受诉法院内部自行消化，而不影响诉讼进程。

同时，《民事诉讼法》第119条对起诉要件的实质性规定，要求实际受到权益侵害的受害者本人提起诉讼，人民法院针对具体的案件按照当事人起诉情况设置“一案一号”，由此导致在涉众型纠纷中，基于同一侵害事实而人为地产生了许多案件，并按照案号的指引进行诉讼程序，导致原本可以进行一次的诉讼程序需要进行多次，如本文所研究的管辖权异议行为。

（二）深层问题：代表人诉讼制度的“束之高阁”

基于人数不确定的代表人诉讼“经判决或裁定生效而结案时，这种裁判的效力不仅及于参加诉讼的所有当事人，还会发生‘效力范围的扩张’，即判决、裁定

① 张卫平：《民事诉讼法》，法律出版社2016年版，第119页。

可以被没有登记也未参加诉讼的权利人所援引适用”,[①]若利用人数不确定代表人诉讼的此种原理,似乎可以解决在证券虚假陈述责任纠纷中被告逐案提出管辖权异议的行为。的确,按照《民事诉讼法》第54条的规定,对于证券虚假陈述这类案件,人民法院可以发出公告,通知权利人向人民法院登记,依照代表人诉讼已经生效判决、裁定的既判力,解决此问题。

但是,《民事诉讼法》第54条的代表人诉讼制度,在实践中则基本被束之高阁。人数确定的代表人诉讼“曾经在中国的一些地区得到了较为广泛的运用,有较多的案例;但在证券领域由于法院的限制规则很少运用。而后一种形式的代表人诉讼(即人数不确定的代表人诉讼),在我国‘稳定压倒一切的大环境下,绝大多数法院是不愿适用的’”。[②] 以至于有学者指出,《民事诉讼法》第54条的规定“几乎已成为具文”。[③]

五、“权宜之计”与“长久之计”的困境

在上述内部考察的指引下,对于本文问题的解决,可从管辖权异议的制度设计和代表人诉讼的应用两个角度出发。

(一)权宜之计:管辖权异议上诉改复议

仅仅为解决本文的管辖权异议问题,权宜之计是取消管辖权异议上诉制度改复议;或者,对管辖权异议制度的上诉条件和范围进行限缩,如规定因同一事实或同一行为而产生的涉众型纠纷中,被告只能提出一次管辖权异议,后续案件被告继续提出管辖权异议的,人民法院可以采用裁定或者决定的方式驳回,并不得上诉。

但是此种权宜之计理由尚不够充分,仅以本文所出现的问题就否定管辖权异议上诉制度尚显草率;更重要的是,此种方式“治标不治本”。因为即便在管辖权异议的诉讼程序上有所突破,也仅仅是解决管辖权异议的问题,证券虚假陈述责任纠纷诉讼程序的诸多问题均没有得以解决。

(二)代表人诉讼适用的可能与困境:以法院为视角

长久之计还是要从激活《民事诉讼法》第54条不确定代表人诉讼角度入手。

---

① 王亚新、陈杭平、刘君博:《中国民事诉讼法重点讲义》,高等教育出版社2017年版,第149页。

② 章武生:《我国证券集团诉讼的模式选择与制度重构》,载《中国法学》2017年第2期。

③ 范愉:《集团诉讼问题研究》,北京大学出版社2005年版,第54页。

一直以来,代表人诉讼"相关的理论基础存在很大争议,对适用代表人诉讼制度的要件、适用案件种类、代表人推选程序等问题没有明确规定,同时在内容、功能上还存在不足。代表人诉讼制度在实践中的可操作性非常之低"。[①] 对此,《最高人民法院关于适用〈中华人民共和国民事诉讼法〉的解释》(以下简称《民诉法解释》)第75条至第80条就代表人诉讼的登记、公告作出细化的规定,并将《民事诉讼法》第54条人数不确定的代表人诉讼称之为"集团诉讼"[②],为以证券虚假陈述责任纠纷为代表的群体性诉讼适用代表人诉讼提供了更多规范上的依据。但是,自人民法院角度考量,实践中由人民法院适用代表人诉讼,仍存在如下疑义。

第一,在公告期内受理的案件,只是进行登记确认,还是除登记之外仍然需要立案号。是否仍然存在案号的问题直接涉及立案庭与审判庭的职责分工,并导致相关的连锁反应,如法官的绩效考核。如果不再对登记的案件立案号,而是对受理的案件并案处理,则对于以案件数量为重要考核指标的人民法院而言,需要对此重新设置绩效考评方案,就如同破产案件区别普通民商事案件一样。而如果仍然对登记的案号立案,则与当前的操作方式没有区别。

第二,公告的形式尚需明确。对于代表人诉讼的公告,司法解释"并未明确公告的内容以及公告张贴的具体要求。对此,本解释对公告送达、宣告失踪或者死亡、除权公告的内容、张贴方式等作出规定,人民法院在实践中可以参考借鉴"[③]。但是就证券虚假陈述责任纠纷这类特定诉讼而言,似乎有更为优越和有效的公告载体,如证监会指定的信息披露媒体。但是,由于法律没有对此明确规定,人民法院适用在上述载体上发布公告,公告的效力可能就受到影响。

第三,费用收取上的标准需要统一。按照《诉讼费用交纳办法》第14条的规定,"符合《民事诉讼法》第55条第4款(修订后的《民事诉讼法》第54条)规定,未参加登记的权利人向人民法院提起诉讼的,按照本项规定的标准交纳申请费,

① 陈彬:《我国证券侵权案件司法诉讼方式的改良:比较、反思与重构》,载张育军、徐明主编:《证券法苑》(第4卷),法律出版社2011年版。

② 对于代表人诉讼是否为集团诉讼,理论上仍存在争议。基于《民诉法解释》释义,本文不就二者作出区分,将不特定代表人诉讼与集团诉讼作为同一概念使用,特此说明。

③ 沈德咏主编:《最高人民法院民事诉讼法司法解释理解与适用(上)》,人民法院出版社2016年版,第281页。

不再交纳案件受理费”。按照该条该项规定的申请费标准:执行金额或者价额不超过1万元的,每件交纳50元;超过1万元至50万元的部分,按照1.5%交纳;超过50万元至500万元的部分,按照1%交纳;超过500万元至1000万元的部分,按照0.5%交纳;超过1000万元的部分,按照0.1%交纳。一旦采用代表人诉讼,则目前在司法实践中采用的按照标的收取受理费的标准将被申请费取代。此类案件按照上述标准收取申请费需要立案庭与审判庭达成一致,摒弃现行的收费方式;况且此类案件按照此种标准收取申请费是否具有合理性仍有讨论空间。①

第四,既有法律、司法解释之间的冲突。在《民诉法解释》第75条至第80条中,明确指出了我国代表人诉讼制度即为集团诉讼制度,②但是,在《虚假陈述若干规定》中则明确表示在证券虚假陈述责任纠纷中不采用美国的集团诉讼模式。③ 对于人民法院而言,究竟是依据新法优先于旧法,还是依据特别法优于一般法,仍存在疑虑,需要明确。

因而,尽管《民事诉讼法》《民诉法解释》对于人数不确定的代表人诉讼的实施进行了规则细化,但是目前的规则仍不足适用,更重要的是缺乏与该规则相配套的考核、评价和激励机制,自人民法院而言,力图使用代表人诉讼简化诉讼程序、克服程序重复和烦琐的目的仍无法实现。

六、适用集团诉讼的现实需要与变革方向

对于人民法院而言,当前在证券虚假陈述责任纠纷中,适用集团诉讼的规范依据和动力均存在不足。此外,司法实践中适用集团诉讼的现实需求也是存在的。

除了本文所述的被告逐案提出管辖权异议拖延诉讼程序的问题,在当前一

---

① 典型如执行异议之诉的诉讼费收取,目前很多法院按件收取诉讼费,但是本质上执行异议之诉也为适用普通一审程序的案件,当事人的诉讼请求本质含有确权因素,因此很多意见认为执行异议之诉不应按件收费,而应按照当事人请求或者许可执行的标的金额或者价额收费。

② 沈德咏主编:《最高人民法院民事诉讼法司法解释理解与适用(上)》,人民法院出版社2016年版,第281页。

③ 李国光主编:《最高人民法院关于审理证券市场虚假陈述案件司法解释的理解与适用》,人民法院出版社2015年版,第171~172页。

案一号的案件制度下，自原告而言，每一个原告都要单独准备一份起诉材料，对原告造成负担。比如，“在东方电子案的起诉中，当薛洪增律师向青岛市中院递交198名投资者的共同诉讼请求时，青岛市中院要求投资者进行单独诉讼，但可以将投资者分成10人一组进行处理。为此，薛律师多花了两天的时间，将198名投资者分成20个小组，重新准备20份诉状，此外，由于列举了5个被告，每份诉状还要交5份副本，以送达各个被告，薛洪增不得不因此重新准备了120份诉状”①。

自法院证据交换和开庭诉讼而言，由于目前多数案件仍然是按照3人合议庭的组成进行审理，导致不同原告代理人与被告重复性就同一问题举证质证发表意见，并重复性针对不同的原告、合议庭成员进行开庭审理，对法院和原被告均造成时间和司法成本的浪费，如“在6989名股民诉ST东方证券欺诈民事赔偿纠纷案中，众多原告遍及全国许多省市，多数原告委托当地的以为律师向法院起诉，法院采取分别立案、分组合并审理形式，或分批分期审理”②；自裁判文书的制作和出具而言，除了原告投资者买入卖出涉案股票的具体交易情况不同，其余案件事实和裁判理由完全一样，但是按照目前的审理模式，人民法院要针对每一个原告单独出具判决书。

也就是说，当前的审理模式下，“这些受害者如果纷纷起诉，法院就须对相同或类似的案件反复进行立案和审理，不仅程序繁复，法院和原被告都将不堪重负，而且极不经济”。③

与此同时，理论上对于证券虚假陈述责任纠纷中是否应当采用美国的集团诉讼模式，仍有争议。肯定意见认为，“我国目前已经具备了建立退出制证券集团诉讼制度的环境和技术条件。同时，导致美国集团诉讼负面作用较大的因素，有的在我国并不存在，例如错综复杂的双重法院制度；有的在我国比较容易得到控制，例如巨额的律师费用和好讼的法律文化。从现实情况来看，我国增设证券退出制集团诉讼的价值可能会远远大于美国等发达国家，其弊端则可能明显小于上述国家”。否定意见则认为，“证券欺诈诉讼等群体诉讼是否能够采用集团

---

① 章武生：《我国证券集团诉讼的模式选择与制度重构》，载《中国法学》2017年第2期。

② 吴英姿：《代表人诉讼制度设计缺陷》，载《法学家》2009年第2期。

③ 耿利航：《群体诉讼与司法局限性——以证券欺诈民事集团诉讼为例》，载《法学研究》2006年第3期。

诉讼模式处理首先不是理论构建或者如何和本国民诉法相衔接的一个技术问题，更多的是一个司法政策问题，受到司法权限、能力、政治、经济、社会需求等多种因素的制约”①。

针对《民事诉讼法》《民诉法解释》对代表人诉讼的规范依据不足、代表人诉讼存在现实需要、代表人诉讼存在的理论争议，笔者认为，代表人诉讼（集团诉讼）的适用有其现实依据，本文所研讨的管辖权异议以及其他方面重复性工作与司法资源浪费的情况即为典型表现，目前在司法实践中人民法院无法适用也没有动力适用代表人诉讼的状况也应当引起关注；同时，美国集团诉讼所带来的弊病、争论以及其存在的社会政治经济背景需要与我国当前的情况进行区分和对比。在此基础上，立法者应采取“渐进式”变更路径。

也就是说，暂时不完全采用美国式集团诉讼，集团诉讼所反映的社会政策问题可不予考虑，但是对于实践中反映出的在诉讼程序上的个别问题，如本文提出的问题以及重复性工作、司法资源浪费等问题，立法者应着重予以解决，进一步完善代表人诉讼的实施细则。以此在通过对个别问题的解决中，逐步完善证券虚假陈述责任纠纷的诉讼模式。而在解决司法实践中的个别问题、完善诉讼程序中，应把握以下三个原则：一是便于当事人诉讼、实现当事人权利；二是提升审判效率、节约审判资源；三是契合司法改革背景下审判质效的考核，原因在于此类案件中不免面临所谓“示范性工作”和“重复性工作”之分，因而对于此种纠纷工作量的考核应与普通民商事案件不同，因而也成为激励诉讼与审判模式变革的动因。

---

① 耿利航：《群体诉讼与司法局限性——以证券欺诈民事集团诉讼为例》，载《法学研究》2006 年第 3 期。

法定代表人越权诉讼行为效力探析

朱亚奇*

摘要:对于法定代表人越权代表行为的效力,我国实体法在立法模式上经历了从无直接规定到“恶意无效或效力待定”再到“善意有效”的变迁。然而,我国程序法对于法定代表人越权诉讼行为的效力,至今没有任何规定。由于诉讼行为并不完全属于实体法所规定的“民事活动”,因而在认定法定代表人越权诉讼行为的效力上,不能直接适用实体法的相关规定,而应区分一般的诉讼行为与重大的诉讼行为,前者认定为有效,后者准用表见代理的相关规定。

关键词:法定代表人;越权诉讼行为;民事活动

一、问题的提出

关于法定代表人越权代表行为的效力问题,在实体法上经历了从无直接规定到“恶意无效或效力待定”再到“善意有效”的变迁。从学理上看,法定代表人超越权限订立合同及越权担保的效力问题受到了较多的关注,而法定代表人越权诉讼行为的效力问题,却未受到足够的重视。然而,司法实践中已经出现大量公司法定代表人滥用诉权损害公司利益的行为,其效力认定问题困扰着实务界。从程序法来看,我国《民事诉讼法》等法律、法规并未对此问题作出明确规定。那么,对于法定代表人越权诉讼行为的效力问题,究竟是可适用《民法总则》的第61条的规定来判断,还是应遵循其他的标准,乃亟须解明。鉴于此,本文将梳理我国实体法对法定代表人越权代表行为效力问题的立法变迁,分析现行法中相关规定的射程,并在此基础上探讨我国程序法对这一问题的立法缺失,寻找在解

* 作者系北京航空航天大学法学院诉讼法学专业硕士研究生。

释论上弥合该立法缺失的方案。

二、实体法的变迁与射程

(一)法定代表人越权进行"民事活动"的效力模式变迁

1986年颁布的《民法通则》第38条规定:"依照法律或者法人组织章程规定,代表法人行使职权的负责人,是法人的法定代表人。"同法第43条规定:"企业法人对它的法定代表人和其他工作人员的经营活动,承担民事责任。"这两个条文是关于法定代表人的定义和行为效果归属的规定。基于法人实在说的立场,代表说认为代表人的行为,即为法人自身的行为。① 代表人为法人之机关,法人与其代表人是同一个人格,法定代表人执行法人的对外业务,所为的法律行为是法人自身的行为,当然由法人承担起后果。《民法通则》关于法定代表人的规定,明确了企业法人的民事责任,但未涉及法定代表人越权行为的效力问题。

立法上的阙如直到1999年《合同法》制定后才得以改变。同法第50条规定:"法人或者其他组织的法定代表人、负责人超越权限订立的合同,除相对人知道或者应当知道其超越权限的以外,该代表行为有效。"本条是对法定代表人超越权限订立的合同效力的规定。在现实经济活动中,针对法定代表人代表法人或者其他组织进行民事活动时存在着的大量超越权限订立的合同,如何认定其效力?有学者认为这是越权代表构成表见代表时有效,此外为效力待定行为,即"善意有效,恶意效力待定模式"。② 也有学者认为这是一种相对人为善意时,越权代表行为有效,恶意时无效,即"善意有效、恶意无效模式"。③ 对此笔者认为,此条文的立法初衷在于规制法定代表人与相对人恶意串通损害法人企业的行为,主旨在于规定"恶意无效或者效力待定"情形,因此没有明文提及对善意相对人的保护,仅以除外条款的形式规定了"善意有效"的情形。

2017年颁布的《民法总则》第61条规定:"依照法律或者法人章程的规定,代表法人从事民事活动的负责人,为法人的法定代表人。法定代表人以法人名义从事的民事活动,其法律后果由法人承受。法人章程或者法人权力机构对法

---

① 梁慧星:《民法总论》,法律出版社2017年版,第132页。

② 曹家力:《越权代表行为的法律效力初探——兼评〈合同法〉第50条》,载《当代法学》2002年第9期。

③ 崔建远:《合同法总论》(上卷),中国人民大学出版社2008年版,第356页。

定代表人代表权的限制，不得对抗善意相对人。”需要明确的是，对法定代表人代表权的限制有约定和法定之分。对于法定限制，基于公司章程和法律的公示性考虑，在此推定交易相对人明知，所以此处只讨论在约定限制的情形下法定代表人越权行为的效力问题。此条文较之于《民法通则》和《合同法》，在承认法人能够通过章程、成员决议等方式限制法定代表人权限的前提下，为保护交易安全，规定了对善意第三人的信赖利益的保护，第一次在实体法上以明文的形式确立了“善意有效”的立法模式。

纵观实体法的变迁，在对法定代表人越权代表行为的效力规定上，经历了从无直接规定到“恶意无效或者效力待定”或者说是除外条文规定“善意有效”再到明文规定“善意有效”的立法模式，表明立法者对于法定代表人越权代表行为的效力问题，在认识上发生了变化。问题在于，立法者这一认识上的变化是否会影响法定代表人越权诉讼行为的效力认定，或者说现行法即《民法总则》第 61 条的规定是否适用于法定代表人的越权诉讼行为。

(二)诉讼行为是否属于“民事活动”

要回答上述问题，首先必须明确诉讼行为是否属于《民法总则》第 61 条第 2 款所称的“民事活动”。一般认为，民事活动是指平等主体之间为了一定的目的设立、变更、终止民事权利和民事义务的行为，包括事实行为和民事法律行为。由于诉讼行为明显不属于不当得利、无因管理、拾得遗失物等无须当事人的意思表示即可发生法律效果的事实行为，因而在此只探讨诉讼行为是否属于民事法律行为。关于民事法律行为，《民法通则》第 133 条规定：“民事法律行为是民事主体通过意思表示设立、变更、终止民事法律关系的行为。”之后，《民法总则》沿用了“民事法律行为”的概念，但是删除了《民法通则》中关于民事法律行为合法性要件的规定。反观诉讼行为的定义，学界众说纷纭。法律关系说认为：民事诉讼行为，是指民事诉讼法律关系主体在诉讼过程中依法进行的各种诉讼活动。[①] 法律关系说在界定“民事诉讼行为”的概念时对于合法性要件的强调犯了与我国在确定“民事法律行为”概念时同样的错误，按照这种说法，诉讼主体在诉讼进程中不依法进行的活动就不能定义为诉讼行为，那么这一部分行为的性质又该如

① 江伟主编：《民事诉讼法》，高等教育出版社、北京大学出版社 2000 年版，第49 页。

何界定呢?[①] 效果说认为:民事诉讼行为是指民事诉讼法律关系主体所实施的能够引起一定的诉讼法上效果的行为。[②] 在考虑到各种定义的优缺点的基础上,张卫平教授提出了"要件和效果结合说",即当事人的诉讼行为,是指当事人所实施的,能够产生特定民事诉讼法律效果,且该行为的要件和效果均由民事诉讼法规范所规定的行为。[③] 综合考察有关民事诉讼行为的各种学说,可以看出民事诉讼行为有不同于民事法律行为的几个显著特征:

1. 公法性

民法与民事诉讼法的性质的划分,决定了民事法律行为和诉讼行为的本质不同。民事法律行为是在平等主体之间进行的,基于双方当事人的合意即可产生一定的法律效果,民法属于私法的范畴。与此相对,有一部分诉讼行为在当事人合意的基础上,尚需要法院作为第三方予以介入方可产生诉讼法上的效果,从性质上来讲,诉讼行为兼具私法和公法的性质,但仍定性为公法行为。[④] 可见,民事法律行为和民事诉讼行为虽有一定程度的相似性,却不可完全等同。

2. 程序性

程序性是民事诉讼行为不同于民事法律行为的本质特征。不管是基于何种定义,我们都可以看出民事诉讼行为一定是在诉讼程序中进行的。以普通程序为例,从起诉的条件、起诉状的内容、法院对起诉的审查与受理到审理前的准备以及开庭审理的各个环节都需要严格遵守法律预先规定的格式和程序进行。与此相对,民事法律行为中有些合同的达成仅需口头形式或者双方当事人的合意即可,基于鼓励交易原则和平等自愿原则,民事法律行为注重双方当事人的意思自治,并不强调严格的形式和格式。

3. 兼有性

关于诉讼行为的性质,在德国主要存在三种学说:两性说、并存说和吸收说。两性说认为,诉讼行为既是程序行为,同时也是私法行为。并存说认为,诉讼行

---

① 可能也是考虑到这一定义的缺陷,在最新版的《民事诉讼法学》中这一定义已被删除。参见江伟主编:《民事诉讼法学》,北京大学出版社 2015 年版。

② 邵明:《民事诉讼行为要论》,载《中国人民大学学报》2002 年第 2 期。

③ 张卫平:《民事诉讼法》,法律出版社 2016 年版,第 129 页。

④ 张卫平:《民事诉讼法》,法律出版社 2016 年版,第 130 页。

为是程序性与私法性并存的行为。吸收说认为,诉讼行为是被程序性吸收的私法行为。[①] 虽然各种学说名称不尽相同,但在强调诉讼行为兼有程序性和私法性这一点上可谓殊途同归。举例来说,起诉这一具体的诉讼行为,不但能引起诉讼程序的开始这一诉讼法上的效果,而且还可能引起中断时效等实体法上的效果。

4. 单纯性

民事法律行为根据其效力状态的不同,可以分为有效、无效、效力待定和可撤销、可变更等四种。而民事诉讼行为仅具有无效和有效这两种效力状态。产生这种差异的原因也是基于“民事法律行为”以“意思表示”为核心,其效力在一定程度上取决于当事人的意愿;而“民事诉讼行为”则由于其公法性和程序性,当事人不得以意思瑕疵为由任意撤销或者撤回。

对诉讼行为的定性意义在于,将当事人的诉讼行为与当事人的实体法上的法律行为区分开来,目的在于解决诉讼行为与民事法律行为的适用根据问题。[②] 诉讼行为应适用程序法规范,实体法上的法律行为则应当适用实体法规范。由上可知,民事诉讼行为与民事法律行为存在显著的差别,民事诉讼行为不属于《民法总则》第 61 条第 2 款所规定的“民事活动”的范围。如果将该第 2 款规定与同条第 3 款的规定进行体系解释,便可得出法定代表人的越权诉讼行为不能直接适用该第 3 款规定这一结论。那么,我们还是需要回到程序法规范来寻找判定法定代表人越权诉讼行为之效力的法律依据。

三、程序法的缺失与弥合

(一)我国现行法的缺失

公司的法定代表人乃是代表公司的利益,按照公司的意志行使其职权。《民事诉讼法》第 48 条规定:“法人由其法定代表人进行诉讼。”同法第 85 条规定:“受送达人是法人的,应当由法人的法定代表人签收。”这说明依照我国现行法的规定,法定代表人的职权范围除了基本的代表公司对外签订合同、办理手续这些民商事活动之外,其在民事诉讼活动中也扮演着重要的角色。有权力无制约必

① 廖永安、崔峰:《当事人诉讼行为与民事法律行为关系考》,载《法律科学》2004 年第 1 期。

② 张卫平:《民事诉讼法》,法律出版社 2016 年版,第 129 页。

然会使权力滥用现象滋生，正是如此，法定代表人超越诉讼权限、滥用诉讼权利等损害法人组织利益的情形日益增多。其中，“（香港）中添国际有限公司诉上海碧纯贸易发展有限公司等不正当竞争案”具有代表性。① 在本案中，中添国际有限公司（以下称为“中添公司”）、上海延中实业股份有限公司（以下称为“延中实业”）、嘉定县第二工业公司于1992年合资成立了上海延中饮用水有限公司（以下称为“合资公司”），并由王某担任董事长。合资公司于1994年起生产、销售“碧纯”蒸馏水，后该蒸馏水成为知名商品。1995年9月，延中实业申请投资成立碧纯公司，并委派合资公司董事长王某兼任碧纯公司董事长。1996年2月，碧纯公司投资成立新延中公司，仍由王某兼任董事长。同年4月起，新延中公司开始生产“延中”饮用水，碧纯公司负责销售。此后，中添公司发现新延中公司生产使用的“延中”饮用水产品外包装与“碧纯”蒸馏水十分相似，而且调查表明54％的消费者会发生混淆。于是，中添公司多次会同其他董事提议召开合资公司的董事会，讨论碧纯公司与新延中公司侵权一事的解决方案。但合资公司董事长王某均以“目前不是召开董事会的有利时机”为由予以拒绝。在致函王某等董事后，中添公司会同其他董事于1996年7月1日召开合资公司的董事会并形成下述两项决议：第一，王某等董事因在侵权公司中兼职，违反了《公司法》的相关规定，应回避本次董事会；第二，有表决权的其他董事一致认为，应就碧纯公司及新延中公司侵权一事向法院提起诉讼，并由总经理在诉讼范围内临时行使法人代表之职。同月5日，合资公司总经理将盖有合资公司印章的起诉状送交上海市第二中级人民法院，状告碧纯公司、新延中公司不正当竞争侵权，请求法院判令被告停止侵权、赔偿经济损失1050万元。该案受理后，王某以合资公司法定代表人名义、以“起诉未经合资公司董事会及法定代表人同意”为由，向法院申请撤回起诉。

我国《公司法》第13条规定：“公司法定代表人依照公司章程的规定，由董事长、执行董事或者经理担任，并依法登记。公司法定代表人变更，应当办理变更登记。”依照此规定，通常应以登记为基准来确定公司的法定代表人，但在有些情形下，登记上所记载的法定代表人并非法人真正的法定代表人，而登记上所记载的法定代表人又代表法人实施了诉讼行为，这便会构成越权诉讼行为。此外，公

① 上海市第二中级人民法院〔1996〕沪二中经初（知）字第529号。

司的法定代表人的职权范围应在公司的章程中予以规定,这其中当然也包括诉讼行为。然而,由于公司章程的自治性和任意性,大多数公司在制定章程时并不会对法定代表人在诉讼行为方面进行清晰的授权。例如,实施哪些诉讼行为时无须经过授权,而实施哪些诉讼行为又必须经过公司的特别授权。在上述案例中,王某已不属于合资公司真正的法定代表人,却以法定代表人的名义申请撤回起诉,该诉讼行为无疑损害了合资公司的利益,进而损害了其股东的利益。在此情形下,应当如何界定相关诉讼行为的效力呢?对此,我国的《民事诉讼法》等程序法并未作出明确规定。

(二)比较法经验

从比较法来看,日、德、美等国均在程序法上对法定代表人诉讼行为的效力作出制度安排,这对我国法律的完善无疑具有借鉴意义。

1. 日本法

《日本民事诉讼法》第37条规定:"法人代表人以及以非法人社团或财团的名义起诉或应诉时的代表人或管理人准用本法中关于法定代理与法定代理人的规定。"[①]由此可以看出,对于法定代表人的性质,日本法采用的是"代理说"。具体而言,法人与其代表人的关系类似于无诉讼行为能力人与其法定代理人的关系,因此,民事诉讼法对于法人代表人也准用法定代理人的相关规定。[②] 那么,倘若法人的法定代表人代表法人起诉,由于准用《日本民事诉讼法》第32条第1款的规定,[③]一般无须取得法人的授权。

另外,对于非法定代表人代表法人实施诉讼行为,或者欠缺必要授权时实施的诉讼行为,则应对《日本民事诉讼法》第37条的准用,予以补正或者追认。对于非法定代表人假借法人名义代表公司进行的诉讼行为的效力模式上,日本学界形成了"表见代理适用说""表见代理不适用说"及"折中说"三种观点。举例来

---

① 《日本民事诉讼法典》,曹云吉译,厦门大学出版社2017年版,第19页。

② [日]高桥宏志:《民事诉讼法——制度与理论的深层分析》,林剑锋译,法律出版社2003年版,第201页。

③ 《日本民事诉讼法》第32条第1款规定:"被保佐人、被辅助人或者监护人以及其他法定代理人针对相对方提起的诉讼或者上诉而作出的诉讼行为无须得到保佐人或者保佐监督人、辅助人或者辅助监督人、监护监督人的同意以及授权。"《日本民事诉讼法典》,曹云吉译,厦门大学出版社2017年版,第18页。

说，一方当事人基于登记簿上公示登记的法人代表人的信息提起诉讼并胜诉，但此时由于法人内部登记产生偏差，被起诉之人并非公司真正的法定代表人，此时能否将诉讼结果即败诉归于法人呢？换言之，在法定代表人的诉讼实施中是否适用表见法理？有判例指出，若在一审中由表见代表人实施诉讼，如果在二审中还未获得真正代表人的追认，那么一审判决就会被撤销。① 但是，也有判例针对此种情形并未作出撤销的判定，而是将案件发回重审并命令当事人对其进行补正。② 按照高桥宏志教授的观点，此判例是出于保护信赖登记的当事人一方利益的考虑，但并不能以此论证"表见法理不适用于诉讼行为"。③ 也就是说，高桥教授认为表见代理是一种旨在保护第三人利益的制度，以下区分两种情况：第一种在法人知道诉讼系属的情况下，没有必要对法人利益进行保护。此种情况下，真正的法定代表人可以而且应当出席诉讼并要求对此改正。第二种则是对于诉状和文书送达非真正的法定代表人，而真正的法定代表人却对诉讼系属毫不知情的情况该如何处理的问题。上文所提的第二个判例即是此种情形。对此形成了表见法理适用说和表见法理不适用说。表见代理适用说强调未作出变更登记的法人一方之归责事由，具体而言，法人一方尽管存在着可归责性，但如果让对方当事人必须重新进行诉讼，那么无疑将会产生不当。相反，表见代理不适用说则关注到法人背后的众多人员之利益，出于双方当事人的利益平衡的考虑，对法人的对方当事人在第一个诉讼中（非真正法定代表人诉讼）中所支出的律师费和诉讼费用应当由法人方承担。可见，表见代理适用说是基于诉讼程序公正的角度考虑；而表见代理不适用说则更多地考虑了当事人之间的公平。除此之外，也有学说从"究竟采用何种学说有助于程序的稳定"，如根据《日本民事诉讼法》第36条的规定，④即便旧代理人丧失了代理权，但只要对方当事人不知道，那么拟制代理权仍然存在，该规定以一种更为一般的形式来谋求程序的稳定，同时谋求

---

① 载[日]《最高裁判所民事判例集》，第20卷第7号，第1523页。

② 载[日]《最高裁判所民事判例集》，第24卷第13号，第2072页。

③ [日]高桥宏志：《民事诉讼法——制度与理论的深层分析》，林剑锋译，法律出版社2003年版，第201页。

④ 《日本民事诉讼法》第36条："法定代理权的消灭，于本人或者代理人通知相对方时生效。选定当事人的选定的撤销及变更准用前项规定。"《日本民事诉讼法典》，曹云吉译，厦门大学出版社2017年版，第18页。

对对方当事人的保护。如此一来,纵使本人并未由具有代理权限之人代理实施诉讼,进而未获得充分的程序保障,该条文也在一定程度上认可其承受判决的效力。另外,按照新堂幸司教授的观点,在法人因自己懈怠等原因未变更登记,而另一方当事人相信了登记簿上的记载,此时是否应当赋予真正法定代表人以程序保障权?尽管说民事诉讼不是交易行为,但是因为当事人之间公平之要求,不仅存在于交易行为中,在诉讼程序上,也是应当予以保障的重要价值。[①] 可见,新堂教授采取了一种介于表见法理适用说和表见法理不适用说之间的折中说。具体而言,当法人因第一审判决文书送达等而从控诉审开始才知悉诉讼系属事实,并可以进行诉讼时,法人就不能主张此前的法定代表人行为无效,但当法人完全不知道诉讼系属之事实时,如果对方当事人就自己在第一审中对该法人的法定代表人享有代理权之事实不抱有任何怀疑这一点作出证明,那么上诉期间将不进行,并保障从上诉审开始由真正的法定代表人来进行诉讼。可以说,这是一种将上诉程序追补法理(许可抗告[②])与表见法理进行融合的见解。[③]

2. 美国法

《美国特拉华州公司法》第 142 条"评注之 5"即董事长权限及其限制的判例法规则具体规定如下:"(1)董事长拥有进行各种常规交易的默示授权;(2)倘若公司都无权签订合同,则董事长签订的该合同对公司无拘束力;(3)董事长不拥有签订担保合同的默示的或推定的授权,除非公司拥有明显的合同利益。"[④]由此可知,特拉华公司仅承认董事长具有常规交易的代表权,而对于非常规交易,则不拥有代表权。在董事长与相对人进行非常规交易时,推定董事长是否拥有默示授权,取决于该交易行为是否有利于公司,即公司是否拥有交易之利益。[⑤]

3. 德国法

按照德国民事诉讼法理论,诉讼行为又分为取效行为和与效行为。取效行

---

① [日]新堂幸司:《新民事诉讼法》,林剑锋译,法律出版社 2007 年版,第 127 页。

② 许可抗告即被控诉人在与对方当事人之间进行的主控诉程序系属并口头辩论终结之前可以提出附带控诉。被控诉的人已经放弃或者丧失诉权的,仍可以提出附带控诉。

③ [日]中村英郎:《新民事诉讼法讲义》,陈刚、林剑锋、郭美松译,法律出版社 2007 年版,第 264 页。

④ See Canister Co v. National Can Corp. 63 F Supp 361(D Del 1945).

⑤ 吴越:《法定代表人越权担保行为效力再审——以民法总则第 61 条第三款为分析基点》,载《政法论坛》2017 年第 5 期。

为旨在促进法院作出某种裁判，或者对裁判加以说明，此类诉讼行为在审判程序中最为常见。其特征在于，没有独立的效力，尤其是没有超出具体诉讼之外的效力，其效力主要在于导致具有某种形式或内容的裁判。换言之，若没有之后的裁判，取效行为就没有意义。取效行为包括请求、主张或者举证。与此相对，与效行为是在程序之内直接设定某种诉讼效力的当事人行为，它有时甚至可以在诉讼之外发生效力，如诉讼告知。与效行为包括撤回诉讼、异议及上诉等意思表示，接受送达、预告请求等意愿表示，通知以及附加文书、递交书状等实际行为。[①] 根据德国学者的观点，或多或少地将当事人的行为归为民法意义上的意思表示并且将剩余的归为诉讼法律类行为毫无意义，这是因为《德国民法典》的大量规范仅仅是为法律行为制定的，如行为能力、代理、条件和期限，但是诉讼法的情况完全不一样，因为所有的当事人行为受同样的规则调整。在日本法下，也有论者主张将诉讼行为分为“取效性诉讼行为”和“与效性诉讼行为”，但与德国法所不同的是，其划分依据是根据当事人的行为直接产生诉讼法上的效果是否需要通过法院的行为。前者如起诉、上诉、申请证据保全等必须通过法院的行为才能产生诉讼法上的效果，后者如自认、认诺、撤诉等直接由当事人实施便可产生诉讼法上的效果。[②]

（三）我国解释论的弥合

对于法定代表人的性质我国采用的是“代表说”，而日本采用的是“代理说”，由于理论基础的不同，因此不能直接笼统地借鉴《日本民事诉讼法》关于法定代表人的所有诉讼行为无须特别授权的规定。

《美国特拉华州公司法》以“董事代表公司的交易行为是否有利于公司”这一标准来推定董事的权限是否拥有默示授权，公司若拥有交易之利益，则推定董事拥有默示授权；反之，则没有。这一立法例对于我国在规定法定代表人的哪些行为属于越权行为上具有借鉴意义，但是毕竟该公司法只是对董事从事交易的规定，并不能直接适用于诉讼行为，因此我们还要参照大陆法系对于诉讼行为的分类，对此笔者以诉讼行为是否一经实施便产生诉讼效果和对公司是否有不利影响为依据将其划分为一般的诉讼行为和重大的诉讼行为。因此在对公司法定代

① ［德］罗森贝克、施瓦布、哥特瓦尔德：《德国民事诉讼法（上）》，李大雪译，中国法制出版社 2007 年版，第 431～436 页。

② ［日］松本博之、上野泰男：《民事诉讼法》，弘文堂平成 18 年版，第 114～115 页。

表人越权进行诉讼行为的效力模式建构上，笔者在参照日本学者对于公司代表人诉讼行为适用“表见代理”的规定上，以美国公司法关于董事权限的默示授权行为的区分和大陆法系国家对于取效行为和与效行为的区分为立足点，提出了解释论上的弥合之建议。

1. 一般的越权诉讼行为有效

(1)起诉

起诉是指原告向法院提出特定的诉讼请求，要求法院启动审判程序并作出一定形式和内容之裁判的诉讼行为。[①] 在接到原告的起诉后，法院将对起诉进行审查，只有符合起诉条件的案件，才会予以立案。若不符合与本案有利害关系的原告，明确的被告，具体的诉讼请求、事实理由，满足法院受理案件的范围和管辖权的规定等四个要件，法院则不会启动审判程序。由此可以看出，起诉这一诉讼行为需要法院的参与，其本身并不会直接产生一定的法律效果。

(2)申请保全

保全是指人民法院为了保证将来发生法律效力的判决得以有效执行，或者避免当事人造成其他损害，而在诉讼过程中或者诉讼开始前对被申请人的财产、争议的标的物采取临时性的保护措施(财产保全)，或者责令被申请人实施一定行为或禁止被申请人实施一定行为(行为保全)的制度。[②] 无论是财产保全还是行为保全，都是为了防止原告的胜诉利益落空；换言之，其本身并不能产生原告胜诉的法律效果。

(3)上诉

上诉是指当事人在法定期限内对第一审未生效的裁判(判决、裁定)声明不服，要求上级人民法院进行审理，并撤销原裁判的诉讼行为。[③] 与起诉的情形同样，当事人不服一审法院的裁判而向二审法院提出上诉后，一审法院首先必须依法对上诉进行审查。只有符合有法定的上诉对象、有法定的上诉人和被上诉人、在法定的上诉期限内提出上诉、提交了上诉状、具有上诉利益等条件的，法院才会立案审理。否则，法院不会启动上诉审程序。那么，若没有法院的参与，上诉本身同样不会直接产生一定的法律效果。

---

① 张卫平:《民事诉讼法》，法律出版社2016年版，第292页。

② 《民事诉讼法》编写组:《民事诉讼法学》，高等教育出版社2017年版，第213页。

③ 张卫平:《民事诉讼法》，法律出版社2016年版，第351页。

(4)小结

纵观这些诉讼行为,我们可以得出如下结论:无论是法定代表人起诉、申请财产保全或行为保全,还是上诉,这些行为都是对公司有利的行为,都是法律赋予当事人维护权利或者救济权益的手段。而且,这些行为都需要法院的介入,法院的介入使得该类行为并不会直接发生诉讼法上的效果,法院的审查使得法定代表人借助此类行为损害公司利益的风险性大大降低。即使法定代表人在进行此类诉讼行为时超越了权限,考虑到并不必然会对公司造成损害,因而笔者认为实施这类诉讼行为是法定代表人所固有的权限,无须特别授权,即为有效。

2. 重大的越权诉讼行为适用"表见代理"之规定

(1)自认

通说认为,自认系指当事人在其诉讼的口头辩论或准备程序中所作出的与对方当事人主张一致,而对自己不利事实的陈述。[①] 也有观点认为,自认是在作为诉讼资料的陈述即事实主张中,表明认可对方当事人所主张的、于己不利事实的。[②] 前者强调对方主张的事实与己方主张事实的一致性,后者看重当事人对事实没有争议性的表白。[③] 自认使法院无须再对自认的事实进行证据调查,即可直接将该事实作为判决的依据,进而导致当事人胜诉或败诉的结果。从这个意义上说,自认能够产生很强的诉讼效力。

(2)认诺

在学理上,常常与自认一同被提起的还有认诺。如前所述,自认是一方当事人对对方当事人的主张中事实部分的认可,但在实际的诉讼中,对方当事人的主张中除了事实的内容外,通常也包含法律的内容。一方当事人对对方当事人所主张的法律内容中涉及权利部分的认可,则称之为认诺。[④] 换言之,认诺意味着直接承认对方当事人的全部或部分诉讼请求(权利主张),无须法院作出判断即可导致对方在相关诉讼请求上胜诉,而己方在相关诉讼请求上败诉,因而也具有很强的诉讼效力。

---

① [日]兼子一:《民事诉讼法体系》,酒井书店 1954 年版,第 245 页。转引自张卫平:《民事证据法》,法律出版社 2017 年版,第 106 页。

② [日]新堂幸司:《新民事诉讼法》,林剑锋译,法律出版社 2007 年版,第 376 页。

③ 张卫平:《民事证据法》,法律出版社 2017 年版,第 106 页。

④ 张卫平:《民事证据法》,法律出版社 2017 年版,第 107 页。

(3)撤诉

撤诉有狭义与广义之分。狭义的撤诉是指原告撤回起诉的行为,广义的撤诉是指当事人撤回起诉的行为。其既可以是撤回起诉,也可以是撤回上诉。[①]撤诉会直接导致诉讼程序终结,而且当事人在撤诉后不得再请求法院按原诉讼程序继续审理该案件,之前的诉讼行为的效力归于消灭,在撤回起诉的情形下则视为原告自始没有起诉。由此可见,撤诉将导致严重的法律后果。

(4)小结

通过对自认、认诺及撤诉这些诉讼行为的定义、构成要件以及法律后果的分析可得出如下结论:如果法定代表人实施这类诉讼行为,一般会给法人带来不利的法律后果。那么,为了保障法人的利益以及避免法定代表人与交易相对人恶意串通实施损害法人利益的"诉讼行为",笔者认为法定代表人并不当然地享有实施这类重大的诉讼行为之权限;换言之,重大的诉讼行为需要法人的特别授权。若法定代表人在未经法人同意的情况下越权实施了这类重大的诉讼行为,为了平衡法人与相对人之间的利害,则可以准用表见代理的相关规定。

结　语

随着市场经济的不断发展与交易的复杂化,法定代表人逾越权限进行的民事活动纷繁复杂,对于实体法上的侵害,我国学者对越权签约、越权担保等行为的效力已进行了深入的研究,而且最新颁布的《民法总则》第61条也与《合同法》第50条相照应,在法人内部关系与外部关系区分理论的基础上,体系性地确认了法定代表人越权行为的效力模式。[②] 然而,学界却忽视了法定代表人滥用诉权在程序法上对法人造成的损害,我国现行法对此也处于空缺的状态。对此,笔者在参考英美法系国家关于董事进行交易活动时的权限推定以及大陆法系国家关于诉讼行为的理论和对法定代表人越权诉讼行为的效力模式的规定的基础上,提出应当以诉讼行为是否会侵害到法人的利益为标准来划分一般诉讼行为和重大诉讼行为,并推导出法定代表人在越权的前提下所实施的一般诉讼行为有效,而重大诉讼行为的效力则应准用表见代理的相关规定这一结论。

---

① 张卫平:《民事诉讼法》,法律出版社2016年版,第317页。

② 朱广新:《法定代表人的越权代表行为》,载《中外法学》2012年第3期。

按份侵权责任的诉讼形态

李南青*

摘要:民法上的按份侵权责任的诉讼形态问题,由于立法规定的缺失,在理论与实践中都众说纷纭,理论上除传统观点的普通共同诉讼说外,还有类似必要共同诉讼说、固有必要共同诉讼说与多元说之争;司法实践中,从裁判文书中诉讼当事人角度出发,按份侵权责任呈现出必要共同诉讼、普通共同诉讼、单独诉讼三种形态,但若结合判决同一性来看,则司法实践对立法中的共同诉讼制度有所突破,呈现出偏向类似必要共同诉讼与单独诉讼这两种形态。理论与实践的不同观点可以在实体与程序上找到深层原因——实体上对不可分之债认识的偏差与程序法上共同诉讼制度立法的滞后。通过对前述观点的分析,本文认为按份侵权责任因为事实上的牵连性,造成案件事实查明和责任份额确定上的不可分,应属于固有必要共同诉讼,同时出于实践需要可以灵活运用,将侵权人的不确定和侵权人与权利人间的特殊关系作为全体侵权人参与诉讼的例外。

关键词:按份侵权责任;固有必要共同诉讼;不可分之债

一、问题的提出

《侵权责任法》第12条规定:"二人以上分别实施侵权行为造成同一损害,能够确定责任大小的,各自承担相应的责任;难以确定责任大小的,平均承担赔偿责任。"与欧陆各国普遍强调连带责任不同,该条规定了无意思联络分别侵权时的按份责任,在"多因一果"的数人侵权上更彻底地贯彻"自己责任"。就实体法而言,按份责任在侵权责任领域确有贡献,但在程序法方面,由于数人侵权涉及

---

* 作者系西南政法大学法学院民事诉讼法学硕士研究生。

共同诉讼,但又未明确规定其诉讼形态,因此无论在实践还是理论上,关于无意思联络分别侵权的诉讼形态都有较大分歧:实践中,有的法院将其作为必要共同诉讼,有的则作为普通共同诉讼;理论上,则有固有必要共同说、类似必要共同说、普通共同诉讼说和多元说之争。为了统一司法适用,也为了按份责任的价值更好地实现,本文将结合司法实践和共同诉讼理论进行具体分析,试图找到适宜的诉讼形态。

二、按份侵权责任的诉讼形态争论

按份侵权责任应适用何种诉讼形态,理论上众说纷纭,传统观点持普通共同诉讼说,该说虽与以诉讼标的作为识别标准的共同诉讼学说相呼应,但也正因如此有着其难以克服的自身缺陷,在学界普遍呼吁以德日的"合一确定"概念重构我国共同诉讼制度后,关于该问题则又发展出类似必要共同诉讼说、固有必要共同诉讼说,甚至多元说。

(一)普通共同诉讼说

按份侵权责任成立普通共同诉讼,该观点可从实体法和诉讼法两方面得到支持。

首先,在实体法理论上,按份侵权责任较之连带责任的主要特点是"内外关系上的按份性",[①]即行为人在内外关系上所承担的责任是按份的且该份额具有一致性:在外部关系上,无意思联络的各行为人的单独行为直接或间接结合造成同一损害,而每一单独行为则不足以造成全部损害,因此各行为人对外按自己行为的过错程度和原因力比例承担相应责任,权利人只能按份求偿,只有在难以确定责任份额时才平均分担;在内部关系上,各行为人由于只承担相应份额的责任,因此不存在追偿关系,也不存在类似不真正连带责任的内部份额的重新划分。由此观之,按份侵权责任因内外关系的一致且各责任人对内对外均独立承担各自责任,使得该责任具有可分性,并不必然要求在同一诉讼内划定责任份额。

其次,在诉讼法上,按我国传统的共同诉讼的识别标准,普通共同诉讼是指

① 宋春龙:《按份侵权责任诉讼形态研究——以侵权责任法第12条的司法适用为中心》,载《现代法学》2017年第5期。

当事人一方为二人以上且诉讼标的为同一种类的多数人诉讼，其与必要共同诉讼的区别在于诉讼标的的同类性而非同一性。就按份侵权责任的诉讼标的而言，按旧实体法诉讼标的说，权利人与各行为人之间的侵权法律关系属于同类诉讼标的而非同一诉讼标的，权利人对各行为人均享有单独的请求权，因此权利人对每一行为人提起的诉讼可以单独审理或合并审理，合并审理时则成为普通共同诉讼。

然而普通共同诉讼的观点存在明显漏洞。

第一，实践中存在诉讼标的既不同一也不同种类的情形。当行为人的无意思联络行为相结合造成同一损害时，权利人所有的请求权在一般情况下属于同一种类的请求权，典型案例如交通肇事案件，权利人与各侵权人之间的侵权法律关系属于同种类，因此诉讼标的在该情况下也属同类，但在部分情形下，诉讼标的既不同一也不同类，如不同行为人之间的违约与侵权行为相结合造成同一损害，[①]符合《侵权责任法》第 12 条的按份责任的情形，但按照共同诉讼理论，该类案件因诉讼标的不属于同类，显然不符合普通共同诉讼的标准，那么认为适用《侵权责任法》第 12 条的所有案件均属于普通共同诉讼的观点在实践中存在不周延的情形。

第二，分别诉讼可能导致裁判矛盾。若将按份侵权责任作为普通共同诉讼处理，由于普通共同诉讼在本质上是不同的诉的合并审理，那么权利人完全可以对各行为人分别起诉，则不同法院对该损害事实的责任认定可能出现偏差，在既判力只作用于判决主文的前提下，不同法院可能会出现相矛盾的判决。例如，乙、丙、丁的分别行为结合造成甲的损害，甲分别起诉乙、丙、丁，法院对各被告在

---

① 《今日说法》栏目在 2005 年 2 月 5 日曾报道过该类案件，某漆业有限公司违背《废品收购管理办法》将装过易爆化工产品的废桶擅自出售给一个体废品收购户班某，该废品收购户将收购来的废桶随意放置在其所在的废品交易市场的通道上，在该废品交易市场，由于管理松散，摊主一般是全家老小都住在市场内。2004 年 1 月 6 日，市场内摊主高某的两个孩子和其他几个摊主的 3 个孩子在玩耍。高某的大儿子买了一盒鞭炮，他取出一个鞭炮，另一摊主周某的孩子拿着火柴将其点燃，高某的大儿子将其扔到班某收购来的废桶中。没想到废桶发生爆炸，5 个孩子都被烧伤。周某的孩子因伤势太重死亡，高某的孩子和其他孩子均留下不同程度的残疾。事发后，高某代表两个儿子，将班某、市场的开办者、市场承包人和漆业公司一并告到法院；另一受害人贾某也起诉到法院，并将班某、市场的开办者、市场承包人以及燃放鞭炮的高某的大儿子和周某（其孩子已经死于事故）一并列为被告。

损害事实中负主次责任的认定可能冲突从而造成矛盾裁判。

同时,普通共同诉讼说的支持者提出其他解决办法以弥补上述缺陷,针对该说的第一个漏洞,认为是我国学术界对普通共同诉讼研究的空白,属理论研究本身的问题,并不必然得出按份侵权责任属于固有必要共同诉讼的结论。此外,为了弥补分别诉讼导致矛盾裁判的缺陷,提出解决办法——从普通共同诉讼制度在司法实践中的适用上入手,通过最大限度实现普通共同诉讼合并审理的方式对裁判矛盾加以避免,并将案件事实预决效力作为前后诉事实认定一致性的总体性保障举措。该解决措施虽然可以在一定程度上缓和矛盾,但并非尽善尽美:首先,认为按份侵权责任诉讼属于普通共同诉讼的研究空白,其实质是要对现有的普通共同诉讼类型进行拓展,在共同诉讼形态研究已经较为完善的今天,要进行这一扩展需要站得住脚的理论加以支持,而这一观点仅为作者个人结论且并未作出论证,恐怕难以令人信服;其次,对于合并审理,的确可以缓解裁判矛盾,但有赖于法官在审判中尽最大可能地对普通共同诉讼合并审理,其真正的实践效果有待考量,且有削弱普通共同诉讼当事人选择合并审理与否的权利之虞,使得普通共同诉讼的合并审理实际上倾向于固有必要共同诉讼,则再坚持按份侵权责任诉讼属于普通共同诉讼的意义不大。

(二)其他学说

鉴于仅以诉讼标的类型构建的共同诉讼制度在理论界遭受强烈批判,许多学者提出以“合一确定”的概念将共同诉讼两分类型,重塑为固有必要共同诉讼、类似必要共同诉讼、普通共同诉讼的三分类型,在共同诉讼学说发展的基础上,关于按份侵权责任的诉讼形态理论也得到了进一步发展,总结起来主要有以下三种观点:

1. 类似必要共同诉讼说

认为按份侵权责任属于类似必要共同诉讼的主要理由在于:

第一,没有全体当事人必须参加诉讼的必要。如前所述,按份责任的侵权人只承担与其过错相当的责任份额,且各责任主体独立承担责任不存在责任的替代性和追偿关系,按份责任具有可分性,因此全体责任人没有共同参加诉讼的必要。而且,在按份侵权责任中可能存在部分侵权人不明确、下落不明或没有实际履行赔偿义务的能力的情形,此时起诉全体侵权人在实际上无法做到或者没有意义。此外,权利人可能在诉讼外与部分侵权人达成和解从而不愿起诉,这是权利人行使处分权的体现,应当得到尊重。

第二，裁判有合一确定的必要性。通过“合一确定”的概念重构共同诉讼制度后，三类共同诉讼的区别在于：固有必要的共同诉讼有共同诉讼的必要和裁判合一确定的必要；类似必要共同诉讼没有共同诉讼的必要但有合一确定判决的必要；普通共同诉讼则既无共同诉讼的必要，也无合一确定判决的必要。[①] 如前所述，按份侵权责任诉讼有合一确定裁判的必要，否则可能出现矛盾裁判，而且在类似必要共同诉讼中，判决的既判力可以扩张至未参加诉讼的共同诉讼人，也可以解决矛盾裁判这一问题。

此观点得到肖建国等学者的支持，其在文章中曾说道：“在按份侵权责任诉讼中，采取整体型诉讼模式因侵犯受害人处分权并严重妨碍其运用诉讼策略，采取个别型诉讼模式则涉嫌人为增加受害人维权成本与司法成本(法院成本与当事人成本)之不当浪费，而采取选择型诉讼模式则适当平衡了受害人处分权与司法成本之间的关系，符合强化保护受害人的当代侵权法基本趋势。”[②]

2. 固有必要共同诉讼说

同类似必要共同说一样，认为按份侵权责任属于固有必要共同诉讼的观点也是从共同诉讼的必要性与裁判合一确定的必要性两方面加以论证的。

第一，认为从查清案件事实的角度而言，应当全体参加诉讼。虽然按份责任可以在各责任人之间明确分割，但责任的划定需以案件事实清楚明确为前提，而在分别侵权的案件中，全体责任人参加诉讼才能明确各自行为对损害事实的过错程度和原因力大小，由此才使责任份额明确，因此实质上按份责任是不可分的。

第二，裁判有合一确定的必要性。该理由同类似必要共同说有共同之处，但在其基础上也有突破，主要体现为：类似必要共同诉讼的判决的既判力具有扩张性，若非全体责任人参加诉讼则后诉被告的程序权利可能无法保障，进一步影响其实体权利，“涉及按份责任的诉讼中，因为法院所确定的按份责任之判决效力将会扩张适用于后诉，所以按份责任人必须全体作为被告始能保护其他按份责

① 段文波：《德日必要共同诉讼“合一确定”概念的嬗变与启示》，载《现代法学》2016 年第 2 期。

② 肖建国、黄忠顺：《数人侵权责任诉讼模式研究》，载《国家检察官学院学报》2011 年第 4 期。

任人的权利,于此便产生了判决合一确定的必要性,从而构成不可分之必要的共同诉讼”①。

固有必要共同诉讼说无论从实体法理抑或程序法理上都有充分的理论支持,能做到逻辑自洽,唯一的缺陷在于,采用固有必要共同诉讼说在起诉阶段需要起诉全体侵权人,对于部分侵权人下落不明或难以确定的情况,若因此不符合起诉条件而被驳回起诉,则因一事不再理之原则,被侵权人可能难以得到赔偿,这一结果不符合实质公正,难以让人接受。因此出现了修正的固有必要共同诉讼说。

3. 修正的固有必要共同诉讼说

该学说在审判程序上坚持适用固有必要共同诉讼制度,但由于在司法实践中,数人侵权究竟为无意思联络的分别侵权还是共同侵权,往往需要在审判中对案件事实查明后才能确定,从而进一步确定诉讼类型,则因此出现起诉阶段难以判定诉讼类型的难题。针对该困境,修正的固有必要共同诉讼学说通过对起诉阶段采取“宽进”策略加以解决,即在起诉阶段赋予原告自由选择被告的权利,在原告选择部分被告起诉后,审判中若发现该侵权类型属于各行为人无意思联络的分别侵权,再由法官进行追加。持此观点的学者为卢佩,其首先赞同固有必要共同诉讼说的观点,并从新的视角——案件事实所涉及的整体性生活历程——对侵权案件的诉讼类型加以区分,由于所有侵权人的侵权行为均应纳入“一个整体性生活历程”的范畴,构成“同一案件事实”,具有同一诉讼标的,因此在审理时应当按照固有必要共同诉讼的规则。② 该观点认为我国司法实务所运用的标准立足于案件基本事实的查明,“案件事实”这一要素无疑是连接理论与实务操作的绝佳手段。该观点虽然新颖独到,但也遭到了质疑——我国以民法请求权和民事法律关系作为识别标准,案件事实并非识别根据,因此该观点容易引人误解。本文认为卢佩对于按份侵权责任诉讼形态的观点,可以看作是起诉阶段的类似必要共同诉讼与审理阶段的固有必要共同诉讼相结合,但究其实质仍然是坚持以固有必要共同诉讼为核心,不过是降低了当事人的起诉门槛。

① 段文波:《德日必要共同诉讼“合一确定”概念的嬗变与启示》,载《现代法学》2016年第2期。

② 卢佩:《多数人侵权纠纷之共同诉讼类型研究》,载《中外法学》2017年第5期。

4. 多元说

多元说顾名思义认为按份侵权责任的诉讼形态具有多样性，要根据个案具体酌定。持此观点的学者主要是王亚新，其认为在分别侵权造成同一损害的情形下，根据行为人各自行为结合的紧密程度不同分别成立类似必要共同诉讼、普通共同诉讼，“对于复数主体之间的侵权行为导致同一损害后果且这些行为的结合程度相对紧密的情形，可在‘诉讼标的同一’的定义基础上将其看作‘类似的必要共同诉讼’，原告一旦共同起诉即须对裁判结果予以合一确定。如果导致同一损害后果的复数行为虽然相互竞合其程度却颇为松散的话，则应视为每一加害行为均各自成立侵权，即在法律关系的层面上构成‘同一种类的诉讼标的’，由此产生的诉讼案件可分可合，属于‘普通共同诉讼’的范畴”。①

该观点有其合理性，因为根据各侵权人行为结合的紧密程度不同确定诉讼形态，可以使案件的法律程序与纠纷的事实类型更相宜，在事实上越不可分的案件在法律程序上也越不可分，真正达到“物尽其用”。但同时也不能忽视该观点的缺陷：首先，判定数人侵权行为结合的紧密程度并没有一个整齐划一的标准，这在很大程度上必须依赖于法官的自由裁量，因此不但可能难以解决实践中该类案件程序适用混乱的问题，反而可能带来新的混乱；其次，判定侵权行为结合紧密程度应以案件事实清楚为前提，而若只有部分责任人参加诉讼又何以使案件事实清楚，若全部责任人已经参加了诉讼，则在此时决定适用类似必要共同诉讼或普通共同诉讼的意义又何在？

三、司法实践现状

如前所述，学界理论对于按份侵权责任有多种观点，面对“仁者见仁，智者见智”的理论争议，有必要探究司法实践中对于该问题的做法，以期找到解决途径。

按份侵权责任的诉讼形态在司法实践中大相径庭，主要分为三类，下面将结合具体案例分析实践中存在的不同诉讼形态以及法院采取该诉讼形态的因素。

(一)实践中的三种诉讼形态

通过在裁判文书网上查到的案例，本文总结了司法实践中对于按份侵权责任诉讼存在的三种诉讼形态，如表 1 所示。

---

① 王亚新:《“主体/客体”相互视角下的共同诉讼》，载《当代法学》2015 年第 1 期。

表1 按份侵权责任的三种诉讼形态

必要共同诉讼	普通共同诉讼	单独诉讼
起诉全部责任人①	仅起诉部分责任人②	仅起诉一个责任人③
法院追加共同被告④	法院拒绝追加共同被告⑤	法院拒绝追加共同被告⑥
法院拒绝撤回对部分被告的起诉⑦	法院允许撤回对部分被告的起诉⑧	法院允许撤回对部分被告的起诉⑨

(二)对实践现状的分析

1. 法院与当事人采取该诉讼形态的考虑因素

对前述案例进行分析,在追加被告、撤回起诉和只对部分人起诉上法院与当事人衡量的因素主要体现在以下方面。

首先,法院在衡量是否追加为共同被告时主要考虑两个方面的因素:第一,欲追加的被告是否明确,若侵权人不明确则不符合起诉条件,而且在事实上也无从追加;第二,是否属于必要共同诉讼人,在这一问题的认识上不同法院间出现了分歧,部分法院认为分别侵权中各侵权人不属于必要共同诉讼人。

其次,原告要求撤回起诉的原因一般是同部分被告达成了和解协议并已履行完毕,原告得到赔偿认为没有继续诉讼的必要,但法院在裁定是否允许原告以此撤回起诉时也出现了截然相反的态度。

最后,原告只起诉部分责任人时主要出于两点考虑:第一,权利人和部分侵权人存在特殊关系,如夫妻关系;第二,权利人和部分责任人在起诉前已经达成和解,解决了纠纷。

2. 对立法上共同诉讼制度的突破

---

① 案例详见〔2016〕闽01民再33号判决书。
② 案例详见〔2015〕徐民终字第4798号判决书。
③ 案例详见〔2016〕鲁0302民初1663号判决书。
④ 案例详见〔2013〕高民初字第16号判决书。
⑤ 案例详见〔2013〕穗云法民一初字第536号判决书。
⑥ 案例详见〔2016〕鲁14民终907号判决书。
⑦ 案例详见〔2015〕红民初字第514号判决书。
⑧ 案例详见〔2017〕皖04民终492号判决书。
⑨ 案例详见〔2016〕豫1725民初284号民事判决书。

由于在裁判文书中一般不涉及对诉讼标的的分析和认定，因此前述对诉讼形态的分析是从当事人入手判断实践中的按份责任诉讼类型，但若就法院同一裁判这一角度而言，所有针对按份责任中多个被告的判决均为同一判决，那么这就意味着并不存在普通共同诉讼，因为普通共同诉讼虽然合并审理却分别判决。将这两个角度结合来看，对司法实践中按份责任诉讼形态进行合理解释则可得出结论：司法实践中对立法上的共同诉讼制度有所突破，且适用程序混乱，可以大致总结为两种态度，一为偏向于类似必要共同诉讼，一为单独诉讼。

之所以认为司法实践中对按份责任的诉讼形态选择呈现两种态度，主要有以下原因：

第一，法院在共同诉讼的判决时均作合一裁判，而这属于必要共同诉讼的特征。

第二，对法院在具体案例中的态度进行总结可以看出，法院在明知还有未起诉的责任人时允许只对部分责任人起诉，同时法院的追加被告一般是依申请而非依职权作出，而且在撤回起诉时，部分法院拒绝撤回，这都符合类似必要共同诉讼的特点：可以只起诉部分责任人，但一旦起诉全部责任人则成为固有必要共同诉讼而不准随意撤回对部分被告的起诉。

第三，并非完全符合类似必要共同诉讼而只是偏向类似必要共同诉讼的原因在于，部分法院认可当事人之间以达成和解为由的撤诉，而在类似必要共同诉讼中，数人共同诉讼则其地位与固有必要共同诉讼人相同，不得随意撤诉，因此并非严格意义上的类似必要共同诉讼。

第四，部分法院以分别侵权人不属于必要共同诉讼人为由拒绝追加被告，可见是将其作为单独诉讼对待。

3. 实践乱象的原因

司法实践中并未对按份责任的诉讼形态固定化，本文认为法院之所以如此任意主要有以下两方面原因：

第一，实用主义角度出发。在实践中，法院一般会因为当事人之间达成和解或存在的特殊关系而同意其撤诉或只起诉部分责任人，这一做法是站在纠纷解决的实用主义立场，默认或赞同当事人之间的私力救济，认为既然和解达到了解决纠纷的目的则没有诉讼之必要，由此形成柔化立法中共同诉讼形态的效果，同时也是尊重当事人处分权的体现。

第二，法院在实践中划定责任份额时并未因为部分责任人的缺席而遭遇重大困难。在按份侵权责任的案件中交通肇事案占有相当大的比例,而法院一般会采纳交警部门的责任认定作出判决,至于其他案件则通过原告和已参与诉讼的被告的攻击防御行为来认定责任份额。当然,法院的这种做法确实解决了实际问题,但以交通事故责任认定书代替法院裁判,其行为的合理性恐值得商榷,案件的裁判结果应当根据证据证明的事实和当事人辩论结果进行综合考量后得出结论,因此即便在交通肇事案中,交通事故责任认定书也仅仅应当作为法官最终裁判的参考依据之一,法官应当依据自由心证作出自己的判决。

四、原因与出路

(一)实体与程序上的原因

通过对关于按份侵权责任的诉讼形态在学术和司法实践两方面不同观点的梳理,可以看出关于此问题的认识不尽相同,本文认为这一乱象可以从实体和程序两方面着手得以解释。

第一,实体上对不可分之债认识的偏差。在大陆法系,诉讼形态与债的形态存在对应关系,债的形态根据给付是否必须合一为标准,分为可分之债与不可分之债,在此理论基础上,不可分之债对应固有必要共同诉讼,可分之债则对应类似必要共同诉讼或普通共同诉讼。基于此,在选择按份责任的诉讼形态时需先确定其为可分之债还是不可分之债,在该问题上持有不同观点的人自然会呈现出对诉讼形态的不同选择。

第二,我国程序立法上的共同诉讼制度与理论发展脱节。如前所述,无论是在理论上还是实践中关于按份责任诉讼形态的选择都出现了立法上未规定的共同诉讼种类,这源于程序立法上共同诉讼类型发展滞后,难以与实体法的要求相适应。①

在历史长河中,实体法和程序法原本一体,其后随着程序法逐渐从实体法中独立,其影响如"蝴蝶效应"般牵一发而动全身,使得民诉法学的许多理论建构经

---

① 认为我国共同诉讼类型制度缺失的人不在少数,如张卫平:"正是由于我国民事诉讼理论和实务中类似必要共同诉讼制度的缺失,导致理论与实务脱节。"参见张卫平:《民事诉讼法》,法律出版社2016年版,第150页。参见王亚新:"两种共同诉讼类型,以及这两种类型无法涵盖的共同诉讼形态。"参见王亚新:《"主体/客体"相互视角下的共同诉讼》,载《当代法学》2015年第1期。

历了从以实体法为标准到以诉讼法为标准，再到以实体法和诉讼法相结合为标准这一大致过程，共同诉讼理论也不例外。必要共同诉讼的内涵在大陆法系指"诉讼对象的合一确定"，合一确定其在德国法上最初是指诉讼标的的同一，由于诉讼标的的识别标准在当时的德国学说以及现在的实务中都是以实体法律关系为准，因此也可看作是仅包含实体法理的合一确定，随后赫尔维希将诉讼对象的合一确定理解为判决既判力的合一确定，仅从避免判决矛盾这一诉讼法基准定义合一确定，近些年日本有学者提出重构合一确定概念，在诉讼法要素中加入实体法要素，并通过利益衡量的方式判断诉讼是否有合一确定的必要。① 而根据我国民事诉讼法的规定，对共同诉讼的识别标准采取的是诉讼标的说，而我国的诉讼标的学说主要是实体法律关系说，由此可以看出我国的共同诉讼识别标准在立法上还停留在德国初期，立法者对于诉讼法的理解未脱实体法窠臼。

(二)出路：固有必要共同诉讼及例外

本文认为按份侵权责任的诉讼形态应为固有必要共同诉讼，但同时可以对其作一定程度的灵活解释即设定例外情形可以不必起诉全体侵权人，例外情形主要指：

第一，侵权人不明确。侵权人不明确是指不知道具体侵权人是谁，这与侵权人下落不明不同，侵权人下落不明可以通过公告送达或缺席判决进行处理，而在侵权人不明确的情形下实际上根本不可能将其作为被告，那么在此情形下即便并不是全体共同诉讼人参加诉讼，法院也不得以当事人不适格为由进行追加或驳回诉讼。

第二，权利人与侵权人存在特殊关系，如近亲属或夫妻，则由于这种特殊关系的存在权利人可以选择对其不起诉，但为了便于查清案件事实，可以将其列为证人。

至于诉讼外的和解是否可以作为不起诉或撤诉的条件，本文认为不可以，因为若允许达成诉讼外和解则不起诉或撤诉，这在实质上可能架空实体法对无意

① 对于实体法和诉讼法相结合判断合一确定必要性的观点，我国也有人持此观点，如段文波："完全抛开实体法律关系，仅从诉讼法角度确定识别要素似乎也有点矫枉过正，因此妥适的方法乃是以实体法律关系为基础，并斟酌案件的具体情况通过利益衡量判断是否具有合一确定的必要性。"参见段文波：《德日必要共同诉讼"合一确定"概念的嬗变与启示》，载《现代法学》2016年第2期。

思联络数人侵权的规定,使其与单独侵权无异。当然这并不是禁止当事人之间的诉讼外和解,当事人之间仍然可以进行和解,达成和解协议并履行的侵权人仍以被告身份参与诉讼,但对其的判决可以不执行。

选择固有必要共同诉讼作为按份侵权责任的诉讼形态,理由如下:

1. 事实上的牵连性构成共同诉讼的必要

在按份侵权责任中,各侵权人的行为是独立实施的,责任的承担也具有独立性,但是这种权利人与各侵权人在实体上独立的法律关系并不意味着在诉讼程序中也是如此。各侵权人的行为相结合造成了同一损害结果,"多个侵权人的行为实际共同造成了同一后果,损害结果只是在法律上可分,在物理上不可分,在表面上无法看到或认定每个侵权行为与损害后果之间的对应关系"①。造成同一损害即意味着各侵权人在事实上具有牵连性,那么案件事实的认定就离不开每个侵权人的参与,只有全体共同参与诉讼才能使案件事实"越辩越明",这就构成了案件事实查明上的不可分。而这种事实上的不可分性又会导致责任份额划分上的不可分,因为只有在事实查明的基础上,将各侵权人的行为综合考量方能确定行为人过错程度和原因力大小,进而划定各自的责任份额,之所以有观点认为按份侵权责任是可分之债,在于他们混淆了责任承担上的可分与责任确定上的可分。

2. 实体法上侵权责任分担体系的必然结果

侵权责任法上将数人侵权责任的分担分为对三种责任的分担:最终责任、风险责任和程序负担。最终责任是指损害赔偿义务,即赔偿义务人应该向赔偿权利人承担的与最终赔偿责任相等的责任部分,最终责任在多数人侵权中由侵权人最终责任人承担;风险责任是指受偿不能风险的赔偿责任。② 此外,有学者提出,侵权责任的分担体系不仅包括传统理论上的对最终责任和风险责任的分配,还包括程序负担,程序负担是指"查明全部责任人的负担""提起追偿或者分摊诉讼的负担"及"顺位利益"三个方面。③ 根据该实体法上的学说,首先,按份侵权

---

① 杨会:《数人侵权责任研究》,北京大学出版社2014年版,第225页。

② 根据提出风险责任这一概念的学者的定义,风险责任通过分摊请求权或追偿请求权的配置,责任人实际只承担了一定的分摊不能或追偿不能的风险,并非实际的最终责任。王竹:《论风险责任概念的确立》,载《北方法学》2011年第2期。

③ 王竹:《论数人侵权责任分担原则——对侵权责任法上"相应的"数人侵权责任立法技术的解读》,载《苏州大学学报》2014年第2期。

责任由于涉及最终责任的分担，因此需要查明全体责任人，则与固有必要共同诉讼学说相适应；其次，在程序负担中，提起追偿或分摊诉讼的负担表现为，如果立法者将风险责任分配给了侵权人一方，则承担了风险责任的责任人就需要提起追偿或者分摊诉讼来实现其风险责任。根据前述理论，在按份侵权责任中需要查明全体责任人，因此风险责任应当分担给原告方即被侵权人，①而风险责任与程序负担中“查明全部责任人的负担”“提起追偿或分摊诉讼的负担”的分配相一致，因此其均由原告方承担，并可得出按份侵权责任分担体系的表格，如表 2 所示。

表 2　按份侵权责任的分担体系

分配对象	最终责任	风险责任	程序负担
按份侵权责任	侵权人分担	被侵权人承担	被侵权人承担

以上的程序分担体系可以反面对固有必要共同诉讼这一诉讼形态加以论证：由于程序负担与风险责任由原告承担，固有必要共同诉讼这一诉讼形态也有助于其减轻程序负担和风险责任，更有利于原告方获得赔偿即最终责任的实现。

3. 分别诉讼的缺陷

若将按份侵权责任的诉讼看作类似必要共同诉讼，则有分别诉讼的可能性，分别诉讼会带来以下缺陷：

第一，有违程序保障之原理。类似必要共同诉讼的判决的既判力具有扩张性，可以扩张至其后对其他侵权人的诉讼，则在前诉中，过错程度和原因力大小的认定对未参诉的侵权人可能造成不利。因为各侵权人之间存在互相损益的关系，不参与诉讼则意味着其没有参与质证和辩论的机会，可能使得权利人与部分侵权人的串通，通过诉讼增加其承担责任的份额，出于对其他侵权人的程序保障以及进而实体利益的保障，应当使全体侵权人参加诉讼。

第二，降低诉讼效率，不利于纠纷的一次性解决。按份责任由于责任承担的独立性，权利人必须起诉全体侵权人方能获得全部赔偿，因此在前诉中只起诉部分责任人，那么权利人必然再次起诉，而在后诉中法院对事实作出高度相似的认定，权利人辗转于多次类似的诉讼中才能获得全部赔偿，不但降低效率而且增加索赔

① 这与连带责任截然相反，在连带侵权责任的诉讼中，风险责任应当由被告方即侵权人负担。

成本,使本可一次性解决的纠纷多次完成,实无必要。因此,我们在设计诉讼制度时不但要考虑实体法律关系,也应当衡量纠纷解决之目的,不必过分拘泥于实体法律关系,因为诉讼标的不同一甚至不同类便排斥共同诉讼之必要,在此问题上我国已有学者提出借鉴英美法系的强制合并请求制度设立牵连型必要共同诉讼①。

4. 对补充责任的诉讼形态的借鉴

在侵权补充责任的诉讼形态中有观点认为其应当采必要共同诉讼的形式②,而补充责任实质上是按份责任的特殊形态,其责任的按份性表现在立法和司法两个层面:立法上,《侵权责任法》第37条第2款规定"因第三人的行为造成他人损害的,由第三人承担侵权责任;管理人或者组织者未尽到安全保障义务的,承担相应的补充责任"。其中未尽到安全保障义务即为有过错,可以看出安全保障义务人承担责任是按其过错程度而定的,这显然是一种按份责任;在司法判例上,法院对安全保障义务人和第三人的责任的划定是按份的,吴某诉朱某、曙光学校人身损害赔偿纠纷案中"学校履行教育、管理、保护义务不当,以致未成年学生在校园内加害其他未成年学生"法院判决加害人的监护人和学校按照30%对70%的比例对受害人承担按份赔偿责任。既然具有按份性质的补充责任诉讼形态为必要共同诉讼,那么遵循其观点将按份侵权责任诉讼作为必要共同诉讼则具有可行性。

5. 并不存在全体侵权人参与诉讼的困境

将按份侵权责任作为固有必要共同诉讼的一大疑虑是必须全体侵权人参加诉讼,否则依固有必要共同诉讼的性质可能以诉讼当事人不适格为由驳回起诉,因而妨碍权利人通过诉讼程序进行权利救济,但是事实上除侵权人不明确外,要找到全体责任人并没有想象中那么困难。原因在于各责任人之间不仅是利益共同体,也存在相互损益的关系,一被告的抗辩可以通过其余被告的陈述、抗辩加以佐证。所谓"理越辩越明",这就给了其寻找其余责任人的动力,在实在无法找到责任人时,法院可以忽略其存在,在已知的被告之间进行责任分配。

综上,固有必要共同诉讼是按份侵权责任的最佳选择,但出于灵活运用之考虑,可以设定例外情形,使其在固有必要共同诉讼与类似必要共同诉讼之间转移。

---

① 章武生、段厚省:《必要共同诉讼的理论误区与制度重构》,载《法律科学》2007年第1期。

② 肖建国、宋春龙:《民法上补充责任的诉讼形态研究》,载《国家检察官学院学报》2016年第2期。

司法制度研究

“王者归来”的路还有多远?*

——论院、庭长办案的实证研究

陈建华**

摘要:院庭长办案是法官责任制改革的应然之义。从价值层面上看,有利于缓解案多人少矛盾、解决矛盾纠纷,具有引领功能。然而,现实中存在功利化办案、作秀式办案、应付式办案等不良现象。目前,院庭长回归办案一线,存在体制困境与个人困境以及角色困境。为了让院庭长办案成为司法改革之后审判工作的新常态,提出四条路径:一是改革体制,省级统管;二是提高门槛,正副院长也需是法官;三是改变角色,管理者变为审判者;四是建立办案考核机制、案件分类机制、规范院庭长办案程序等机制。

关键词:院庭长;办案;审判;管理

2017年4月,最高人民法院出台了《关于加强各级人民法院院庭长办理案件工作的意见(试行)》。虽然该意见对院庭长办案数量、难易程度、案件类型、分案机制、人员配备等方面作了具体的规定,在全国如火如荼地积极稳妥推进司法改革进程之中,全国诸多法院开始推进司法改革的重要举措——院庭长办案工

---

* 本文系中国法学会2016年度部级法学研究青年调研课题“中基层法院法官责任制实证研究”〔项目编号:CLS(2016)Y19〕的阶段性成果和郴州市社会科学规划办2016年度课题“法官责任制实证研究”(项目编号:czsskl2016020)的阶段性研究成果。

** 作者系法治湖南建设与区域社会治理协同创新中心研究人员、湘潭大学法学院博士研究生、湖南省郴州市中级人民法院执行局副局长。

作。其主要目的就是落实中央关于“让审理者裁判,由裁判者负责”的司法改革要求,为了迈出审判权运行机制去行政化改革的重要一步。

按理而言,院庭长办案是法官的职业职责回归,也是加强法官队伍正规化、专业化、职业化建设的应有之义。院庭长应当承办一定数量案件,目的就是为了顺应审判权力运行机制改革的需要,真正使那些进入了法官员额的院庭长能从根深蒂固的行政化藩篱和不合时宜的事务杂务中解放出来,淡化院庭长与法官之间的行政层级关系,成为名副其实的职业法官,以完成中央部署的关于“让审理者裁判,由裁判者负责”的司法责任制改革目标。虽然院庭长办案举措的全面推行,得到了法院内部和社会各界的支持与厚望,然而在笔者的调研中也听到部分法官的不同声音,当前存在诸多因素制约着院庭长办案。本文试图对院庭长办案的价值、困境与出路进行解读,以期对当前如火如荼的司法改革有所裨益。

一、美好的憧憬:“王者归来”的价值多大?

推行院庭长办案,究竟有哪些价值呢?为此,笔者基于司法实践的实证资料,进行了探索与分析。

(一)微观价值:有利于缓解案多人少矛盾

当前的司法实践中,法官一遇提拔便因管理工作所累脱离审判岗位,使原本人员不足的办案队伍更加捉襟见肘,案多人少矛盾越来越突出。特别是2015年5月1日以来,随着立案登记制改革的影响,各级法院新受理案件数量呈大幅上升态势,“案多人少”矛盾越来越突出。根据2017年最高人民法院工作报告,2016年,地方各级法院受理案件2303万件,同比上升18%。[①] 依照最高人民法院召开立案登记制改革两周年新闻发布会,2015年5月1日至2017年3月,全国法院登记立案数量超过3100万件,同比上升33.92%。[②] 为了缓解“案多人少”矛盾,让院庭长办案不失为一个良策。譬如自2015年3月1日以来,海南全省法院收案20918件,其中院庭长承办案件1035件,同比增长777%,该院院庭长自从实行办案常态化后,办案积极性不断提高,办案数量明显增长,从一定程

① 详情见2017年最高人民法院工作报告。

② 详情见最高人民法院召开立案登记制改革两周年新闻发布会。

度上缓解了海南案多人少的矛盾。① 又如江苏省滨海县人民法院近3年来，虽然受理案件的数量年均递增15%。但是该院推动院庭长到一线办案，让院庭长重新回归执法办案“主业”，化解了案件“井喷”的压力。② 诸如此类的法院还有很多。③ 正如有学者认为，“让院庭长重新穿起法袍拿起法槌走上办案第一线，或多或少能减轻一些长期处于高负荷工作状态下的法官们的办案压力，也体现了司法责任制和员额制改革的成果”。④

（二）中观价值：有利于解决矛盾纠纷

庭长办理的案件中，很多都是大要案、疑难案、新类型案件⑤。一位在北京知识产权法院参加一起商标无效宣告行政纠纷案件审理的当事人曾表示，院庭长办案，感觉就像在医院挂上了“专家号”一样。作为该案的主审法官，北京知识产权法院副院长宋鱼水认为，院庭长担任主审法官，能够让当事人对案件处理的

① 张伟刚、严献文、林嫩青：《院庭长办案有指标——海南法院全面推进司法责任制工作调查之三》，载《人民法院报》2015年6月28日第1版。

② 蒋晓明：《滨海：院庭长办案上演“王者归来”》，载《人民法院报》2015年6月29日第8版。

③ 2015年6月，江苏省滨海县人民法院各庭、室负责人累计办案1134件，在案件同比激增1227件、办案人手不变的情况下，实现审执结案件同比增长17%，院庭长办案“新常态”促成了案件化解“软着陆”。详情见：蒋晓明：《滨海：院庭长办案上演“王者归来”》，载《人民法院报》2015年6月29日第8版。又如，2014年，辽宁省法院院长、副院级领导参审案件4109件，与2013年相比增加36%，其中基层法院院长、副院级领导参审和主审案件3650件；全省法院庭长、副庭长办案183087件，占全省结案量32.3%，人均办案70.4件，其中基层法院庭长、副庭长审案163322件，人均办案81.9件。详情见：张之库、王伟宁、兴成鹏：《辽宁院庭长办案成新常态》，载《人民法院报》2015年1月7日第1版。还如，上半年，内蒙古全区三级法院院长和分管院领导亲自担任审判长审理案件或列席合议庭合议案件3257件，各级法院庭长、副庭长亲自办案15444件，共计18701件，占上半年全区审结案件数的13%。详情见：李生晨、史燕龙：《让老百姓看到司法改革“新气象”——内蒙古推进院庭长直接办案制度显成效》，载《人民法院报》2014年9月25日第1版。再如，2018年1～7月，北京知识产权法院3位院领导共承办各类案件121件，审结46件；4个业务庭庭长共承办各类案件300件，审结165件；院庭长审结的案件占到全院总体结案数量的10.67%。详情见：赵岩、程颖、史晓亮、欧彦峰：《北京法院推进院庭长办案蹄疾步稳》，载《人民法院报》2015年11月2日第1版。

④ 骆锦勇：《如何看待院庭长办案》，载《人民法院报》2015年12月22日第2版。

⑤ 如江苏省淮安市中级人民法院院长钱斌审理的一起知识产权刑事案件（创下了淮安知识产权刑事案件审判史上的两个记录：涉案数额最大，高达2300多万元；作案手段新，首起运用“微信”销售假冒商品）。

公正性和权威性更有信心。[①] 院庭长参与案件审理,“特别是亲自主审重大、疑难、复杂案件,或更容易受到当事人、律师、社会公众的欢迎、信任和认同,更有助于司法公信和权威的提升,使公众对人民法院维护和促进社会公平正义更可期待”。[②] 正如最高人民法院曾经指出,“落实院庭长办案制度,其正面意义主要不在于如何最大限度地减轻其他法官的办案压力,而在通过院庭长带头办理重大疑难复杂案件、新类型案件,发挥其在司法审判上的能力经验等业务优势,突出其办案的示范指导作用,并以此推动审判质量和效率得到全面提升”[③]。

(三)宏观价值:具有引领功能

院庭长办案含金量高,给全市法官做出表率。院庭长办案回归到审判一线的法官本色,对其他法官,尤其是对青年法官起到了“传、帮、带”的引领示范作用,对于法院办案质量、效率和效果的提升有很大好处。院庭长带头办案,不仅发挥了优质审判资源的作用,促使当事人服判息诉,也激起了全院青年人多办案、办好案的热情。譬如,为了进一步凸显办案的指导性,江苏省滨海县人民法院要求院庭长承办重大、疑难、复杂案件,开设观摩庭、网络直播庭,帮助青年法官提升庭审驾驭能力。2018年以来,该院开设“院庭长示范庭”17个,干警300余人次现场“围观”。[④] 又如,海南省法院2018年通过了员额制选任的法官小林认为:“我的审判经验不足,通过观摩学习院、庭长这些‘精英法官’的庭审,琢磨他们如何发问、如何量刑、如何实现法律效果和社会效果统一,对我今后的独立办案很有好处。”[⑤]还如,北京知产法院探索实行“院长开庭周”,规定院长、副院长每月至少固定安排一周时间集中开庭审理案件,提高审判效率。该院院庭长在组成合议庭审理案件时,还发挥了资深法官的创新引领作用,尝试在裁判文书之前增加“判决摘要”等,为探索改革创新作出表率。司法改革后强调主审法官负责制,进一步强化院、庭领导的审判职责。院、庭长回归审判一线,不但有利于发挥院、庭领导作为资深法官在办案中的指导示范作用,提高司法效率,而且也

---

① 赵岩、程颖、史晓亮、欧彦峰:《北京法院推进院庭长办案蹄疾步稳》,载《人民法院报》2015年11月2日第1版。

② 骆锦勇:《如何看待院庭长办案》,载《人民法院报》2015年12月22日第2版。

③ 孟焕良:《如何看待院庭长办案》,载《人民法院报》2016年1月22日第1版。

④ 蒋晓明:《滨海:院庭长办案上演“王者归来”》,载《人民法院报》2015年6月29日第8版。

⑤ 方茜:《海南高院院庭长办案常态化》,载《人民法院报》2015年5月16日第4版。

有利于带动全院法官的办案积极性,尤其是调动年轻法官助理的积极性。

二、冰冷的现实:"王者归来"真的会归来吗?

其实,院庭长办案早已不是什么新鲜事物。2007年,最高人民法院出台了《关于完善院长、副院长、庭长、副庭长参加合议庭审理案件制度的若干意见》。2013年10月,最高人民法院出台了《审判权运行机制改革试点方案》。2015年,最高人民法院出台了《关于完善人民法院司法责任制的若干意见》,明确要求入额的院庭长应当办理案件。这些文件,对院庭长办案显然是作出具体的规定,但是在司法实践中,长久以来各地法院往往只是鼓励、倡导院庭长审案而没有硬性规定和配套措施,院庭长审不审案、一年审多少案,全凭自觉。一年到头不进法庭审案的院庭长也大有人在,并且是常态。即使"当前院庭长办案机制改革推进得如火如荼,并取得一些明显成效,但也存在一些问题需要进一步理清或解决:院庭长办案能否做到真办案、实质性办案,而非挂名办案;应当明确院庭长办理什么类型的案件;院庭长(带头)办案后,其审判权和管理权的关系如何协调"①。中央政法委、最高人民法院近期来反复强调院庭长必须办案,不办案必须退出法官员额。但是,一些地方出现了院庭长入额不办案现象,甚至出现了"入额的不办案,办案的不入额"的现象。由此可见,院庭长办案的落实肯定是有难度的。目前,在司法改革过程中,院庭长办案又是怎么样呢?

(一)功利化办案:为了员额

当前,在司法改革积极推进之中,关于法院领导入额问题,中央政法委书记孟建柱曾在讲话中称,"如果领导干部进入员额又不办案,或者少办案、挂名办案,一线法官、检察官就不会服气,我们做思想工作也就没底气"②。2017年5月,最高人民法院党组书记、院长周强在山东调研时指出,入额法官必须办案,不办案的法官要退出员额。③ 最高人民法院党组副书记、常务副院长沈德咏曾经

---

① 左卫民:《强化院庭长办案的"量、质、责"》,载《人民法院报》2017年4月10日第2版。

② 孟焕良:《聚焦法官员额制改革:入额标准让高素质法官脱颖而出》,载《人民法院报》2015年8月4日第1版。

③ 周斌等:《周强:入额法官必须办案,不办案要退出》,载《法制日报》2017年5月13日第1版。

说过,“要妥善解决好领导干部进入法官员额的问题。院庭长绝大多数属于资深法官和审判委员会组成人员,总体上具有较高的业务素质和办案能力,实行新的审判权运行机制后,加强审判管理、统一裁判标准的工作只能加强不能削弱。经考核符合入额条件的,应当进入法官员额,但必须作为主审法官履行审判责任”①。最高人民法院党组成员、政治部主任徐家新指出,“领导干部入额必须一视同仁,对不能在一线独立承办案件的,或达不到审判绩效考核要求的,应一律按要求退出员额”②。同时,最高人民法院出台了《关于完善人民法院司法责任制的若干意见》,明确要求入额的院庭长必须要办理一定数量的案件,否则退出员额。为此,在这一背景之下,“一些院庭长担任审判长开庭审理案件,其实不是在为实现法官职责的回归而办案,而仅仅是在为进入法官员额办案,在为完成‘规定任务’办案”③。

(二)作秀式办案:露面敲槌

司法改革如火如荼地进行中,一些院庭长审判台上仅敲敲法槌,台下会把案件工作转嫁给其他主审法官,即为“露面敲槌”。笔者曾经在我国中部 H 省 C 市中级人民法院进行实地调研发现,作为中部 H 省委深化改革领导小组确定的唯一试点中级人民法院,2015 年 12 名院领导(院长、副院长、专职审判委员会委员)一级,院长审理 2 件刑事案件,2 名副院长分别审理 2 件民事、刑事案件,一共 6 件案件。一年到头,12 名院领导,只有 6 件案件,还邀请省内多家新闻媒体在各大报刊、网站上宣传院领导带头办案,社会效果很好,这意味着什么?其答案不言而喻。在司法改革之前,笔者曾经于 2014 年在我国中部 H 省 C 市中级人民法院进行实地调研发现,一年审理 6 件案件的庭长都是全院最多的院庭长,大多数院庭长一年到头一件案件都没有审理。在如今院庭长不办案必须退出员额的人背景下,仍然存在诸多院庭长通过“露面敲槌”之后全部由法官助理来代院庭长办案等不正常的现象。众所周知,法院由于受到编制的影响,法官助理极为有限,但是基本上每个法院均为院庭长配备了法官助理,而普通入额法官却没

---

① 罗沙、杨金志、黄安琪:《推动司法职业化筑牢司法责任制基石——看我国法官检察官员额制改革》,载《人民法院报》2014 年 7 月 23 日第 2 版。

② 徐家新:《最高法:领导干部不在一线独立承办案件应退出员额》,载《人民法院报》2015 年 4 月 20 日第 1 版。

③ 骆锦勇:《如何看待院庭长办案》,载《人民法院报》2015 年 12 月 22 日第 2 版。

有这种待遇。在笔者看来，倘若"露面敲槌"的话，还要邀请一大批人大代表、政协委员、新闻媒体来进行旁听，还要发挥法院内部多个部门的沟通协调，这就变成了浪费人力、物力、财力的事情，即为"劳民伤财"的事情，与其这样做，还不如不弄。[①] 正如有学者认为"一定程度存在着一些院庭长承办案件有名无实，不能够做到全程亲力亲为的现象，难以获得对法官主体地位、司法主体责任和司法基本规律的理性认识与回归"。[②]

（三）应付式办案：有心无力

让院庭长办案是否为应付式办案，也应引起我们深思。正如一直活跃在审判一线的江苏省南京市鼓楼区人民法院副院长彭静所言，"今年我已主审刑事案件 24 起，目前审结 20 起，并参审了一些其他法官主审的案件。担任院领导以来，我承办案件的数量今年最多，原因有两个：一是鼓楼法院今年推行院庭长出庭审案制，要求院领导每年参与审理案件至少 10 件；二是我分管的刑二庭今年案件较多，又有法官病休，我主动承担了一部分案件"。[③] 从该领导的言论[④]中，我们不难看出，相当一部分院庭长办案是迫于无奈，且其所审理案件数量相对于普通法官的一年上百件案件而言，并不是很多。笔者调研发现，不少优秀法官一旦担任庭长以上职务就不用办案了。这是因为"即便在全面深化司法体制改革之后，由于院庭长们仍需承担相应的审判管理监督事务和司法行政事务，因而想让他们像其他法官那样心无旁骛地专注于执法办案，既不现实也无可能"。[⑤] 在这一背景之下，当前，不少法院对院庭长最低办案数作出相应规定。譬如，陕西省高级人民法院出台《全省法院院长、庭长办理案件的意见》。该《意见》规定，各级法院院庭长不仅要参加合议庭办理案件，还要作为承办人亲自承办一定数量的案件：基层法院院长承办和担任审判长参与办理案件每年不少于 2 件，副院长

---

① 笔者曾经到一些对外宣称法院领导一年办理 900 多件案件的法院进行调研发现，实质上 90%以上的案件都是"露面敲槌"。

② 骆锦勇：《如何看待院庭长办案》，载《人民法院报》2015 年 12 月 22 日第 2 版。

③ 周斌、丁国锋：《院庭长不办案等于自废武功：对话鼓楼区人民法院副院长彭静》，载《法制日报》2014 年 12 月 18 日第 5 版。

④ 类似的言论是海南省高级人民法院党组成员、副院长"其实法院领导一直都在办案，只是之前没有硬性规定和配套措施，加上法院院长、庭长行政管理事务较为繁重，于是逐渐脱离了审判岗位"。

⑤ 骆锦勇：《如何看待院庭长办案》，载《人民法院报》2015 年 12 月 22 日第 2 版。

不少于5件。其中,院长亲自承办的案件不少于1件,副院长不少于2件。[①] 又如,沈阳中级人民法院规定基层法院院长年审案不少于2件、副院长和其他副院级审判员不少于10件的具体任务指标。[②] 甚至有学者就呼吁"院庭长办案:数量不是关键"[③]。即使是当前最高人民法院出台了强行办案的规定,但是院领导仍然会通过选择简单的案件或者庭里已经快审理好的案件给他们办理,算成院领导的办案数量。

三、困境的探索:为什么实现不了"王者归来"?

"我国台湾地区法院所有院庭长都长期在审判一线,即使是地方法院的院长也同时是某一个审判庭的庭长。"[④]并且"院庭长自身承办的案件可能是普通法官的1/10(高等法院)1/3或(基层法院),但其必须担任所在合议庭中每一个案件的审判长"[⑤]。由此可见,我国台湾地区院庭长带头办案。然而,在大陆,院庭长基本上不办案,远离审判台,与其作为优质审判资源自相矛盾,这是一种极大的资源浪费,应引起我们的思考。此外,尽管2017年最高人民法院出台《关于加强各级人民法院院庭长办理案件工作的意见(试行)》,对院庭长办案提出了硬性的约束,如同"紧箍棒"。但是,很有可能在办案数量上虚化,在案件类型上缺乏可供操作的具体规定,院庭长工作由法官助理代劳,并且因院庭长对法官助理能否进入员额具有极大的话语权,很有可能对院庭长"假办案"行为不敢举报和揭露,该意见的实施结果有可能停在纸面上。这背后的原因亟待我们探索。

(一)体制困境

司法实践中,院庭长承担的事务过多过于烦琐,院庭长常常奔波于文山会海之中。加之,目前法院的人财物都与同级党委人大政府关系密切,院庭长必须花

---

① 贾明会、雷霆:《陕西高院出台院庭长办案新规》,载《人民法院报》2014年8月23日第1版。

② 张之库、王伟宁、兴成鹏:《辽宁院庭长办案成新常态》,载《人民法院报》2015年1月7日第1版。

③ 张振华:《院庭长办案:数量不是关键》,载《人民法院报》2015年12月3日第2版。

④ 林娜:《如何走出院庭长办案的困境:兼论我国审判权运行机制改革试点方案的补强》,载《法律适用》2015年第11期。

⑤ 林娜:《如何走出院庭长办案的困境:兼论我国审判权运行机制改革试点方案的补强》,载《法律适用》2015年第11期。

大量时间与精力处理好与这些同级之间的关系。当前，许多担任院庭长的法官更多的是处理司法行政事务，根本无暇顾及案件的审理工作，即使是热衷于办案的院庭长，也是心有余而力不足。根据笔者统计，一年里，我国中部 H 省 C 市中级人民法院需要院领导参加的市级各种会议有 300 多次。无独有偶，有法官调研显示，“Y 区法院作为当地政权架构及治理结构重要组成部分，院长以区委委员身份参与本地经济社会管理决策，Y 区法院应当接受当地人大监督及政协民主监督，Y 区政府希望法院为经济快速发展提供保障，区委办、区政府办、区人大、区政协均称为法院院长参加会议的召集主体，参加会议次数达 233 次，以 250 天的平均工作时间计算，几乎达到每天一会密度。高级法院召集的正式会议达 28 次，要求正职院长参加的 19 次。召开会议同样是本法院重要治理方式，在案件数量压力极大背景下，Y 区法院已大幅精简自行召开的会议(无院长办公会、政治学习会等)，但仍召开各类会议 56 次”①。同时，在中国体制下，法院需要处理诸多的社会事务，譬如大到服务地方经济社会发展大局等事务，小到参加当地党委、人大、政府的活动等事务。当前，诸多法官不能在一线办案，更不用提及院领导。以北京法院和山东法院对比为例，北京法院共有 4168 名法官，但 36%的法官不在审判一线实际办案，其中除在行政综合部门任职的 637 名法官外，还包括专业能力强，但办案少或不办案的 886 名院庭长。② 山东法院有法官 13604 人，其中 40%的法官不在审判一线，比北京还高出 4 个百分点，这 40%的不办案法官中约有一半，即 2791 人，正是作为优秀审判资源的院庭长。③

(二)个人困境

长期以来地方法院的正副院长相当一部分是来自于法院系统外的单位，譬如人大系统、公安系统或者司法行政系统等，有相当一部分正副院长根本就没有法律背景。有学者调研显示，“现任高级法院院长中，从法院系统内部产生的 21

① 高翔：《地方法院院长职权结构优化论——基于法院组织法与民事诉讼法衔接的视角》，载《现代法学》2017 年第 2 期。

② 温需：《北京 5 年流失 500 余名法官 36%法官不经常办案》，载《新京报》2014 年 3 月 12 日第 1 版。

③ 山东省高级人民法院政治部：《关于优化审判人力资源配置情况的调研报告》，载《山东审判》2014 年第 1 期。

人,占67.7%;从法院系统外调任的10人,占32.3%"[①]。这一做法也曾一度遭专家学者的质疑[②]。笔者曾经在我国中部H省C市中级人民法院进行的实地调研发现,作为中部H省委深化改革领导小组确定的唯一试点中级人民法院,2015年12名院领导(院长、副院长、专职审判委员会委员)一级中,均为审判员、审委员会委员身份。从他们刚到该市中级人民法院来看,其中6名产生于法院,3名产生于检察院,1名产生于人大常委会,1名产生于公安局,1名产生于政法委。这12名院领导中,只有3名院领导曾经在法院办理过案件,有2名从别的单位到法院之后象征性地办理过两三件案件,其他院领导基本上没有办理过什么具体的案件,顶多只是沟通协调过一些案件,具体办理还是由业务庭的法官来承办。可见,真正办理过案件的院领导比例并不大,也并不像有学者所言"院庭长作为优质审判资源"[③]。虽然不能代表全国各级法院,并且只是针对院领导,但是很大程度上代表了我国目前相当一部分地区的法院。

(三)角色困境

左卫民教授经过实证研究发现,中国地方法院院长具备管理家、政治家、法律家三重角色,三重角色权重依次递减,管理家与政治家角色居重要地位,法律家角色地位相对次要。[④] 正因如此,长期以来,审判人员一旦走上庭长、院长等领导岗位,工作职责往往也就从具体审判转为组织、指导、监督,特别是高、中级法院领导,基本很少再承办具体案件。正如一直活跃在审判一线的江苏省南京市鼓楼区人民法院副院长彭静坦言,担任院领导后,行政事务确实比以前多了,那就挤出时间办案,就是常说的"5+2",周末加班。[⑤] 正如一个一线法官所言,今天的办案是为了明天的不办案。这句话意味着今后当到院庭长就不用办案

① 《以改革创新的精神加强地方法院班子建设——全国地方法院院长换届工作综述》,载《人民法院》2008年3月4日第4版。

② 譬如湖南省某中级人民法院院长的任命曾经受到了陈杰人的质疑,详情见《质疑湖南美女县委书记升任中级法院院长》,载http://www.360doc.com/content/14/1217/14/2369606_433623661.shtml,最后访问日期:2016年7月10日。

③ 林娜:《如何走出院庭长办案的困境:兼论我国审判权运行机制改革试点方案的补强》,载《法律适用》2015年第11期。

④ 左卫民:《中国法院院长角色的实证研究》,载《中国法学》2014年第1期。

⑤ 周斌、丁国锋:《院庭长不办案等于自废武功:对话鼓楼区人民法院副院长彭静》,载《法制日报》2014年12月18日第5版。

了。由此可见,这样一来,审判一线善于处理重大疑难复杂案件的专家型、骨干型法官越来越少,优质资源在审判一线缺位,案多人少的矛盾愈发凸显。以中部某省的 4 名全国审判业务专家为例,目前没有 1 名在审判一线。以中部某省的 15 名全省审判业务专家为例,目前只有 7 个在审判一线。

四、路径的选择:让“王者归来”的几点设想

让院庭长直接参与办案,逐步从审判权力运行“幕后”走到“台前”是司法改革的方向,理应成为人民法院司法改革之后审判工作的新常态。

(一)改革体制:省级统管

为了减少行政事务,为了让院庭长安心办案,为院、庭长参加合议庭办案提供时间和精力保证,需要通过人财物省级统管这一良好体制的支持。[①] 当前,一是减少院庭长会议,提高开庭次数。实行省级统管之后,与地方法院不相关的会议,地方党委、人大、政府相对较少通知法院参加。二是整合行政事务,强化统一管理。进行法院内设机构的改革,对能够合并统一办理的行政事务、行政部门进行合并整合。院庭长确定开庭日期之后,倘若开庭又碰见开会,可以由司法行政人员代替自己出席会议。三是落实合议庭和审判长的权力与职责,减少院、庭长审签案件的数量。通过合理配置审判资源等途径切实加强合议庭力量,一般案件的决定权由合议庭行使,裁判文书由承办法官签发,合议庭意见分歧较大的,由审判长报专业委员会、审判委员会讨论决定。

(二)提高门槛:正副院长也需是法官

法官的选任,应当是去行政化,考虑更多的应是法官的办案数量和质量、办案能力和水平等。正如有学者认为,“在有限名额的情况下,必须从具有丰富审判经验的法官之中遴选法官,禁止没有任何审判经验的人员担任法官”[②]。这一点,同样适合院庭长。《中华人民共和国法官法》第 2 条规定,法官是依法行使国家审判权的审判人员,包括最高人民法院、地方各级人民法院和军事法院等专门人民法院的院长、副院长、审判委员会委员、庭长、副庭长、审判员和助理审判员。既然正副院长是法官,理当是法学素养很高、司法经验丰富、内心认同法治理念

---

① 为了让院、庭长有更多的时间和精力多办案、办好案,一些法院在减轻院、庭长的行政管理负担方面进行了积极有益的尝试。

② 张大洲:《法官员额制的隐忧与出路》,载《人民法院报》2014 年 12 月 15 日第 2 版。

的资深法官。目前,司法改革背景下,笔者认为必须改变以前一般由法院系统外调入直接担任院领导、法院系统内部很难上升到院领导的做法,院长或者副院长一般应产生于法院系统内部的现任法官。

(三)改变角色:管理者变为审判者

根据中央决策层解释,院、庭长入额必须依照统一标准和程序进行遴选并亲自办案,对办案质量终身负责,不能入额又不办案或少办案、挂名办案。[①] 实行法官员额制。院、庭长一旦入额就得实实在在办案,必须体现亲历性原则[②],也就是说院、庭长履行审判职权必须体现亲历性原则,即作为审判长或承办法官直接审理案件,主持或参加审委会讨论案件不被视为审理案件。由此可见,院、庭长由原来的管理者角色变成了审判者角色。随着院、庭长角色的转变,院长、庭长办案将成为法院审判工作新常态。"好钢用在刀刃上。"根据《关于加强各级人民法院院庭长办理案件工作的意见(试行)》,目前已经明确院长、庭长办案的方式、数量、类型等具体要求。但是,司法实践中,仍然需要完善相关规定。譬如,组成由院级领导担任审判长的委员合议庭或普通合议庭,专门审理重大、疑难、复杂的案件或者社会关注度高、社会影响力大的案件;又如,将庭长、副庭长直接编入固定合议庭担任审判长,亲自开庭办案并按比例主审案件;再如,定期通报全省三级法院院长、庭长办案数量以及所在合议庭的办案数、人均办案量,纳入工作业绩考核,必须坚决摒弃功利化等办案的倾向;还如,院、庭长带头开庭审理、调解、撰写裁判文书等系列活动,坚决避免"露面敲槌"。

(四)建立机制:办案考核的机制+案件分类机制+规范院、庭长办案程序

当前,各级法院需要根据《关于加强各级人民法院院、庭长办理案件工作的意见(试行)》,不断加强院、庭长办案机制建设,切实让院、庭长办案成为"硬约束"。譬如昌平区法院制定《院长、庭长承办案件规定》《全员办案实施办法》,对院、庭长办案的数量、类型、标准等进行了全面规定,分岗定责。

首先,建立办案考核的机制。一方面,建立法官考评委员会工作机制。按照最高人民法院司法责任制等文件的要求,各级人民法院应当成立法官考评委员

① 孟建柱:《坚定不移推进司法体制改革》,载《人民日报》2015年3月18日第2版。

② 法官审理案件应亲历庭审,直接审查证据和事实,从感性认识上升到理性认识,形成对案件事实的内心确信。详情见高翔:《地方法院院长职权结构优化论——基于法院组织法与民事诉讼法衔接的视角》,载《现代法学》2017年第2期。

会，并建立院、庭长办案业绩考核体系和办案业绩档案。由法官考评委员会负责对入额的院、庭长进行考核、评议工作。另一方面，建立科学合理的考核体系。根据试点法院的经验做法，结合地域、岗位等实际情况，建立院、庭长审判业绩考核办法和评价标准，合理设置案件难度系数等权重比例，注重考核审判工作实绩。具体而言，应从考核办案数量和质量上进行考核。在考核办案数量上，规定院、庭长每年办案任务数，将办理案件情况成为具有法官资格的院、庭领导年底考核的硬性指标。当然，“在院、庭长办案满足最低限度数量要求的前提下，应当以保证办案质量为主，不宜对数量做过高要求。亦即院、庭长办案的核心在质，不在量”①。因此，院、庭长每年办案任务数规定的“硬指标”也要切合法院实际，不能高也不能低。② 在笔者看来，最高人民法院意见的规定合理。比如，中级人民法院、庭长的办案数量确定为本庭法官人均办案数量的50%～70%，副院长的办案数量确定为全院法官人均办案数量的20%～30%，院长的办案数量确定为全院法官人均办案数量的5%。同时，根据本院收结案情况，可以在这个标准上适当提高。在考核办案质量上，在院、庭长考核任务中增加办案质效指标，纳入院《审判管理通报》逐月发布，并与“月月评”考核挂钩，季度、年终分别兑现奖惩；最终对不能独立办案、案件质效较差、完不成办案任务的院、庭长，将要被问责，甚至退出员额。

其次，建立案件分类机制。最高人民法院党组副书记、常务副院长沈德咏曾经说过，“考虑到领导干部承担了大量党务、行政等管理工作，在办案数量上可以从各级各地法院的实际情况出发合理确定”③。按照最高人民法院新出台的意见确立的指定分案的案件分配制度，指定分案制度之下，根据法官的审判经验和职级，配置不同的案件比例。比如，普通入额法官主要办理简易案件，配以一定比例普通案件即可，不宜分配疑难案件，资深入额法官则应当以普通和疑难案件

---

① 左卫民：《强化院、庭长办案的“量、质、责”》，载《人民法院报》2017年4月10日第2版。

② 海南高级人民法院规定副院长年办案数应不少于上一年度全院法官人均办案数的30%，审判委员会专职委员应不少于上一年度全院法官人均办案数的50%，庭长办案数应不少于本庭上一年度法官人均办案数的70%。在笔者看来，海南高级人民法院规定的案件数过高。

③ 罗沙、杨金志、黄安琪：《推动司法职业化筑牢司法责任制基石——看我国法官检察官员额制改革》，载《人民法院报》2014年7月23日第2版。

为主。对于重大案件,则应当有院、庭长参与审判,因为在法院对于重大案件的定义中,往往涉及与其他部门的协调、重要证据的调取、审判资源的调配等,由院、庭长参与审判,更有利于此类工作的开展。

最后,规范院、庭长办案程序。当前,关于院、庭长办案,合议庭成员有不同意见怎么办?最终会不会成了院、庭长"拍板"定案?笔者认为规范院、庭长办案程序是必要的。众所周知,在宪法和法律面前,每一位法官都是独立、平等的。笔者认为可以借鉴江苏省滨海县人民法院的经验,形成一套适合院庭长的办案程序,合议庭讨论要充分民主,首先要主审法官发言,院、庭长应当在最后发言,避免影响其他成员独立发表意见;院、庭长独立完成裁判文书撰写,对承办的案件终身负责,确保裁判准确,经得起人民和历史检验。

结语:但愿走"王者归来"的路不会太远

毋庸置疑,有资格进入法官员额的院、庭长们,大多曾是一线审判岗位上法官中的精英、审判业务上的专家,他们应能胜任越来越繁重且艰巨的审判任务,不应成为不办案的法官。而推进审判权力运行机制改革,强化院、庭长审判职责,就是要让这些"关键少数"回归"精英法官"的身份,重新充实到审判第一线,进一步提升司法公信力与司法权威,最终实现习近平总书记提出的"让人民群众在每一个司法案件中都感受到公平正义"的目标。笔者希冀走"王者归来"的路不会太远。

法官员额制的实证分析

——基于样本法院的微观视角

刘俊峰*

摘要:相对于法官数量和资源配置的实际问题,员额制并不是切题之举。员额制采取的措施与其当前和既往目的均不符,这些目的均要求“审理者裁判”的工作机制。员额制的实践证明其难以实现预期,并且制造法院内部各阶层的不公平性等新问题。应当否定其为法官正规化专业化职业化的重要制度和关系此轮司法体制改革成败的认识和实践。员额制的具体制度或措施有待进一步调整和完善。

关键词:员额制;员额法官;法官遴选;员额比例

随着司法责任制的全面推开,员额制的确不再是观念或头脑中的事物。对当下的大多数法官来讲,它已经成为无论是否喜欢均要经历的“切身体验”。因此,细细端详这一事物,对它来一番评头论足,无论是否深刻,均不会显得多余。

本文主要采用实证的研究方法,数据直接源于样本法院审判管理系统即时查询的信息。为了增加研究的价值也引用了部分文献以及能够获取的其他信息。

本文结合样本法院的实际情况,办求不失微观视角剖析这一“宏观改革”。然则,个案毕竟有其局限性,笔者虽力求表达自以为是关于员额制的正确观点或看法,但放在全面和客观评价这一改革的历史进程中也难免有失之偏颇之处。故本文与其说是对员额制是否正确应否完善的评价或认识,不如说是有关这种评价的一种声音或观点。不当之处,敬请批评指正。

* 作者系山东省阳信县人民法院审判员,法学硕士。

一、什么是法官员额制?

“员额”中的员是指在学习或工作中从事某种职业或担任某种职务的人,[①]额是指规定的数目。[②] 员额的基本意思是指人员(官员)数目的限定。

“员额编制”,貌似中华人民共和国成立前的叫法,目前台湾地区依然沿用这个说法,就是额定人员编制。“员额编制每100人编制10人”,意思是某个岗位的人员数,是依据其他某个人员的数量来进行配置的,如每有100个普通员工需要编制10个管理人员,或者每有100个学生需要配置10个教师。[③]

从员额编制来理解,这里“额”的限定形式,已经具体为“比例”,即通过其他类人员数量的比例来确定某一类人员的数量。从司法改革的实践看,法官员额制中的“限定”显然体现为一定的比例。比如,上海33%[④],基层法院40%[⑤]。换言之,通过具体法院政法专项编制的比例来限定法官数量。那么,员额制的基本含义应当是法官数量占具体法院政法专项编制数的比例。它是人员之间比例关系的概念。

2001年6月30日,第九届全国人民代表大会常务委员会第二十二次会议《关于修改〈中华人民共和国法官法〉的决定》修正的《法官法》第50条规定:最高人民法院根据审判工作需要,会同有关部门制定各级人民法院的法官在人员编制内员额比例的办法。

从该条规定看,员额制是从人事管理角度提出的法官编制的确定方法,即法官应当符合人员编制的一定比例。这个比例是多少,由最高人民法院会同有关部门制定。从《法官法》的规定分析,员额制本质上是法官职位数量确定的人事管理制度。其基本特征是员额比例。

最高人民法院《人民法院第二个五年改革纲要(2004—2008)》(以下简称“二

---

① 博古今、石斌:《中华现代汉语词典》,内蒙古大学出版社2013年版,第1202页。

② 商务印书馆辞书研究中心编:《古今汉语字典》,商务印书馆2003年版,第146页。

③ 参见360问答“员额编制”,http://wenda.so.com/q/1370257178060297? src=130,最后访问日期:2017年7月26日。

④ 参见《上海司法改革大刀阔斧,谁能进33%的“精英队伍”?》,载《中国青年报》2014年8月9日第3版。

⑤ 参见《统一思想增强信心攻坚克难 坚定不移推动司法责任制改革全面开展》,载《法制日报》2016年7月20日第1版。

五改革纲要”)(法发〔2005〕18号)第36条规定:根据人民法院的管辖级别、管辖地域、案件数量、保障条件等因素,研究制定各级人民法院的法官员额比例方案,并逐步落实。

从上述表述看,“二五改革纲要”面临的基本问题是“研究制定”各级人民法院的法官员额比例。员额制落实的基本问题自然是员额比例的确定。这也说明,员额制的基本内涵是人员关系的比例概念,离开了员额比例就没有员额制。

“二五改革纲要”第40条规定:落实法官法的规定,推动适合法官职业特点的任用、晋升、奖励、抚恤、医疗保障和工资、福利、津贴制度的建立和完善。在确定法官员额的基础上,逐步提高法官待遇。

从最后一句分析,“二五改革纲要”已经将员额制确定为提高法官待遇的前提,即要在确定法官员额的基础上,逐步提高法官待遇。这可以看作是员额制的一个制度目标。从两者关系看,员额制的直接目的并非提高法官待遇;但是,改革者认为,要提高法官待遇,应当在“确定法官员额制的基础上”进行。显然,法官员额制是提高法官待遇的原因。我们先行员额制,然后就可以逐步提高法官待遇。因此,从改革者的角度分析,提高法官待遇可以看作是员额制的间接目的。

最高人民法院发布的《人民法院第三个五年改革纲要(2009—2013)》(以下简称“三五改革纲要”)第19条规定:完善人民法院编制与职务序列制度。配合有关部门制定与人民法院工作性质和地区特点相适应的政法专项编制标准,研究建立适应性更强的编制制度,逐步实施法官员额制度;研究制定与法官职业特点相适应的职数比例和职务序列的意见,适当提高基层人民法庭法官职级。

法官员额制从“二五改革纲要”的“逐步落实”到“三五改革纲要”的“逐步实施法官员额制度”,该制度仍然处于“将要”状态。至此,在改革者看来,员额制的基本内涵如故。“三五改革纲要”提出“研究制定与法官职业特点相适应的职数比例和职务序列的意见,适当提高基层人民法庭法官职级”,说明法官员额制的基本问题仍然是员额比例,其间接目的依然是提高法官待遇。

最高人民法院发布的《人民法院第四个五年改革纲要(2014—2018)》(以下简称“四五改革纲要”)提出:建立法官员额制,对法官在编制限额内实行员额管理,确保法官主要集中在审判一线,高素质人才能够充实到审判一线。

修正后的“四五改革纲要”,即《最高人民法院关于全面深化人民法院改革的意见》(以下简称《意见》)第49条①,在提出了如何确定法官员额,如何实行员额动态调整机制后,提出确保优秀法官留在审判一线。

也就是说"四五改革纲要"员额制的内涵依然没有变化,其基本问题仍然是员额比例。"四五改革纲要"提出了员额比例确定的诸多"现实根据",可以视为这一问题的现实"突破"。员额比例一旦"可以"确定,员额制必然可以从纸面走向现实。

"四五改革纲要"突出"解决了"这一问题,决定了员额制从"将要"状态成为"现实"的理论基础。同时,提出了"确保法官主要集中在审判一线,高素质人才能够充实到审判一线"的改革目的。

从《法官法》的规定以及最高人民法院的四个五年改革纲要分析,法官员额制的落地显然经历了漫长的探索和研究;但是,其基本内涵依然如故——员额制一直是一项法官职位数占人员编制一定比例的人事管理制度。

但是,学界和改革的实践均不局限于其基本定义,或者似乎不以上述基本定义为关注重点。

最高人民法院发布的《中国法院的司法改革》白皮书表示,建立法官员额制,就是要通过严格考核,选拔最优秀的法官进入员额,并为他们配备法官助理、书记员等审判辅助人员,确保法院85%的人力资源配置到办案一线。② 白皮书所表明的改革实践,员额制包括了优秀法官的选拔、辅助人员的配备和人力资源的配置等。

学界关于员额制的理解通常也超出其基本定义。比如,员额制最基本的内涵就是确定法官员额,将各个法院法官人数固定化,使其专职行使审判权,至于

---

① 该条内容如下:"49. 建立法官员额制度。根据法院辖区经济社会发展状况、人口数量(含暂住人口)、案件数量、案件类型等基础数据,结合法院审级职能、法官工作量、审判辅助人员配置、办案保障条件等因素,科学确定四级法院的法官员额。根据案件数量、人员结构的变化情况,完善法官员额的动态调节机制。科学设置法官员额制改革过渡方案,综合考虑审判业绩、业务能力、理论水平和法律工作经历等因素,确保优秀法官留在审判一线。"参见新华网:《最高法发布全面深化人民法院改革的意见(全文)》,http://news.xinhuanet.com/legal/2015-02/26/c_127520462.htm,最后访问日期:2017年7月26日。

② 参见法制网政法频道:《司法改革白皮书:法官员额制确保法院85%的人力资源配置到一线》,http://www.legaldaily.com.cn/zfzz/content/2016-03/01/content_6504385.htm,最后访问日期:2017年7月26日。

与审判相关的其他事物则交由专门的人员去处理。① 这里“专职行使审判权”超出了员额限定的基本理解。

员额制的基本定义是讨论员额制的前提。在实践层面，员额制不但体现为员额比例的确定和员额法官的遴选，还关联到遴选出员额法官就是为了“让审理者裁判，由裁判者负责”，进而联系到审判团队、法官的职业保障、法官资源的配置、司法责任制等诸多问题。如果认为这些都是员额制，可不可以认为整个此轮司法体制改革都是员额制改革？不区分某一改革与其他改革界线的概念划分自然很不科学。

笔者认为，无论员额制的理论样态和改革实践如何，其基本定义依然如故。无论是理论界还是改革实践均承认员额制的基本定义，只是在探讨或论证改革的相关问题时，未必均将基本定义作为基本点进行分析而已。

在本文中，员额制的内涵是指法官职数占具体法院政法专项编制的比例，这是员额制的基本定义。其外延只包括比例的确定和员额法官的遴选。超出这一范畴的事物，不再属于本文所指称的法官员额制。这一基本定义符合词语的通常含义，以及《法官法》和最高人民法院四个五年改革纲要对员额制的基本理解。学界和改革的实践对员额制表述虽然不一，但是详加分析，仍然不否认上述基本定义。换言之，这一基本定义仍然吻合学界和改革实践对员额制的基本理解。

这一制度的目的，可分为两个层面：第一，让法官的职位数符合人员编制的一定比例；第二，提高法官待遇，实现人力资源的优化配置等。前者是直接目的，涵盖在基本定义之中。只要有员额制，就一定有这一目的。后者，则属于间接目的。从理论界相关研究看，并不限于此。

在本文员额制的间接目的作为员额制的价值进行分析。因此，员额制的基本定义并不涵盖员额制的价值或用途这样一些问题，只回答员额制是什么。好比艾叶是什么和艾叶有什么用途自然属于两个有区分的问题。有了员额制是什么的清晰定义，才可以展开更清晰更合乎逻辑的分析论证。故对法官员额制的基本定义作如上说明。

① 拜荣静：《法官员额制的新问题及其应对》，载《苏州大学学报（哲学社会科学版）》2016 年第 2 期。

二、员额制前的样本法院

改革前的样本法院,可以帮助我们了解员额制落地时的“实际”,即大致在什么情况下我们大范围地推行了当下法官员额制。

样本法院是S省B市某基层法院。样本法院所处地区经济发展水平全省中游偏下。目前该院有在编工作人员86人,聘用工作人员35人。院长副院长6人,院党组9人,内设中层部门22个。2016年10月份和11月份,样本法院按照上级法院的统一部署展开了法官员额制改革,完成首批员额法官的遴选推荐工作。尽管样本法院的改革状况会有当地的现实因素,但也包含一定的“共性”。笔者基于对样本法院的近距离观察,力图以点见面,揭示员额制改革的普遍性问题。

样本法院近三年在岗审判人员结案的基本情况应当属于样本法院最重要问题之一。“近三年”是指2013年10月1日至2016年9月30日,与该院员额制的业绩考核期间一致。见表1:

表1 样本法院在岗审判人员结案情况统计表

庭室	序号	姓名	结案总数	2013.10.1—2014.9.30	2014.10.1—2015.9.30	2015.10.1—2016.9.30
院领导	1.	A	0	0	0	0
	2.	B	0	0	0	0
	3.	C	0	0	0	0
	4.	D	0	0	0	0
	5.	E	42	0	41	1
纪检书记	6.	F	0	0	0	0
专委	7.	A	4	2	1	1
	8.	B	2	1	0	1
	9.	C	0	0	0	0
政治处	10.	A	0	0	0	0
研究室	11.	B	0	0	0	0
行财科	12.	C	0	0	0	0

续表

庭室	序号	姓名	结案总数	2013.10.1—2014.9.30	2014.10.1—2015.9.30	2015.10.1—2016.9.30
办公室	13.	D	0	0	0	0
民一	14.	A	158	36	66	56
	15.	B	231	47	89	95
	16.	C	246	69	90	87
民二	17.	A	59	26	20	13
	18.	B	337	111	98	128
	19.	C	789	201	309	279
民三	20.	A	382	76	148	158
	21.	B	613	165	233	215
	22.	C	501	141	191	169
	23.	D	27	0	0	27
刑庭	24.	A	69	18	28	23
	25.	B	188	51	67	70
	26.	C	344	162	108	74
行政庭	27.	A	92	46	40	6
	28.	B	125	95	24	6
审监庭	29.	A	48	8	35	5
	30.	B	7	1	2	4
	31.	C	0	0	0	0
执行局	32.	A	3	2	0	1
执一	33.	A	870	87	42	741
执二	34.	A	1001	148	92	761
	35.	B	9	9	0	0
执综	36.	A	265	46	76	143
	37.	B	290	91	9	190

续表

庭室	序号	姓名	结案总数	2013.10.1—2014.9.30	2014.10.1—2015.9.30	2015.10.1—2016.9.30
立案	38.	A	2	0	0	2
	39.	B	8	6	0	2
	40.	C	110	54	35	21
派出法庭A	41.	A	107	2	6	99
	42.	B	525	117	159	249
	43.	C	407	2	128	277
派出法庭B	44.	A	152	38	10	104
	45.	B	372	90	114	168
派出法庭C	46.	A	752	221	293	238
	47.	B	76	14	0	62
合计			9213	2183	2554	4476

样本法院近三年共收案9074件,结案9790件①。

通过以上数据,我们能够了解:

第一,近三年收结案基本平衡。

该院近三年共结案9790件,共收案9074件,收结案基本平衡。

第二,人均结案数适中。

该院共有在岗审判员47人,人均结案数是65件/年(9213/47/3)。扣除办案数为0的审判人员10人,其余人员的人均结案数是83件/年(9213/37/3)。

结案数最多的是执二庭法官A,平均334件/年(1001/3);其次是执一庭法官A,平均290件/年(870/3)。"终结本次执行程序"的案件,造成他们的结案数猛增;再次是民二庭法官C,平均263件/年(789/3),金融借款类案件的特点造成其结案数较高。如果再扣除这三人的结案数,其余结案数非零的办案人员平均结案是64件/年[(9213-1001-870-789)/3/34]。

① 期间有个别审判人员调离样本法院,可能是上述数据不一致的主要原因。本文数据直接源于审判管理系统查询信息,与实际数据的出入忽略不计。

无论是65、83还是64，表明整体上年结案数适中。结案数最多的法官，因为案件自身的类型特点等因素，并不等于办案压力或能力。

第三，部分法官安置在非审判业务岗位。政治处、行财科、研究室和办公室各1人，共4人。近三年结案数为0。

第四，院领导近三年未承办任何案件。

院领导E，统计数据显示承办了42件案件。此42起案件均系某房地产开发商“跑路”，导致期房购买者权利不能兑现，实质工作不过是向当事人送个调解书确认当事人的债权，然后走破产还债程序。在审理程序中，文书制作等所有卷宗材料及一切手续均是院内其他科室和人员办理。在当前审理阶段并没有疑难，不需要院、庭长带头审理。因此，可以认为E也未承办什么案件。从而，近三年，该院所有院长和副院长均未承办任何案件。

第五，专委很少承办案件。

该院共专委3名，其中1名未承办任何案件；另2名，分别承办了4件和2件，数量有限。总体上，专委也未承办什么案件。

第六，该院判决书需要副院长或专委审核签发，裁定和调解书一般需庭长签发。工作机制以行政化为基本特征。这一点与我们熟知的司法行政化并无二致。

面对这样一个基层法院，我们能不能总结出它的问题，或它的“实际”是什么？笔者尝试概述如下：

其一，法官数量和配置不合理。人均结案数较低并且收结案平衡，说明法官的数量总体富余。法官不务审判(如做办公室主任的法官)；法官脱离审判一线，判者不审(比如院、庭长)，特别是院领导和专委的结案数基本是零，这充分说明了审判资源的配置存在一定问题。

其二，一线法官审者不判，司法行政化突出。比如，裁判文书的签发等工作机制的存在就表明了这一问题。

2017年1月，最高人民法院司改办主任胡仕浩接受记者采访时，就为什么要员额制给了记者如下回答：目前全国法院具有法官身份的约19.88万人，但是受制于各种历史因素和现实条件，这近20万法官中，有的虽具有法官身份但主要在行政岗位长期不办案，有的司法能力不足不能独立办案，这并不符合司法资源配置的规律要求。因此，实行法官员额制改革，就是要严格遴选优秀人员担任法官，回归法官办案本位，充实一线审判力量。[①]

就当下司法实际，实质上胡主任谈了两个问题：第一，近20万法官中，有的具有法官身份但主要在行政岗位长期不办案；第二，有的法官司法能力不足不能独立办案。前者实质即法官数量和配置问题。

上海凯源法学院季卫东教授认为"有法官资格者当中三分之二的人员是不办案的"。[②] 据此，样本法院的第一个"实际"具有普遍性。这一结论应当不需要过多论证或引证了。

那么，员额制是否符合这一实际？员额比例的确定和员额法官的遴选是不是这些问题的正确解决？一方面，样本法院法官数量"富余"，员额制就是要压缩法官数量；另一方面，员额制之所以要遴选员额法官，就是让优秀的人在一线办案，也直指不科学的法官配置。

但是，法官数量和资源配置的实质问题究竟是什么，员额制是否搞清楚了？

法官数量和资源配置均根源于中国法院的管理体制。审判员到庭长到院长均是法官，但他们的行政职务逐级提高。伴随着后者，"法官"的行政事务增多，行政管理责任变大，自身承办的案件数就越来越少。这是符合规律的一件事情。

相当一部分法官承担了行政管理方面的事务，并不是"足额"法官，自然造成法官数量虚增。比如，法官有10个精力，担任庭长后分出5个精力用于行政管理，只有5个精力承办案件。本来10个法官1年可以办理1000件案件，现在这样的法官只能办理500件。整体上人均结案数拉低，我们也就感觉法官数量"富余"。再加上某些行政职务上的法官根本不承办案件，这一问题就更为突出。最后，增加法官行政事务更大的坏处是这些行政管理职能直接针对另外的法官。不具备行政管理职能或处于较低管理层级上的法官在自身承办的案件事务上拿出相当一部分精力应付来自于别的法官的这种管理，整体上进一步内耗了法官的审判精力。所以，法官数量富余的问题根源在于法官从事了不该从事的行政管理工作，或者说就是行政和审判不分的问题。

---

① 参见网易新闻《最高院司改办主任谈员额制改革：优秀人才向审判一线流动明显》，http://news.163.com/17/0111/09/CAG5TJS9000187VE.html，最后访问日期：2017年7月26日。

② 季卫东：《法官检察官员额制是一步险棋也是一着高棋》，http://www.dffyw.com/faxuejieti/zh/201408/36748.html，最后访问日期：2017年7月26日。

因此，法官数量问题的解决其实很简单，不过是拿掉法官的“行政管理事务”，实现法官专司审判的行政和审判分离模式，即法官有10个精力就让其用10个精力去办案。这个问题解决了，我们才可以适当控制法官数量。员额制则是直接设定员额比例去“砍”法官数量，相当于“头疼医头，脚疼医脚”，看不到或者根本忽略数量多的症结所在；并且员额制后仍然保留院、庭长的法官，行政和审判依然不分，相当于治标不治本。这说明员额制对客观实际的把握很有偏差。

因为院、庭长有审判业务上的管理职能，自然应当避免外行管理内行，应当实现管理岗位法官专业知识和业务经验的相对丰富。这也是符合规律的一件事情。这决定了优势法官资源配置的非一线倾向，即越优秀越“务官不务审判”。换言之，法官资源配置也根源于当下法院管理体制。拿掉这种管理，去掉审判事务上的行政化，自然可以扭转法官资源配置的既有倾向。员额制则是先遴选员额法官，后相对改变而不是彻底改造现有的管理体制。相对于司法的客观实际仍然偏差较大。

以上说明法官数量和资源配置的问题均根源于法院的管理体制，或者说就是法院法官的工作机制。员额制显然只是表面符合实际，相对于法官数量和资源配置，并没有抓准抓牢司法实际的根本问题。

但是，很多人已经“丰富了”员额制的内涵，使对这一问题的认识较为复杂和隐蔽。比如，将员额制和工作机制的改革混为一谈，认为员额制后审判独立等工作机制变革的内容还是员额制，以工作机制改革的良性效果掩盖员额制改革的重大缺陷。

本文所称的员额制仅指员额比例的确定和员额法官的遴选。员额制是否符合实际，就是指员额比例的确定和员额法官的遴选是否符合实际，并非员额制后以审判独立为特征的工作机制的改革。

那么，先员额比例的确定和员额法官的遴选，后法官工作机制改革，不行吗？笔者认为，这一次序的颠倒是最根本的实际问题。笔者之所以认为员额制不符合实际，在很大程度上，就是因为改革不具备“机制”条件。

员额制除了无视或忽视问题的根本症结，其措施本身还存在诸多问题，简要分析如下：

（一）员额比例的确定至少存在以下问题

1. 员额比例的确定过程不符合实际。样本法院首批员额法官遴选确定的员额比例是2013年年底政法专项编制的40%。这一比例的形成，笔者认为直接源于政策或上级的规定。2016年7月18日孟建柱书记在全国司法体制改革推进会上的讲话中指出:在此基础上,如果这些地区仍存在案件多、办案人员不够的,可考虑把员额比例提高到40%左右。具体比例和基数,由各省区市司法体制改革领导小组把握。笔者认为,没有政策或上级的明确要求,样本法院不可能将员额比例确定为40%。

这一比例的形成,并非根据法院辖区经济社会发展状况、人口数量(含暂住人口)、案件数量、案件类型等基础数据,结合法院审级职能、法官工作量、审判辅助人员配置、办案保障条件等因素确定。①

即使声称根据上述因素确定,也难以说明具体的"运算关系"。比如,辖区人口数是多少万比例应当确定为40%,多少万比例应当确定为39%。"社会发展状况"是什么状况应当对应什么比例,只怕没有人能具体说清楚。总体上,根据这些因素确定员额比例缺少可操作性,或者说无法根据这些因素确定一个精确的员额比例,这一确定方法不符合实际。

2. 按照通常理解,根据具体法院的案件受案数量确定法官数量较为合理。这一方法自然需要法官的年办案标准值这一参照系数。然而,后者必然与一定的工作机制密切联系。

样本法院当前法官年均办案值无论是65、83还是64,均与当前行政化的审判体制密不可分。如果实现了法官审判独立的工作机制,假使法官的年均办案值上升到120件左右,其所需要的合理的法官数量也会减半。这一数值显然需要一个成熟稳定的工作机制为基础进行测算。然则,员额制是先员额比例的确定后审理者裁判的工作机制改革。因此,员额比例的确定脱离实际。

以上两点说明,员额制不具备由其所圈定的因素准确确定员额比例的条件,也不具备科学确定员额比例的机制条件,当前推行员额比例确定这件事脱离实际。当然这并不意味着我们确定的比例没有任何道理,也不意味着这一比例一定会完全"不适应"。这种比例的形成近似一种"估算"。其脱离实际主要体现为确定的过程,非结果的适应性。

① 参见《最高法发布全面深化人民法院改革的意见(全文)》第49条,http://news.xinhuanet.com/legal/2015-02/26/c_127520462.htm,最后访问日期:2017年7月26日。

（二）员额法官的遴选至少存在以下问题

1. 分案权对审判业绩的制约

样本法院员额法官的遴选声称要注重审判业绩的考核。但是，以样本法院审监庭法官 A 和 B 为例，近三年其结案数分别为 48 件和 7 件。形式上，法官 A 的业绩远胜于法官 B。如果注重审判业绩的考核，同等条件下，法官 A 应优先入额。但是，法官 A 是审监庭庭长，有分案权。其之所以有胜于 B 的业绩是因为其有 B 没有的分案权。如果分案权在法官 B 手里，则近三年两者的审判业绩可能就不是这么个状态。因此，审判业绩深受分案权的影响。

2. 不同的庭室对审判业绩的影响

样本法院派出法庭 A 近三年共收案 1469 件，同期派出法庭 C 收案是 683 件，年均差额 262 件。[①] 如果派出法庭 C 的法官 B 业务能力很强，其有可能每年会有几个月的时间无案可办。其无案可办时，并没有制度或措施将派出法庭 A 的案件分给其承办。那么，法官 B 的审判业绩将受制于所在庭室的总案件数而不得增长。最终法官 B 的审判业绩与另一派出法庭同等条件下法官的审判业绩相比也会处于劣势。这种差别并不反映法官个体能力或效率上的不同。因此，审判业绩还受制于所在庭室的总案件数。

3. 不同案件类型对审判业绩的影响

样本法院执二庭法官 A、民二庭法官 C、行政庭法官 B 近三年的审判业绩分别是 1001 件、789 件、125 件。如果倚重审判业绩的考核，能否认为同等条件下法官 A、法官 C 应优先入额。这种主要基于案件类型自身的特点产生的业绩差距，也缺少可比性。

4. 不同审判组织对审判业绩的影响

审判业绩的统计还存在口径或标准的问题。比如，合议庭有法官 3 人组成，共审理 1 件案件，则每位法官的业绩是不是均增加 1 件？有的法官审判业绩就是将自己承办或参与审理的案件均统计为业绩。这种业绩与独任法官所产生的业绩，也缺少可比性。

5. 岗位配置对审判业绩的影响

样本法院政治处、行财科、研究室和办公室四位法官的审判业绩均是零。这

① 数据源于样本法院审判管理系统查询结果。

种业绩显然与他们的岗位有密切关系。他们之所以在这个岗位应当认为主要是院里的人事管理。所以,岗位配置对审判业绩也有显著影响。

以上几点说明,员额制注重审判业绩考核是对的。但是,审判业绩具有可比性需要满足一定条件。只有岗位配置到位,案件总数应有尽有,分案机会平等,案件类型相近,审判组织同一,每位法官均能够"开足马力"办案时,审判业绩才具有一定的可比性,才能够反映出不同法官的业务能力和效率等问题,从而成为员额法官遴选的正确根据。现实的审判业绩并不具备这样的条件。故,注重审判业绩考核的员额制遴选还是不同程度脱离实际。

从样本法院情况分析,员额比例的确定和员额法官的遴选均难说是符合实际的事情。因此,员额制不只是非解决实际问题的切题之举,措施本身上也算是脱离实际的产物。

综上,从样本法院这个实际出发,难以实现员额制十几年的改革目标。[①] 如果不能有效解决样本法院的基本问题,再宏观的改革也难以取得微观实效。员额制与正确改革的序位本身就是是否符合实际的重要方面。员额制的基本措施更难说是符合实际的产物。因此,基于对样本法院的微观洞察,笔者认为当下员额制脱离客观实际。

三、员额制的价值及其理论分析

本文员额制的价值主要探讨员额制目的和手段以及两者之间的辩证关系。如果员额制改革是一次航行,水域是它的实际,员额制的目的和手段所构成的制度本身就好比是船,这就是它的价值。相对于员额制的实际,它属于改革的主观部分,堪称制度的"自我"。

简单地说一项改革"想什么"和"采取什么措施"是认识改革的基本问题。南辕北辙的故事告诉我们,仅凭马快车好就指望北驶南达不现实。一件事能不能成功也并非一定要看到最后,南辕北辙这样的事情,分析其目标和措施就一目了

① 法官员额制最早出现于1999年最高人民法院印发的《人民法院五年改革纲要(1999—2003)》中。2005年,"二五改革纲要"提出:研究制定各级人民法院员额比例方案。2009年,"三五改革纲要"提出法官员额制的逐步实施计划。2015年,"四五改革纲要"提出法官员额制完成的时间节点是2017年年底。参见戴传利:《论我国法官员额制改革困境与出路》,载《江淮论坛》2016年第3期。

然。员额制自身也可以通过目的和手段之间的辩证关系进行分析。当然，首先要清楚员额制究竟在"想什么"。

员额制的目的（可以稍微拓展包括对员额制实际作用的认识），可谓仁者见仁，智者见智。比如，"实行法官员额制的主要目的是实现真正的法官职业化"[①]；员额制改革的理想愿景包括减量和增量两个方面：减量是去行政化干扰，增量是实现法官"三化"[②]；"是建立以法官为核心的人员分类管理制度，进一步提高法官素质能力，优化人力司法资源配置的重要措施，在整个司法改革中处于非常重要的位置"；[③]法官员额制改革作为本轮司法改革的突破口，"其核心价值在于推进正规化、职业化、精英化的法官队伍建设"；法官员额制是新一轮司法改革中建立司法人员分类管理制度、健全法官职业保障制度的重要改革措施。因此，法官员额制的核心价值就在于建立职业化的法官队伍，为实现司法公正提供人力资源方面的保证[④]。

上述学界观点，主要集中在人力资源的配置和法官的"三化"，整体上与此轮司法改革的基本文件或官方口径吻合。还有观点认为员额制是为了提高法官待遇[⑤]，以及法官员额制在未来的实践中，应当将改革重心放在去"行政化"的核心目标上，处理法官员额的稀缺性与开放性、法官身份的终身性与流动性的矛盾，逐步实现人员身份安排上"行政管理/案件审判"的分离模式。[⑥]

基于学界和实务界关于员额制目的的上述认识，笔者从当前和既往的员额制以及将来员额制的不同维度厘定这一改革目的并加以分析。前者主要是此轮司法改革的基本文件、孟建柱书记的重要讲话、季卫东教授的演讲所提出的员额制改革目的；后者主要是丰霏教授在《法官员额制的改革目标与策略》一文中表述的员额制改革目的。

（一）基本文件所规定的员额制改革目的及措施分析

"四五改革纲要"提出：建立法官员额制，对法官在编制限额内实行员额管

---

① 邸洪旗：《实现法官员额制的法理思考》，载《学理论》2015年第22期。

② 戴传利：《论我国法官员额制改革困境与出路》，载《江淮论坛》2016年第3期。

③ 石东洋、翟婷、王艳：《法官员额制改革的调查研究》，载《党政视野》2016年第4期。

④ 范明志：《法官员额制的核心价值》，载《人民法院报》2014年11月10日第2版。

⑤ 季卫东：《法官检察官员额制是一步险棋也是一着高棋》，http://www.dffyw.com/faxuejieti/zh/201408/36748.html，最后访问日期：2017年7月26日。

⑥ 丰霏：《法官员额制的改革目标与策略》，载《当代法学》2015年第5期。

理，确保法官主要集中在审判一线，高素质人才能够充实到审判一线。

修正后的"四五改革纲要"，即《意见》是此轮司法改革的基本文件。《意见》第49条在提出了如何确定法官员额，如何实行员额动态调整机制后，提出确保优秀法官留在审判一线。

从"四五改革纲要"和《意见》分析，员额制改革的目的应当是充实审判一线的审判资源。"确保法官主要集中在审判一线"，显然反对法官从审判一线脱离，也就是让法官留在审判一线，从而充实审判一线的审判人员。"高素质人才能够充实到审判一线"，是要充实审判一线的审判资源；"确保优秀法官留在审判一线"，也是要充实一线的审判资源。

因此，此轮司法改革的基本文件所规定的员额制就是要充实一线审判资源，要让审判一线成为审判人才和优势审判资源的聚集地。这是员额制在基本文件中明确表明意欲实现或达到的实际状态，也就是员额制"想什么"的基本问题。

为了进一步澄清其想法，我们自然会想到：什么是"审判一线"？否则，"充实审判一线"要充实哪里并不清楚。延安市中级人民法院院长冯迎春接受《法制日报》记者采访时称：所谓"一线"，就是指案件发生的第一地点、矛盾化解的第一环节、法院工作的第一前沿。①

"法院工作的第一前沿"可以理解为"审判一线"。然则，还是不够清晰。特别是将法官充实至审判一线，显然是指法院内部还有二线三线等之区别和划分。在人民法院内部，到底应该怎么理解"审判一线"？

笔者认为，正是因为法官群体内部存在院、庭长之类的管理，我们才能分出审判一线和二三线。普通法官所处的位置是审判一线，庭长所处位置是审判二线，对庭长进行管理的分管院长处于审判三线。如果没有这种管理，将没有案件事务上的分工和审判一二线等的划分。这种管理实质就是司法内部行政化。因此，也可以认为，正是因为司法行政化，审判事务存在院、庭长对普通法官的把关，才能形成一二三线的现实存在。

基于这种理解，将优势审判资源充实至"审判一线"，想当然的意思是第一手审判工作是高素质的审判人才，第二手和第三手对同一审判事务的处理则是"次

---

① 台建林：《延安两级法院"一线审判模式"调查》，载《法制日报》2013年11月26日第4版。

素质"的审判人才。这是相当悖逆的一件事情。因为,要对别人的案件进行"把关",必须有不低于初次处理者的审判素质。审判工作根本不需要素质递减的人逐级"把关"。如果这样理解,优势审判资源必须配置在审判二线和三线,以对一线的审判事务进行掌控。《意见》或"四五改革纲要"的基本思路就很有问题。

但是,"进步"的法官总是提拔为院、庭长,从而脱离审判一线,务官不务审判以及"审者不判,判者不审",一线法官审判事务的行政化、案件责任的混沌化等诸多实际问题较为普遍。所以,审判资源配置在二三线也甚为不当。员额制意欲优秀审判资源充实一线的改革目标从更根本和较长远的层面进行分析相当正确。既然如此,在理想和现实之间,我们应该怎么做(措施)?

既然目前工作机制"自然要求"审判优势资源二三线配置,我们追求审判资源一线配置,根本途径自然是变革法官工作机制。基于员额制的这一目的,其措施自然是废除层层把关的工作机制,实现"审理者裁判,裁判者负责"的实际状态。如此,审判资源自然能够向一线充实。这一目标实现的根本途径就是变革法院的管理体制,或者说就是打造"审理者裁判"的工作机制。

持充实一线审判资源之目的,采员额比例的确定和员额法官的遴选等措施,缺少道理。员额制在"想什么"和"采取什么"的简单分析中已经产生问题。

然则,有人可能疑问:就算资源配置之不合理的根本原因在法官工作机制,何以见得必须打造"审理者裁判"的工作机制以及这一机制当前有没有可行性?这些也都关联着员额制的正确措施以及其当前措施的正当性。

现有工作机制是把关机制;否定之,自然是"审理者裁判"的不把关机制。在两者之间,有没有既把关又不把关的"中间机制"?顾培东教授认为,一线办案法官的权力和责任应尽可能扩大和强化,但"法官独立"不是我国法院改革与发展的方向。①

笔者认为这就是"中间机制"。那么,"中间机制"行不行呢?顾教授认为:制约和影响人民法院审判工作的主要问题不是"行政化",而是审判权运行秩序的紊乱。长期以来,法院内独任法官、合议庭、庭长、院长以及审委会各自的职责范围、相互间的权力边界等在制度上和实践中都不够明确和统一。②

① 顾培东:《再论人民法院审判权运行机制的构建》,载《中国法学》2014 年第 5 期。
② 顾培东:《再论人民法院审判权运行机制的构建》,载《中国法学》2014 年第 5 期。

换言之,旧机制的问题不过是权力和责任不清,只要正确科学的厘定权力和责任即可,无须根本取消把关制。这一问题从理论分析似乎如此。但笔者认为不然。顾教授在该文“新机制下审判权运行状况的描述”部分为我们展现了理想的“中间机制”图景。笔者简要分析如下:

在顾教授的“图景”中,独任法官和合议庭可以径行裁判的案件,应当在内网放置五个工作日。院、庭长有不同意见可以向合议庭和独任法官提出。院、庭长以及审判长联席会议或专业法官会议的意见仅供独任法官和合议庭参考。[①]

这个图景的实质是审判权放给审理者,但是辅以别人的意见供其裁判的正确性。相对于纯粹的“审理者裁判”,多了个“插曲”,即院、庭长应当提供参考意见供其衡量裁判正确性。当然院、庭长如果不提意见,这个插曲就和没有一样。因此,以院、庭长“有”意见为基本状态。

如果这种“意见”虽有,但不够具体或缺少针对性,必缺少辅以正确的参考价值。如果能够具体和有很强的针对性,则提意见者必须像审理者一样深入案件的细节,这自然需要较多的时间和精力。那么,院、庭长是否愿意并且有没有时间和精力提供这种意见?大概还关联到另一个问题,即提意见者有没有案件责任?

按说因为意见仅供参考应该没有责任。但是,在顾教授的理想图景中,为了避免提意见者不提意见或所提意见没有参考价值,让“插曲”没有实际意义,提意见者必须有责任。该提的意见没提,应与案件承办人连带或按份承担一定责任。

有了责任以后,势必要求提意见者详细审阅每一起案件。实质上,无论是旧机制下,还是顾教授的理想图景中,作为把关者或提意见者都不可能详细审阅每一个供其把关或提意见的案件。

尽管阅卷、观看庭审视频等掌握案件裁判所需信息并不能说就是违背“亲历性”,[②]但是真正能对别人亲历的案件提出正确的意见或看法,必须深入案件细节达到与审理者差不多的“亲历”状态。要求院、庭长对法官审理的每一起案件在时间和精力上达到这种状态的投入,相对于案件的实际数量,根本不现实。以样本法院为例,院本部民一、民二、民三、行政庭和刑庭五个庭室近三年共审结案

① 顾培东:《再论人民法院审判权运行机制的构建》,载《中国法学》2014年第5期。

② 顾培东:《再论人民法院审判权运行机制的构建》,载《中国法学》2014年第5期。

件 4161 件，庭长结案 760 件，非庭长结案 3401 件。如果庭长结了自己的 760 件，再对他人办理的 3401 件详细审阅，根本不现实。从而，另外的 3401 件中的任何一件如果有问题让其承担连带或按份的案件责任也并不合理。

这就是实际问题导致的“死棋”：给其责任，等于强行要求其将别人审的每一个案件都再审一遍，这件事不现实，故行不通；不给其责任，就难以形成正确的把关或提出正确的意见，进而或者干扰他人办案或者怠于行使自己的职责，问题很多。

这个问题的无解，等于提意见辅以正确裁判的思路落空，“插曲”难以立足，中间机制只能归于彻底的审判独立，从而法官独立必能成为法院改革的方向。

假设顾教授对上述问题有解，能够厘定提意见者与审理者之间的按份或连带的具体责任以解决既往责任不清的顽症，并且院、庭长也具备为他人审理的每一个案件正确提意见的现实条件，这就是一个科学的把关机制。只在目前院、庭长的把关机制中植入这一科学因子就可。“中间机制”必能归于把关机制。但是，笔者认为上述问题无解——基于案件数量的庞大，要求院、庭长对法官审理的每一起案件详细审阅并不现实。因此，不可能既解决现存问题又保留把关机制。但在理论上可以论证没有“中间机制”。

因此，员额制充实一线审判资源，非但必须打破现有的把关机制，并且之后必是法官独立的工作机制，没有中间路线可走。

但是，我们还存在主观担忧，如当下法官的素质是否胜任审判独立的工作机制，腐败会不会反弹。这些仍然关联着员额制手段的正确性。如果法官的素质不胜任审判独立的工作机制或者腐败会反弹，自然不能首先打造“审理者裁判”的工作机制。

河南省高级人民法院院长张立勇接受《法制日报》记者采访时坦陈，法官自身素质也是阻碍法官依法独立审判的重要因素。① 北京大学傅郁林教授认为，面对种种现实，谁也不敢冒险，而且也没有充分根据可以冒险，让社会去承担审判权完全下放给法官之后可能出现短期的、局部的错案和腐败不降反升的代价。②

① 邓红阳、赵红旗：《独立行使审判权挑战法官自身素质》，载《法制日报》2013 年 11 月 25 日第 5 版。

② 傅郁林：《司法责任制的重心是职责界分》，载《中国法律评论》2015 年第 4 期。

笔者就素质和腐败两个问题再简要分析如下：

第一，认为法官的素质构成审判独立工作机制的障碍，其实并没有真正把握当下法院的实际。法官群体中确有一部分连独立承办案件的能力都没有，显然不适应审判独立的工作机制。但是，这样的法官基本不处在审判一线或者虽在一线但不办案。样本法院审监庭C法官，虽有审判员身份，但是平时并不承办案件，即属此类。这样的法官虽有，但不在审判一线，或不承办案件，显然不构成工作机制改革的素质障碍。这一改革是让一线承办案件的法官获得独立审判的工作机制，不是让所有法官均去独立承办案件。因此，先工作机制改革并不受制于部分法官低素质的制约。这是与主观想象并不一致的实际问题。

退一步讲，如果认为法官素质不适应，是指在审判一线的大部分办案法官。员额制也并没有创造出新的素质条件——从样本法院看，经过遴选入额的法官，还是原审判一线的大部分法官，并没有超出这一群体的基本属性和总体素质。所谓遴选，并没有为审判独立的工作机制准备或创造新的素质条件。

因此，法官中极少数专业素养极其欠缺的人，不构成先工作机制改革的障碍，不必要首先员额制。员额制也并没有创造出新的素质条件，先员额制没有意义。基于当下法官素质放弃审判独立工作机制先员额制，属于员额制措施上的折腾。

第二，审判独立的工作机制改革为什么不会出现短期腐败反弹。这一工作机制自然是对一线办案法官放权。北京大学傅郁林教授所认为的“审判权完全下放给法官之后可能出现短期的、局部的错案和腐败不降反升”的情况会不会出现？

笔者认为这种担心也有问题。从司法腐败的角度分析，如果腐败是我们的敌人，我们希望“敌人”团结起来还是瓦解它？自然是瓦解它。审判权不下放意味着腐败的“集体模式”，实质是让腐败“团结”起来；下放，由于审判责任的独立，腐败成为“个体模式”，实质是让腐败“瓦解”。如果认为没有了院、庭长把关的工作模式，腐败会上升，必须基于一个前提，即所有一线法官都想腐败，所有二三线法官均不腐败。只有在这种情况下，取消把关机制走向审判独立才会造成腐败上升。这显然不符合实际。实际情况是，在不放权的旧机制下，不想腐败的法官根本无法生存。来自于权力的“管理”，会成为腐败意见最终成为裁判意见的有力方式和手段。如果法官不能领会或接受这种意见，不但此案难以成行，他案也要受影响，整个人都会被排挤，这是非常坏又非常容易滋生的一件事情。将审判权彻底下放，首先是解放一部分不想腐败的法官。因而，最有可能基于责任的清晰，一部分人（院、庭长）不敢腐败；同时，基于权力的清晰，一部分人（一线法官）敢于“不腐败”。整体上，腐败不会上升。旧机制上不腐败的院、庭长，审判独立后自然不容易腐败；旧机制上腐败的院、庭长，审判独立后只能自己腐败，不能影响他人。而且，自己不审，不署名却可以管着审案和署名人的隐蔽腐败方式受到摧残，腐败自然不会上升；旧机制上想腐败的一线办案法官，之所以敢腐败，多是因为与院、庭长关系融洽，个人腐败容易转化成集体腐败；审判独立后，没有人“保护”，更有可能收敛。旧机制上不想腐败的一线法官，在机制解放后，会成为更加出色的清廉法官。所以，傅教授认为腐败会上升，笔者认为其观点实际根据很不充分。

此外，傅教授也认为“司法责任制的重心是职责界分”。职责界分必须依托工作机制的调整：事权决定了事责，没有事权的清晰划分，不可能有事责的一清二白。事权的厘定就是工作机制的改革。因此，终究要回归到“审理者裁判”的工作机制上去。

综上，从《意见》规定出发，员额制的目的显然是要充实一线审判资源。为此，其措施自然是抓住工作机制改革的关键，并置于首要位置。这一符合目的的正确措施实质就是打造“审理者裁判”的工作机制。这一措施没有“中间机制”可走，也没有法官素质的实际障碍和短期内的错案或腐败会上升的现实根据。不需要员额制先去准备或创造素质条件，实际上员额制也做不到这一条件。相对于这样的目的以及实现它的正确措施，员额比例的确定和员额法官的遴选暴露出的基本问题是员额制在措施和手段上折腾。

（二）孟建柱书记讲话中谈到的员额制改革目的及措施分析

孟建柱书记指出，员额制是按司法规律配置司法人力资源、实现法官检察官正规化专业化职业化的重要制度，是司法责任制的基石，[①]关系到此轮司法改革

① 孟建柱：《“员额制”关系到司法体制改革成败》，载《北京青年报》2015年4月18日第A03版。

的成败。① 这是基本文件外,党和国家领导人的讲话中所表达的员额制改革目的或意义,很有研究价值。基于此,笔者将从研究的层面对孟书记上述讲话提到的员额制改革目的作出分析:

1. 员额制与按司法规律配置司法人力资源

样本法院目前审判事务以院、庭长的领导或把关为基本模式。按司法规律配置司法人力资源,应当将司法人才配置在审判一线还是二三线?显然都不是。工作机制不变,即使有优秀法官也无法科学配置。有了"审理者裁判"的工作机制,才可以将司法人力资源科学配置在审判一线,后者是实现这一目标的重要制度。员额比例的确定和员额法官的遴选为基本特征的员额制,并不是按司法规律配置司法人力资源的重要制度。

2. 员额制与法官正规化专业化职业化的改革目标

审判事务存在一二三线法官不同分工的情况下,怎么确立法官的正规化专业化职业化(简称"三化")?纵使遴选出符合"三化"要求的法官,放在审判一线,却定不了案——其"三化"是否会被不正确的工作机制悉数抹杀掉,成为不正规、不专业和不职业的法官?放在二三线,不亲自审理案件,是否能成为真正"三化"法官?工作机制不改革,就是遴选出正确的法官,也无法实现"三化"。

首先要求"审理者裁判"的工作机制。这是法官"三化"的重要制度。从样本法院看,不能认为"集体投票"产生几个法官人选就是法官的"三化"。员额制并不是法官"三化"的重要制度。

3. 员额制与司法责任制的改革目的

"让审理者裁判、由裁判者负责"是一种最基本的权责统一的司法认识。既往责任不清又是怎么产生的呢?一线法官审案,二三线法官判案,审者不判,判者不审。最终,名义上的审理者,虽然是裁判文书的署名者,却没有实质上的决策权。这一权力由二三线法官行使。但是,他们又不是案件的审理者,不需要对案件负责或不需要负全责。这就造成案件责任由一线法官负责的不正当性以及由二三线法官负责也不完全正当的不科学责任状态。

---

① 孟建柱:《"员额制"关系到司法体制改革成败》,载《北京青年报》2015年4月18日第A03版。文中提到,必须下决心实行法官、检察官员额制改革,敢于动真碰硬,有效改变法官、检察官素质良莠不齐的状况,真正让素质高的人进入员额,让高素质的人在一线办案。从这个意义上讲,员额制关系到这轮司法体制改革的成败,必须坚定不移地按照中央要求推进。

确定“审理者裁判”这一权力的正确配置，落实“裁判者负责”这一责任的正确状态，根本需求仍是工作机制的变革。必须根本推翻一二三线法官的既往分工和事务状态，才能真正落实司法责任制。员额比例高点儿或低点儿，都可以落实司法责任制；员额法官是否遴选并不影响落实司法责任制。只要有“审理者裁判”的工作机制，就可以落实司法责任制，根本无涉员额制。

综上，员额制显然“不是”按司法规律配置司法人力资源、实现法官检察官正规化专业化职业化的重要制度，“不是”司法责任制的基石。

孟建柱书记进一步指出：真正让素质高的人进入员额，让高素质的人在一线办案。从这个意义上讲，员额制关系到这轮司法体制改革的成败，必须坚定不移地按照中央要求推进。① 这里提到让“高素质的人”在一线办案，其基本问题是“工作机制”首先符合这一要求。倘若一线法官在审判事务上深受二三线法官制约，高素质的人怎么可能或有什么必要一线办案？从这个意义上讲，员额制“并非”关系到此轮司法体制改革的成败。这个成败的关键是“审理者裁判”的工作机制。

最高人民法院司改办主任胡仕浩认为：员额制，它的核心是要解决法官履行职务的特殊性，就是司法人员职业化、专业化以及精英化的问题，它必须要解决我们目前面临的有一部分法官不在审判岗位，有一部分法官由于种种原因不能完全在一线办案，同时案件量不断增长这样一个客观的矛盾。② 这也是员额制较有权威的官方解释。胡主任在这里提到的法官职业化问题，法官不在审判岗位和不能完全在一线办案的问题，究其实质都是根源于工作机制的问题。这些问题的根本解决均需要“审理者裁判”的工作机制。后者将为法官职业化专业化等创造基本条件，将为法官不在审判岗位和不能完全在一线办案问题提供解决的基本平台。

综上，从孟建柱书记的讲话所表明的改革目的分析，员额制持此目的应全力打造“审理者裁判”的工作机制。“想要的”与其“正干的”南辕北辙，基本问题仍

---

① 孟建柱：《“员额制”关系到司法体制改革成败》，载《北京青年报》2015年4月18日第A03版。

② 参见超律志：《全文实录：最高人民法院举办〈中国法院的司法改革〉(白皮书)新闻发布会》，http://blog.sina.com.cn/s/blog_516ffa8a0102wxji.html，最后访问日期：2017年7月26日。

然是措施或手段上折腾。

(三)季卫东教授关于员额制改革的目的或必要性的阐释以及措施分析

上海交通大学凯原法学院院长季卫东教授曾在演讲中指出员额制的功用是为提高法官待遇。季教授认为:以中国法官、检察官队伍庞大、参差不齐的现状,作为改革诱因的提高待遇,作为改革目标的司法独立,其实根本就无法推动。①

在提升法官待遇方面,季教授认为:如果利益均沾,每人工资涨几百元,基本上改变不了什么。为此必须优中选优,以便给特殊待遇一个有说服力的理由。②换言之,在季教授看来,中国法官的数量太多了,况且三分之二的法官不办案。为了提高法官待遇,如果平均提高,每人涨几百元,很不过瘾。必须优中选优,以便给特殊待遇一个有说服力的理由。

从样本法院观察,员额制遴选已经基本沦为"集体投票"。"投投票"就可以决定一些法官能不能入额,如此诞生的员额法官享受优渥待遇是否具有说服力?

再分析一下季教授的"逻辑前提"——以中国法官、检察官队伍庞大、参差不齐的现状,作为改革诱因的提高待遇,作为改革目标的司法独立,其实根本就无法推动。

作为改革目标的司法独立为什么"无法推动"?中国法官虽然队伍庞大,素质参差不齐,但审判独立还是可以推动的。实质就是变革审判不独立的工作机制。我们用推员额制那么多牛顿的力来推法院内部工作机制改革,完全可以推动。"审理者裁判"的工作机制不就是审判独立吗?我国语境下所谓的司法独立,其最牢固的基石难道不是"审理者"裁判的法官工作机制?这是根本缔造和保证"审理者裁判"的基本条件。后者又是中国语境下司法独立的基本内核或最正确的独立单元。司法独立根本推不动是根本不能理解的事情。

法官素质的参差不齐,前已分析,他们基本不在审判一线或者在审判一线但不办案,不构成工作机制变革的"素质"障碍。

因此,不说待遇能不能提高,但说司法独立因为法官队伍的庞大和参差不齐就推不动,很有问题。这直接影响了将员额制作为提高待遇之"曲线方式"的正

---

① 季卫东:《法官检察官员额制是一步险棋也是一着高棋》,http://www.dffyw.com/faxuejieti/zh/201408/36748.html,最后访问日期:2017年7月26日。

② 季卫东:《法官检察官员额制是一步险棋也是一着高棋》,http://www.dffyw.com/faxuejieti/zh/201408/36748.html,最后访问日期:2017年7月26日。

确性。先打造“审理者裁判”的工作机制，基于工作机制改革创造的有利条件，后谋求法官待遇的提高完全可行。季教授的观点虽然对员额制正确性的辅强有较强的思辨色彩，却不能让员额制真正正确起来。

以上分析说明，无论是优化一线审判资源还是法官的“三化”或者司法责任制的落实以及提高法官待遇这样简单的想法。所有这些目的，在措施上均明确要求“审理者裁判”的法官工作机制。员额制想要的与在做的脱节，基本问题是措施或手段上折腾。

(四)员额制未来实践的目的及其分析

丰霏教授认为，“在历经 15 年司法改革的今天，法官员额制的改革实践要从传统‘三化’对人员素质与司法效率的目标中解放出来，将对人员身份和司法权威的追求作为进一步改革实践的方向”①。

这显然是探讨员额制未来的目的。或者，以后法官员额制应当持什么样的追求。需要说明的是，上述观点中的员额制并非本文中的“员额制”。它是一个较为宽泛的员额制——从一个不准确的概念所能涵盖的宽泛事物出发，自然横竖都对。

抛开单纯文字表述问题，我们再分析一下丰霏教授此文中员额制的改革目标：“法官员额制的真正目标不应当局限于准入机制对法官素质的筛选和对司法能力的提升，而在于员额身份机制对法官积极性的调动和对司法活力的激励。”②

如果“法官积极性的调动”和“司法活力的激励”是员额制未来的目标，更应该意识到：工作机制的调整是最能调动法官积极性和激活司法活力的根本手段。

员额比例的确定和员额法官的遴选挫伤了多少法官的积极性和窒息了多少司法活力，将在后文略作分析。单纯从这一“目标”出发，其要求的正确措施还是“审理者裁判”的工作机制。员额制(本文所指)未来持此目的，其基本问题还是措施或手段上折腾。

丰霏教授同时认为法官员额制在未来的实践中，应当将改革重心放在去“行政化”的核心目标上，处理法官员额的稀缺性与开放性、法官身份的终身性与流

① 丰霏：《法官员额制的改革目标与策略》，载《当代法学》2015 年第 5 期。

② 丰霏：《法官员额制的改革目标与策略》，载《当代法学》2015 年第 5 期。

动性的矛盾，逐步实现人员身份安排上“行政管理/案件审判”的分离模式。①

这里“去行政化”的核心目标，已经回归到措施的根本需求上。人民法院内部“去行政化”最核心的问题就是去“审判事务上”的行政化。为此，自然应打造“审理者”裁判的工作机制。“审理者裁判”就是根本实现“去行政化”的核心目标。

所谓“行政管理/案件审判”的分离模式，措施要求上仍然无法偏离工作机制的调整。以“审理者裁判”工作机制为核心，适当调整行政管理机制与之相适应，就能实现法院内部“行政管理/案件审判”的分离模式。法院内部工作机制的正确调整，是人员身份安排正确调整的基础。最终为人员分类管理，或者人员身份“行政和审判”分离创造有利条件。

即使员额制未来持丰霏教授该文所述目的，依然不能解决员额制的基本问题。相对于“未来”的目标，打造“审理者裁判”的工作机制仍然是关键和核心。员额制的基本问题还是措施或手段上折腾。

丰霏教授所谓将改革重心放在去“行政化”的核心目标上——在笔者看来——实质就是指出了“审理者裁判”工作机制改革的核心地位。因为，后者的基本要求或根本特征都是“去行政化”。

既然需要“去行政化”这个核心，为什么偏要搞员额制改革？我们不惜丰富它的目标、扩大它的内涵、模糊它的正确性，却不愿意指出员额比例的确定和员额法官的遴选才是真正的员额制，以及措施与目标之间的巨大差距。这种“非员额制不娶”“非员额制不改革”情结究竟是对员额制的钟爱，还是中国司法实际的真正需要？

综上，无论就过去现在的员额制目标，还是就丰霏教授文中提出的将来员额制的目标，员额制的措施与所持目标均不匹配。所有这些目标，均要求“审理者裁判”的工作机制。使用手段与目的上的不匹配，不得不说严重贬低了员额制应有的重要价值，使其不得不沦为折腾和不解决既定问题为基本特征的制度。

四、员额制实践效果及调整建议

从样本法院观察，员额制“推开”至少存在以下问题：

① 丰霏：《法官员额制的改革目标与策略》，载《当代法学》2015年第5期。

（一）没有根本充实一线审判资源

1. 非一线法官充实一线审判资源的作用分析

非一线法官主要指院、庭长。是否充实了一线审判资源，先看院、庭长。样本法院已经入额的副院长、院长、业务庭长、审委会委员均保留原行政职务，入额后年办案数量有明确要求。① 如果这就是员额制对一线审判资源的充实，直接规定院、庭长年结案数不就得了。

如果不是，院、庭长入额还担任院、庭长职务，不能成为纯粹员额法官，显然起不到根本充实一线审判资源的效果。员额制以前，"进步"的法官担任院、庭长，忙于行政职务包含的工作内容，不同程度脱离审判一线，基本问题也是如此。这是员额制指向的根本症结，以及应改变的基本现状。入额法官继续做院、庭长，又是旧症状的基本沿袭和继续存在，相对于改革前没有根本变化，起不到充实一线审判资源的根本效果。

具有审判资格的非业务部门中层正职，可以入额，并且理论上应当是审判资源的一线回归。样本法院观察，首批员额法官遴选办公室主任、政治处主任均直接淘汰出局，根本入不了额。研究室主任虽可入额，但研究室可以保留员额法官，入额后还务研究室的主业。从实践看，员额制对非业务部门中层正职资源优化的意义也非常有限。

即使现在的院、庭长退休了，将来的院、庭长还要从员额法官中产生，还要分散一线审判资源，并未形成解决问题的根本机制。

员额制借助办案数量的规定，可以一定程度实现整合一线审判资源的效果，却不是问题的根本解决。

这一问题又是怎么产生的呢？既设定员额比例又遴选员额法官，为什么实现不了根本充实一线审判资源的效果？因为上述措施未根本触及现有审判体制。"审理者裁判"的工作机制是主要矛盾。用员额制替换"工作机制"，必然产生虽是正确方向上，却又不够彻底、成效不大的改革。

最高人民法院司法改革办公室马渊杰在《坚持司法责任制下放权与控权的统一》一文中认为，基于当下司法公信力状况，社会各界、各阶层、各级领导对于法官

① 最高人民法院《关于加强各级人民法院院、庭长办理案件工作的意见》（法发〔2017〕10 号）于 2017 年 5 月 1 日起试行，对此也作了明确规定。

独立审判案件的普遍"不放心",以及当前我国司法人员能力素质的现实,"不能过度依赖于事后监督和追责,还需兼顾必要的事前、事中的审判管理监督"。①

这就是偏离改革中心的问题意识。应当把握审理者裁判这一工作机制,不是"放权"这一权力的落置。放权不能认为是院、庭长权力"下放"给法官,应当理解为打造"审理者裁判"的工作机制。因为院、庭长本身也可以成为审理者,需要被"赋权"。"控权"不能单纯认为就是对权力的控制。不依托一定工作机制,控权无从谈起,更不要说实际效果。这一问题的复杂性或采取措施实效的卑微性,均根源于工作机制。放权和控权并不是问题焦点。抓不住关键,注意力集中在这样一些问题,相对于改革大盘,好比关键棋子不动,外围棋子走好几步,看不到决胜局面理所当然。

综上,员额制对院领导及法院中层正职等非一线法官审判资源一线回归的意义非常有限。相对于历史,缺少根本转变,与改革目的相去很远。根本原因则是员额比例的确定、员额法官的遴选以及放权等问题和措施一直没有抓住关键。

2. 一线法官充实一线审判资源的作用分析

一线办案法官原本就在一线办案,入额的一线办案法官,算不上一线审判资源的充实。未入额的原一线办案法官,则基本属于一线审判资源的损失。又包括流失或"贬值"两种情况:流失是指离开审判一线,甚至辞去公职;"贬值"是指工作积极性受挫,造成审判资源质上的走低。

综上,从业务部门的院、庭长到非业务部门的中层正职到一线法官,员额制推开后,并没有根本实现审判资源回归一线的改革效果。根本实现这一目的,需打造"审理者裁判"的工作机制,推进"审理者"审判岗位的纯粹化②,"行政管理/案件审判"分离③。其实质是舍员额制手段,达员额制目的。

(二)其他弊端及调整建议

除了不能根本实现充实一线审判资源的既定目标,员额制还广泛存在诸多问题:

---

① 马渊杰:《坚持司法责任制下放权与控权的统一》,载《人民法院报》2016年12月6日第8版。

② 参见《审判权运行机制改革的几许思考》,http://fazhi1234.fyfz.cn/b/811012,最后访问日期:2017年7月26日。

③ 丰霏:《法官员额制的改革目标与策略》,载《当代法学》2015年第5期。

1. 考核的问题分析

样本法院员额法官遴选有三种方式:确认入额、考核入额、考试+考核入额。

院长经省法官遴选委员会确认,直接计入法官员额;分管办案工作的党组副书记、副院长、其他党组成员、执行局长、审判委员会专职委员采取考核方式遴选入额;其他人员则通过"考试+考核"的方式遴选入额。有观点认为,"把法官分成三六九等并按照不同标准进行员额选任,不仅会造成法官选任标准上的混乱,而且会加剧人们对公平性的担忧"。①

"考试+考核"中考试占30分,就是写一份裁判文书。考试的问题缺少研究素材,而且分值较低,笔者不作分析。

考核又分为民主测评(30分)和业绩考核(40分)。民主测评采无记名投票方式。由全体在编人员对入额人选综合评价,分为优秀、良好、合格、不合格四个等级,分别赋分100分、80分、60分、40分。测评票分为A、B、C三类,其中,院党组成员为A票,占30%权重;中层正职和科级干部为B票,占30%权重;其他人员为C票,占40%权重。

民主测评的主观性难免损害入额标准的客观性。三类选票的划分,加大了院、庭长的权重,又损害了民主测评的公平性。大部分院、庭长本身也是"被测评者"。这种权重的倾斜,至少在形式上威胁了入额公平性。

业绩考核,实质也是民主测评。由报名人员撰写近三年的述职报告,进行公示。全体在编人员根据述职报告,结合平时了解的情况进行打分,分为优秀、称职、基本称职、不称职四个等次,分别赋分100分、80分、60分、40分。选票同样分为A、B、C三类。计分方法与民主测评相同。从具体方式看,所谓的业绩考核也是集体投票,与民主测评并无二致,同样没有"客观标准"。

两者总分值70分。样本法院显示,笔试最高分28.5分,最低分24分,差额4.5分。考核最高分67.78分,最低分55.05分,差额12.73分。是否入额,主要是考核。考核主要是"集体投票"。换言之,员额法官的遴选在法院内部环节不过是集体投票的产物。

① 刘斌:《从法官"离职"现象看法官员额制改革的制度逻辑》,载《法学》2015年第10期。

从样本法院观察，员额制虽然声称但实际上无法注重审判实绩和业务能力的实质。再加上被投票人同时也是投票人，以及员额本身的竞争性，集体投票的“集体”内部状况很难规范。这在根本上决定了员额制改革的公平性。

2. 院长入额的问题分析

样本法院院长经法官遴选委员会确认，直接计入法官员额。院长首先入额和计入员额均不无问题。

受法院内部行政化影响最大的自然是没有行政管理权的一线办案法官。院长承办案件，没有更高的行政职务插手干扰其办案，不存在司法内部行政化。即使不入额，也能“审判独立”，并且责任清晰。一院之内，院长是最没有入额紧迫性的岗位。

很多一线办案法官尚且不能入额的情况下，院长先占员额，不利于调动广大法官的积极性。“院长不入额，可以腾出员额让一线办案的法官入额，有利于解决案多人少的矛盾。”①因此，院长不宜占更不宜先占员额，挤掉一线办案法官员额。

院长入额后，显然不能成为纯粹的员额法官，不能足额办案。如果其结案仅占全院平均数的10%，相当于0.1个员额法官。这对人均办案数的再计算和精确员额比例以及诸多基本司法事务的管理都是混乱的。相对于带头办案，多办案，院长“尽力为法官创造宽松的办案环境”，“替法官挡住不必要的干扰和困扰”，②应当是其正确的职能定位。但是，院长可以享受员额法官待遇。基于自愿，也可以承办一定数量案件，还可以倡导院长每年办理一定数量的案件，但均不作为员额法官的办案数量进行统计。

院长首先入额体现不出改革的缓急，不能有效调动广大法官的积极性，不便于员额管理，还再次让员额法官成为空洞的身份象征，不利于转变“务官不务审判”的基本问题。笔者建议重新规划院长入额问题：第一，院长不必入额，待遇等同于员额法官；第二，由曾经的员额法官出任；第三，可以承办案件，但不作为员额法官办案数统计。

---

① 齐志远：《院、庭长员额与普通法官员额入额之我见》，载《宝鸡社会科学》2016年第3期。

② 齐志远：《院、庭长员额与普通法官员额入额之我见》，载《宝鸡社会科学》2016年第3期。

3. 中层正职入额的问题分析

样本法院规定,中层非业务部门的正职如果自愿报名入额,入额后必须放弃原行政职务。

人民法院内部,业务部门和非业务部门的正职在入额前基本一视同仁。当然,非业务部门正职也是中层领导。只要提为正职,再到业务庭还是正职。所以,不排除部分法官屈从于正职的优越,愿意担任非业务部门正职。但是,终究应当归因于管理,不应归责于个人。

非业务部门正职只要入额即得放弃原行政职务,相当于“入额即免职”。业务庭室的正职,可以入额后既做员额法官又做员额法官的庭长,显然缺少内涵上的公平性。并非前者入额,应当保留行政职务,或者增加办案数量的规定;而是后者入额亦应放弃行政职务,成为纯员额法官。比如,民一庭长,如果本人自愿入额,即应放弃庭长职务,成为纯员额法官。

所有中层正职只要入额全部放弃原行政职务。这种安排并非只为消弭上述“差别待遇”的不公平性:目前业务庭室的庭长,审判职能和行政管理职能集于一身。其行政管理职能,与非业务庭室的中层正职没有本质不同。非业务庭室中层正职“入额免职”的规定应当适用于业务庭室中层正职的行政管理职务。这是员额制的内在需求,即员额法官岗位的纯粹性和业务的单一性。所有入额院、庭长应放弃原行政职务,成为纯粹员额法官。

入额院、庭长仍然从事非业务工作,不能专事审判,员额制断然不可能实现优势审判资源的一线归集。相反,是一线审判资源的再次分散。这与过去有什么区别?员额制规定非业务部门正职入额即放弃原行政职务,却允许业务庭长保留原行政职务,不但背离改革初衷,对中层正职也缺少公平性。建议郑重调整,一并消除后生之不公平。

4. 副院长入额的问题分析

样本法院规定,分管业务的副院长,入额后保留副院长职务,办案数量符合省院规定;不分管业务的副院长,本人愿意入额不保留原领导职务,承担一般法官的办案任务。同样的问题是,入额前各副院长之间有差别吗?

但是,它包含正确的改革理念,即入额法官应当具有岗位的纯粹性和业务的单一性,不能既做员额法官又做副院长。哪怕是副院长,只要入额也得将非业务属性砍掉。分管业务的副院长,其岗位属性也不过是行政管理与审判职能的重合。其行政管理职能与非分管业务的副院长没有本质区别,入额后审判职能自然归于员额法官;非审判职能理应像其他副院长一样砍掉。因此,这种理念应贯穿所有副院长。

副院长入额在内涵上也存在不公平,而且并不符合员额制的基本要求,应当按照正确的改革理念进行调整。

5. 一线法官入额的问题分析

一线办案法官在工作事务关系中深受行政化的影响,又承担了大量的事务性工作,突然入不了额,对其打击力度可想而知。集体投票产生员额法官,在工作事务关系和工资待遇方面拉开差距,他们可能连公平的影子都看不见。而且,就这么简单地阻断了他们的法官梦想。

所有公务员考试录用的法官,只要入不了额,都很让人费解。报名时即必须有司法资格,经过笔试、面试、政审、体检等环节后,显然组织人事部门认为符合录用条件。这一类原则上属于法官中的标配。转正以后,没有重大过错,囿于额数的限制,又以集体投票结果为根据否定其法官身份、剥夺法官事权,基于个体视角非常不公平。

从律师中专门招聘的法官,入不了额,也是如此。商建刚可以看作是律师转身法官的典型①。当然,其他转身的律师或许没有这么大的知名度,然则事物的本质没有太大差异。假如因所在法院额数的限制,商建刚入不了额,怎么办?能不能安排其进审管办研究室或成为审判辅助,这是不是走人的节奏?人家进法院为了什么?

有的情况,欠缺的不仅仅是公平性,可能还有职业保障等严重问题掺杂其中。员额制以考核为主要遴选方式,考核又以"集体投票"为基本特征,必然允许"价值变异"。再遇上员额的竞争性,结合具体法官职业的特殊性,法院内部的行政化以及通常法官腐败的间接性等现实因素,其总和决定了:这次改革对正直的一线办案法官可能非常危险,改革本身有可能成为职业法官最没有职业保障的方式之一。

员额制应当以"是否愿意办案为制度核心",重新规划措施。摒弃额数的人为限制和遴选的"非客观性"。以本人愿意办案为入额的基本条件,以正确的工

---

① 汤瑜:《商建刚:知名律师成为上海首位社会遴选法官》,载《民主与法制时报》2015年8月2日第2版。

作机制验证其业务能力和效率进行适当调整,应该是较为合理和公平的改革取向。已经进行的员额制也可以根据这一原则进行调整。

综上,员额制首先没有根本充实一线审判资源,预期的改革效果难以兑现。在院长、分管副院长、中层正职和一线法官入额的问题上均有明显弊端,在法院内部各阶层直接制造新的不公平。未入额法官积极性受挫,职业保障被摧残等诸多负面问题不能避免。这样一个改革怎么可能调动广大法官的积极性和有效激励司法的活力?又怎么可能有益带动其他各项改革?

结　论

员额制所追求的目的较有意义,但采取的措施并不是解决样本法院实际问题的切题之举;其措施要求均明确指向"审理者裁判"的工作机制;员额制的实践体现了不符合预期,并且产生诸多负面问题的基本特征。全面推开暴露出来的问题无法验证它是一个成功的改革。整体上,以员额比例确定和员额法官遴选为基本定义的员额制,属于折腾。视其为此轮司法体制改革基础和成败关键的认识和实践应予否定。员额制的具体制度或措施有待进一步调整和完善。

论法院“案多人少”与民事案件管理改革*

张　润**

摘要:“案多人少”矛盾已成为我国法院工作面临的最突出难题,并呈现出地域性、结构性、集中性、功能性等特征。究其原因,主要是政治过程的堵塞,致使公众无法通过司法之外的政治机制表达诉求,从而使纠纷预防和处理机制缺位。此外,公民权利意识增强、司法万能的诉讼观念、法院功能和角色的错位、非诉讼解纷机制的功能“疲软”、法院审判管理的不科学以及立法修改放宽起诉门槛等亦有所影响。现有单纯立足法院系统内部改革的应对策略似乎难以奏效。对此,一方面需要进一步深化司法系统内部改革,构建以诉讼主体之间的案件管理为核心、以法院人财物管理为结构性支撑的新型审判管理体系;另一方面需要变革国家的治理方式,疏通政治过程,使公众在转型社会中的不同诉求能够得到顺畅表达。此外,需要进一步完善多元化纠纷解决方式的供给机制,增强其解纷的实效性。

关键词:案多人少;案件管理;审判管理;国家治理;管理型法官

当前,“案多人少”矛盾在很大程度上影响了法院审判工作的正常开展。对此,我国新一轮司法改革采取了一系列的措施加以应对,如推行审判权运行机制改革、构建主审法官办案团队制度、实施法院人员分类管理制度改革、加大对审判辅助人员的投入、深化替代性解纷机制改革等措施,这些举措无疑对缓解矛盾有所助益。然而,应对“案多人少”的司法危机,仅靠法院内部改革是远远不够的。因此,本文以法院民事司法管理改革为主题,通过对“案多人少”矛盾的发展历程、主要特征以及生成机理进行全方位分析后,从国家社会治理策略、纠纷解

* 本文系北京市哲学社会科学基金重点项目“法官惩戒制度研究”(项目编号:15FXA001)的阶段性研究成果。

** 作者系中国人民公安大学法学院讲师,法学博士。

决方式的供给机制、法院内部审判管理改革等多维视角提出了我国法院民事案件管理改革的方向和具体路径。

一、法院"案多人少"矛盾的演进历程

(一)"案多人少"矛盾的历史考察

为了应对"案多人少"矛盾危机,不仅需要现实主义的对策,更需要法史传统的借鉴。在古人眼里,"兴讼"是道德败坏的表现。"无讼"则是中国古代法律文化的价值取向和法律传统。① 然而越来越多的司法档案证实"无讼"理念只是官方的理想状态,人们接受"无讼"是被灌输、教育的。② 早在南宋,官府就面临讼案大量涌入衙门,造成行政压力及严重的滞讼问题,以至于士大夫屡屡发出"民风好讼"之叹。造成南宋"好讼"现象的原因包括:一是争讼者的解决纠纷、维护利益、追寻公理正义的强烈诉求;二是官府向民众敞开衙门的激励、讼师的招诱、写状钞书铺户的发达以及讼学的日益昌盛等社会因素。③ 自南宋以降,"好讼"之风兴起,在清代尤为突出,诉讼案件大量涌入官府衙门。例如,清代嘉庆年间安徽省六安州的知州在其任上的 10 个月间,曾处理了 1360 件案件。至晚清,大量案件涌入衙门的后果便是形成了严重的"积案"难题。积案问题不仅使参与诉讼的民众备受诉累,同时也造成了社会秩序的更加混乱。④ 到了民国时期,诉讼在解纷机制中的地位发生了些许变化,案件从前期的"迫不得已"使用到后期的诉讼案件大幅上升。以上海地方法院的民事收案统计为例,1945 年 10 月至 12 月共收案 875 件,1946 年全年收案 8911 件,1947 年 1 月至 9 月收案 9782 件。⑤ 可见,"案多人少"并非当代中国司法才开始出现的新问题,无论是在南宋、明清,还是民国时期,抑或当下,都不同程度地存在"案多人少"问题。

(二)"案多人少"矛盾的现实分析

"案多人少"问题自 2004 年开始逐渐受到中央有关部门、法院、学界以及社

---

① 张晋藩:《中国法律的传统与近代转型》,法律出版社 1997 年版,第 282~283 页。

② 李青:《清代档案与民事诉讼制度研究》,中国政法大学出版社 2012 年版,第 47~48 页。

③ 朱文慧:《南宋社会民间纠纷及其解决途径研究》,上海古籍出版社 2014 年版,第 52~62 页。

④ 赵晓光:《晚清的积案问题》,载《清史研究》2000 年第 1 期。

⑤ 谢冬慧:《纠纷解决与机制选择:民国时期民事纠纷解决机制研究》,法律出版社 2013 年版,第 135~136 页。

会公众的关注和重视。2004 年,中央机构编制委员会办公室关注法院“案多人少”矛盾,为地方法院补充政法专项编制 12782 名,用于补充审判力量的严重不足和支持书记员管理制度改革。2006 年,全国人大代表许爱娥调研发现杭州市两级法院法官 2005 年人均办案 107 件,有的基层法官一年办案超过 300 件,“案多人少”矛盾非常突出,呼吁尽快解决法院“案多人少”的矛盾。① 2007 年时任最高人民法院院长肖扬《在第七次全国民事审判工作会议上的讲话》中指出:“民事审判‘案多人少’的矛盾相当突出。从全国来看,近年来,民事法官年人均结案达到 120 余件。特别是在案件较多的基层法院和人民法庭,一个法官一年办几百件民事案件的情况较为普遍,案件数量与法官人数之间的矛盾非常突出。”2010 年《最高人民法院关于民事审判工作情况的报告》指出:“全国从事民事审判的法官年均结案达到 94.19 件,东南沿海地区和中心城市法院的法官年均结案多达数百件,办案压力大,工作强度高。”2011 年最高人民法院工作人员撰文指出“案多人少”已经成为人民法院工作面临的最突出困难和问题。② 2014 年最高人民法院周强院长在《最高人民法院工作报告》中也指出:“随着案件数量持续增长,人民法院办案压力越来越大,部分法院案多人少、人员流失、法官断层等问题仍然比较严重。”至此,“案多人少”已成为法院系统的共识性话语,成为反映法院工作困难、压力和挑战的代名词。

表 1 2002 年至 2016 年全国法院审理民商事一审案件情况统计表③

单位:件

年度	收案	结案	判决	驳回	撤诉	终结	调解	移送	其他
2002	4420123	4393306	1909284	53217	877424	52246	1331978	25918	143239
2003	4410236	4416168	1876871	57998	914140	59272	1322220	25669	159998
2004	4332727	4303744	1754045	61226	931732	58476	1334792	25496	137977
2005	4380095	4360184	1732302	55183	965442	55169	1399772	27268	125048

① 余建华、陈群:《尽快解决法院案多人少矛盾——访全国人大代表、杭州市第三人民医院副院长许爱娥》,载《人民法院报》2006 年 2 月 28 日第 2 版。

② 罗东川:《案多人少的“瓶颈”能否打破》,载《人民法院报》2011 年 3 月 9 日第 5 版。

③ 本表由作者根据 2002 年至 2016 年全国法院司法统计公报自行整理,参见 http://gongbao.court.gov.cn/.

续表

年度	收案	结案	判决	驳回	撤诉	终结	调解	移送	其他
2006	4385732	4382407	1744092	51473	986780	43663	1426245	26451	103703
2007	4724440	4682737	1804780	63426	1065154	48977	1565554	27981	106865
2008	5412591	5381185	1960452	64975	1273767	41538	1893340	35377	111736
2009	5800144	5797160	1959772	71052	1494042	41097	2099024	35770	96403
2010	6090622	6112695	1894607	70565	1619063	37272	2371683	31969	87536
2011	6614049	6558621	1890585	68695	1746125	34285	2665178	26649	127104
2012	7316463	7206331	1979079	68333	1906292	35301	3004979	26313	186034
2013	7781972	7510584	2316031	80990	1887191	37261	2847990	26305	314816
2014	8307450	8010342	2921343	128215	1895743	37857	2672956	33145	321083
2015	10097804	9575152	3943097	233992	2174041	35480	2754843	47963	385736
2016	10762124	10763889	4710006	342063	2471546	32105	2787475	57269	363425

"案多人少"问题不仅在法律实务界引起高度关注和重视,[①]而且也成为学界研究的热点。尽管有少部分人对"案多人少"问题持质疑态度,[②]但明确认为"案多人少"问题存在的认识已成为主流观点。[③] 质疑论者以"基层法院办案力

① 关于呼吁关注和解决"案多人少"问题的声音,具体可参见娄银生:《案多人少亟待解决》,载《人民法院报》2009 年 3 月 14 日第 7 版;林晔晗:《东莞法院"案多人少"问题突出》,载《人民法院报》2010 年 3 月 7 日;屠少萌:《侯欣一委员:案多人少须引起关注》,载《人民法院报》2014 年 3 月 12 日第 6 版。此外,全国人大代表贺优琳从 2008 年至今,在其担任人大代表的 10 年间,先后 6 次呼吁解决法院检察院的"案多人少"问题。

② 王禄生:《为什么"案多人少"只是一个传说》,载共识网 2012 年 10 月 24 日;林战:《基层法官压力调查》,载《南方周末》2012 年 12 月 27 日;陆明杰:《全国人大代表陈舒:法院案多人少是个伪命题》,载《信息时报》2013 年 1 月 30 日。

③ 苏力:《审判管理与社会管理——法院如何有效回应"案多人少"》,载《中国法学》2010 年第 6 期;范愉:《司法资源供求失衡的悖论与对策:以小额诉讼为切入点》,载《法律适用》2011 年第 3 期;尤陈俊:《"案多人少"的应对之道:清代、民国与当代的比较研究》,载《法商研究》2013 年第 3 期;朱景文主编:《中国法律发展报告(2012)》,中国人民大学出版社 2013 年版等。

量的短缺”“审判一线法官人数不足”以及“基于美国法官办案数量的比较”为论据质疑“案多人少”问题的存在,本质上是没有否认“案多人少”问题的确存在,只不过这种存在是具有地域性、结构性、集中性、功能性等特征或差异。“案多人少”问题可以从以下调研数据和司法统计资料中得到印证(参见表1)。据调研统计,2010年上海法院收案高达41.6万件,相较于10年前案件数实际增长率近600%。而2010年全市法院在编干警5951人,比10年前的干警总数增加不到300人,增长率不到5%。在5951名干警中,一线办案法官共2751人,平均每人需要办结的案件为145件。相较于上海法院,浙江义乌、广东东莞、北京法院的人案矛盾更加突出。2010年,三地法院法官的人均办案数分别为268件、383件、298件。[①] 此外,从1999年至2016年全国法院第一审民商事案件收结案的司法统计数据来看(参见图1),1999年至2005年,法院受理一审民商事案件处于平稳状态,甚至有不增反降的现象,这主要是行政解决机制的增强、不受理的司法政策、诉讼费用改革以及针对司法腐败的一系列制度建设,遏制了诉讼案件的快速增长。[②] 但从2005年始,法院受理一审民商事案件快速增长,尤其是在2015年,全国法院受理一审民商事案件突破1000万件,未审结案件高达500万件。相较于案件数量的增长速度,法官人数增长缓慢。[③] 可见,“案多人少”矛盾对于法院而言,已经成为亟待解决的问题。

二、当前法院“案多人少”矛盾的主要特征

当前法院“案多人少”矛盾主要呈现出地域性、结构性和功能性三方面的特征。需要说明的是,“案多人少”矛盾不仅体现在民商事审判中,在刑事审判、行政审判领域也可以得到很好的印证。囿于主题,本文“案多人少”问题主要限定

---

① 范明志、金晓丹:《关于人民法院“案多人少”问题的调研分析》,载《中国审判》2012年第1期。

② 朱景文:《中国诉讼分流的数据分析》,载《中国社会科学》2008年第3期。

③ 截至1998年年底,法院在编人数为28万余人,其中法官21万余人。2009年全国法院工作人员32万余人,其中法官19万余人。截止到2014年,法院共有34万余人,法官有19.6万余人。参见王银胜:《面向新世纪的法官队伍:全国法院队伍建设综述》,载《人民法院报》2001年12月4日第2版;周泽民:《关于加强法院队伍建设三个问题的思考》,载《大法官论审判管理》,法律出版社2011年版,第101页;林娜:《案多人少:法官的时间都去哪儿了》,载《人民法院报》2014年3月16日第2版。

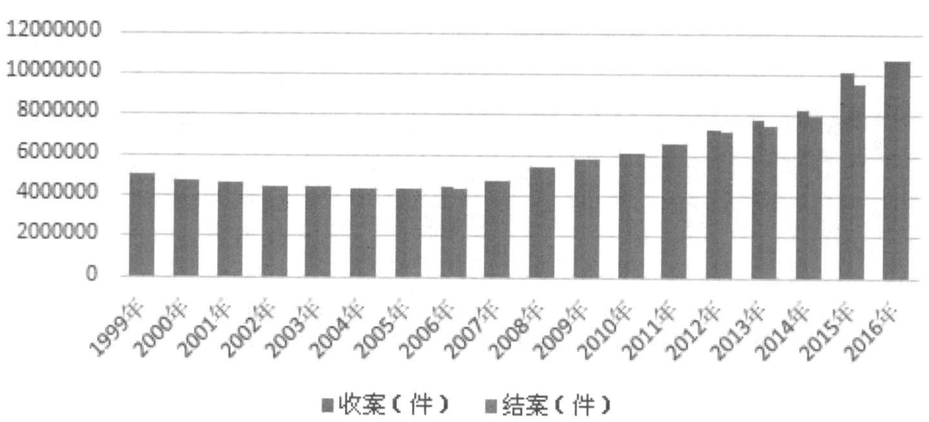

图1 1999年至2016年全国法院民商事一审案件收结案情况统计图

在民商事领域进行讨论。

(一)“案多人少”矛盾的地域性差异

“案多人少”矛盾的地域性差异是指案件增多存在显著的地域分布差异。“案多人少”矛盾包括案件和人两个维度。“案多人少”的地域性差异主要体现在两个方面:一是农村地区和欠发达的中西部地区法院受理案件总数明显低于城市和东部经济发达地区。为了说明问题,本文选取北京、上海、浙江、湖南、贵州、甘肃、海南、黑龙江等不同地域省份8个法院2017年《法院工作报告》作为分析样本。据统计,各地法院2016年受理民商事案件总数分别为42.1万件、46.31万件、32.8万件、29.1万件、24.7万件、18.5万件、8.8万件、28.1万件,比2016年分别上升20.8%、12.2%、4.8%、10.59%、20.64%、14.66%、25.4%、8.7%。上海法院受理案件数是贵州法院的2.5倍,是海南法院的5倍多。二是同一地区中心城市与其他地区的案件分布也呈现显著差异。以广东深圳市为例,2016年深圳市法院全年受理一审各类案件34余万件,法官人均办案283件,而2016年广东全省法院受理一审各类案件为78余万件。截至2015年6月底,深圳全市两级法院共有法官1062人,而广东省全省法院共有在编干警20155名,其中入额法官6575名。从人案比来看,深圳法院以全省1/6的法官办理了全省四成多的案件。可见,中心城市法官“案多人少”矛盾更加突出,法官办案任务更加繁重。

(二)"案多人少"矛盾的结构性差异

结构性差异是指"案多"存在案件类型上的分布差异。案件类型上的差异又包括两种:一种是从数字上呈现的"案多",可以称为形式意义上的"案多"。以2010年至2016年全国法院受理民商事一审案件类型的分布情况来看(参见表2),2010年全国法院共受理600余万件,合同纠纷占320余万件,婚姻家庭、继承纠纷占140余万件左右;权属、侵权纠纷占140余万件。到2015年,全国法院共受理1000余万件,合同纠纷600余万件,婚姻家庭、继承纠纷占170余万件,权属及侵权纠纷占230余万件。相较于2010年,2015年全国法院受理案件增长400万件,增长40%左右。其中,合同纠纷增长近300万件,增长近50%;权属及侵权纠纷增长90余万件,增长26%左右,婚姻家庭、继承纠纷增长40万件,增长近24%。可见,增加的民商事案件类型主要分布在合同纠纷案件上。另一种是案件数量虽不能从数字上反映出来,但案件的解决难度非常复杂、审理难度非常大,这种便是实质意义上的"案多"。例如,民事公益诉讼案件、建筑工程合同纠纷、垄断与不正当竞争纠纷案件以及知识产权案件等新型案件,因案件具有高度专业性、存在证据偏在情形、涉及鉴定评估等内容,案件材料纷繁庞杂,处理程序复杂,法官花费的时间非常多,加之当前法院比较缺乏这方面的人才,因此,此类案件在很大程度上加剧了"案多人少"矛盾。

表2 2002年至2016年全国法院审理民商事一审案件情况统计表①

单位:件

年度	婚姻家庭、继承纠纷		合同纠纷		权属、侵权纠纷及其他	
	收案	结案	收案	结案	收案	结案
2002	672517	565231	1127764	886926	414730	320179
2003	1264037	1266593	2266476	2269167	879723	880408
2004	1161370	1160346	2247841	2235890	923516	907508
2005	1133333	1132458	2265362	2255651	981400	972075
2006	1159826	1159437	2240759	2236888	985147	986082
2007	1220772	1215776	2463775	2440738	1039893	1026223
2008	1320364	1320636	2933514	2905603	1158713	1154946

① 本表由作者根据2002年至2016年全国法院司法统计公报自行整理,参见http://gongbao.court.gov.cn/.

续表

年度	婚姻家庭、继承纠纷		合同纠纷		权属、侵权纠纷及其他	
	收案	结案	收案	结案	收案	结案
2009	1379692	1380762	3151716	3154347	1268736	1262051
2010	1423180	1428340	3222555	3239740	1444887	1444615
2011	1593743	1609801	3333595	3286997	1686711	1661823
2012	1686694	1647464	3776137	3720160	1853632	1838707
2013	1651666	1611903	4121224	3957002	2009082	1941679
2014	1635244	1618904	4589375	4375771	2082831	2015667
2015	1758926	1733299	6013386	5616624	2325492	2225229
2016	1735516	1752052	6717811	6686934	2308797	2324903

（三）“案多人少”矛盾的功能性特征

功能性特征是指“案多人少”矛盾体现为法院在履行司法职能与非司法职能上的功能定位以及资源配置上的差异。具体而言，“案多人少”矛盾不仅仅包含案件数量增加与法官人手之间的矛盾，还包括因法官从事非司法职能而减少办案的时间与案件增多之间的矛盾。对此，有学者将我国法院面临的沉重负担类型化为“案件增加型负担”和“功能增加型负担”两种。“功能增加型负担”并非直接表现为案件量的增加，而是主要表现为“非司法目标”的嵌入使得个案处理难度加大以及对司法自身专业与独立属性不同程度的扭曲。其中，“非司法目标”是指除去案件审判、纠纷解决、规则确立、权力制约等职能以外的保障民生、反腐倡廉、维护社会稳定等非司法职能。① 诚然，将人民法院定位为推动社会创新管理的重要主体、一体化社会管理体系中的一部分，是国家治理的政策要求。人民法院应当在社会管理创新中发挥应有的职能。② 但不可否认，实践中法院的非司法功能越来越多，形成了“功能增加型负担”，在一定程度上影响了法院审判职能工作的开展。究其原因，主要有：一是随着经济的高速发展、社会转型的加速，国家治理和社会管理需要投入更多，政策层面要求法院承担更多的社会创新管理职能；二是因法院的人财物一直以来受地方财政的制约，部分地方政府将行政

① 卢荣荣：《中国法院功能研究》，法律出版社2014年版，第23页。

② 刘旺洪：《社会管理创新：法院的职能定位与实践路径——兼析能动司法的范围与限度》，载《法制与社会发展》2012年第6期。

目标或任务强加给法院承担;三是部分法院的领导为了追求"个人政绩""往上走",甚至不惜牺牲审判资源过度参与社会管理工作,这在一定程度上影响了司法的独立性和专业性。

三、法院"案多人少"矛盾的成因分析

近年来,针对法院面临的"案多人少"困境,法律实务界与理论界从不同视角纷纷诊出了"病因"。有人认为法院"案多人少"现象不完全是因法院案件数量日益增多造成的,而是由法院在国家政治生活中定位的错位、法院审判资源配置失衡、法院处理案件的工作机制存在行政化倾向、案件审理程序不完善等多方面原因造成的;[①]有人认为"案多人少"问题的原因包括一线办案力量不够、辅助人员配备不足、ADR机制与繁简分流机制不够健全、法院内部的层层审批、审级制度不完备、法官义务外的事务太多等。[②] 有法官从法院内部管理的视角进行解读,认为"案多人少"的原因是法院内部的职能分工有待合理、司法资源的配置不尽合理、法院管理中的效率观念落后造成的人力资源消耗较为严重等。[③] 也有人从社会学的视角进行分析,认为"案多人少"绝不仅仅是一个简单的司法问题,而是一个非常复杂的社会综合性问题。[④] 事实上,分析法院"案多人少"问题的成因应当从社会发展背景、文化观念、立法修改、诉讼成本、法院管理、解纷机制的供给等多维视角进行全方位解析与阐释。

(一)社会转型因素

社会结构的变迁与经济发展的转型对社会矛盾纠纷的产生具有重要的影响。从社会转型实践过程来看,转型产生的社会纠纷是现实存在的。在转型过程中,经济发展方式的转变、产业政策的调整,会导致利益分配结构的变动,不同的社会利益群体会在转型的不同阶段根据自身受损状况形成对改革的抵制态度,如此可能会带来转型国家治理危机,对社会稳定形成影响。[⑤] 城市开放程度

---

① 胡夏冰:《法院"案多人少"现象的根源》,载《人民法院报》2014年5月30日第5版。

② 何帆:《"案多人少"是伪命题吗》,载《北京日报》2015年12月14日第18版。

③ 邹碧华:《"案多人少"的管理学解读》,载《中国审判》2014年第2期。

④ 王云飞:《"案多人少"现象的社会学解读》,载《中国审判》2014年第2期。

⑤ 景维民等:《经济转型深化中的国家治理模式重构》,经济管理出版社2013年版,第16~17页。

的加深、人口流动增加和城市治理水平不高、政府治理能力不足以及制度性歧视等因素,必然产生摩擦和冲突。① 诚然,我们不能推论社会纠纷或矛盾的增加就必然带来诉讼案件的增加。但从当前纠纷化解机制来看,尽管国家大力提倡纠纷的多元化解决,鼓励当事人通过和解、调解、调处、仲裁等多元化方式解决,但人们基于对诉讼万能的“盲信”和对其他解纷方式的误识,越来越多的案件进入法院,进而形成人案矛盾。此外,在社会转型导致纠纷总量不断增加的背景下,由于公众无法通过司法之外的政治机制有效表达自己的诉求,这就导致公共权力膨胀、政治审议过程萎缩、社会自治空间窄化,限制了纠纷预防与处理机制的多样化。② 这使得原本可以通过政治过程化解的矛盾进入法院,一方面增加了法院的审判负担,另一方面混淆了政治过程与司法过程的不同解纷功能。企图通过司法机关来配置资源和调整转型过程中利益格局的治理方式,不符合司法在国家中的职能定位要求,尤其是在民商事审判领域中。

(二)文化观念因素

从诉讼文化观念的视角分析法院“案多人少”矛盾的成因,主要有以下结论:首先,诉讼万能主义思想误导了当事人纠纷解决方式的选择。在古代,“无讼”是国家精英不懈追求的社会理想,而“抑讼”则是中国传统诉讼文化的主要特征之一。③ 在长达几千年的封建社会中,诉讼被认为是极不光彩的事情,并且诉讼被看作是“国家利器”,任何人想要启动诉讼,都必须付出沉重的代价,这就给诉讼增添了神秘主义和诉讼霸权主义色彩。随着国家普法工作的广泛开展和法律宣教,民众法律意识不断增强,积极引导了民众向法院提起诉讼以解决纠纷。然而,在法律宣教的过程中也产生了诉讼万能主义思想,使得在人们心中认为诉讼可以解决一切纠纷并且是最好的解纷选择。这就使得本可以通过谈判协商、调解、仲裁解决的案件进入法院,为法院“案多”贡献了力量。其次,随着由传统熟人社会步入现代陌生人社会,人们的精神心理由封闭保守走向开放理性,人们在

---

① 李昌庚:《社会转型与制度变迁:国家治理现代化的法治思维》,中国政法大学出版社2014年版,第17~18页。

② 姜峰:《法院“案多人少”与国家治道变革——转型时期中国的政治与司法忧思》,载《政法论坛》2015年第3期。

③ 郭星华:《无讼、厌讼与抑讼——对中国传统诉讼文化的法社会学分析》,载《学术月刊》2014年第9期。

遇到纠纷时,敢于使用法律武器维护权益。最后,随着公民权利意识的觉醒与增强,为了实现自己的利益诉求,在司法的公信力不断增强、诉讼机制不断健全的背景下,人们倾向于求助司法解决纷争。此外,从人们对司法的心理预期来看,整个社会对司法公正、司法运行效率的心理预期不断增大,对法官办案的质量和效率有更高的要求,这也从质上增强了"案多人少"矛盾的压力。

(三)诉讼成本因素

诉讼成本包括时间、金钱等成本。诉讼成本的降低在一定程度上激发了当事人提起诉讼的动力。在分析法院"案多人少"矛盾成因时,诉讼成本的降低的确是其原因之一。第一,《诉讼费交纳办法》的颁布下调了诉讼费用,大大缓解了老百姓强烈反映的"打不起官司"的难题。诉讼费下调的案件范围主要集中在财产案件、离婚案件、侵害人格权案件、劳动争议案件和行政案件等案件中。其中,离婚案件、劳动争议案件一般不需要聘请律师,律师费成本不会发生,由于诉讼费用远远低于当事人的预期,新法的施行很有可能激发大量的机会主义诉讼。[①] 第二,立案登记制的实施,立案门槛降低,畅通了公民司法救济的渠道,依法应当立案的案件均将得到立案处理,这也给滥用诉权之人以机会虚假诉讼、恶意诉讼和无理缠诉,案件数量迅速增加,法院"案多人少"压力更加明显。[②] 第三,司法便民政策的施行也是影响当事人选择诉讼化解纠纷的重要因素。司法便民是我国法院的重要司法政策。法律服务中心的建设、巡回法庭的建立、审务进社区、周末法庭、夜晚法庭等司法便民措施,在一定程度上吸引了当事人选择诉讼解决纠纷。

---

① 艾佳慧:《司法为民、诉讼费下调与机会型诉讼》,载《中国社会科学报》2009年12月15日第7版。

② 立案登记制的实施从短期来看,的确带来了案件数量的大幅增长。据不完全统计,2015年5月4日立案登记制实施当天,全国法院立案数量超过67000件,上海全市法院登记立案2866件,北京全市法院截至4日下午3点共登记立案1963件。参见熊琳、鲁畅、林苗苗:《立案登记制实施,"案多人少"难题更凸显》,载《新华每日电讯》2015年5月5日第4版。立案登记制实施月,全国法院共登记立案113.27件,与2014年同期的87.40万件,案件总量增幅接近三成。参见徐隽:《立案登记制实施满月,立案数量超百万件,滥用诉权情况增多,立案不再难,审判压力大》,载《人民日报》2015年6月10日第11版。立案登记制的实施也的确带来了虚假诉讼、恶意诉讼、无理缠诉、奇葩诉讼等现象。参见高敏:《立案登记制"周岁"小结:打官司方便多了》,载《浙江法制报》2016年4月28日第1版。

（四）法院管理因素

从法院内部组织管理视角分析，影响法院“案多人少”的因素包括：第一，法院内部的职能分工不合理。这种不合理主要体现为法院的审判事务与审判辅助性事务尚未有效分离，未能根据事务的性质合理界定法院工作人员的职责。法官的时间和精力是有限的，如果要求法官既要专心审判核心事务，又要进行文书送达、接待等审判辅助性事务，必然使法官在有限的时间内审理案件减少。第二，法院内部的司法资源配置欠科学。具体体现为不同审级法院之间、不同地域法院之间、业务部门与综合行政管理部门之间、不同审判业务庭之间、同一审判庭内部不同法官之间的人财物等资源配置存在失衡的地方。第三，司法改革过程中法官断层与人员流失加剧了“案多人少”矛盾。一方面是经济欠发达地区基层法院出现法官断层现象，法院法官年龄结构老化，加之待遇低、编制少等因素很难吸引高学历、专业过硬的人才，法院青黄不接现象比较突出；另一方面由于基层法院晋升机制不健全、待遇不高、考核机制不科学导致法院优秀人才流失现象比较严重。第四，当前法院人员分类管理与员额制改革正在探索阶段，存在诸如法官、法官助理与书记员职责定位不准确，入额标准不科学，职业保障配套未跟上，改革各自为政，缺乏全局性、协调性等问题，入额法官与法官助理、书记员协调配合不佳、办案积极性不高、审判团队效应难以发挥，在很大程度上加剧了“案多人少”矛盾。此外，从法院在社会中的定位现状来看，法院承担的非司法职能或负担较多，在一定程度上影响了法院司法职能的开展。

（五）立法修改因素

纠纷的可诉性是指纠纷的可诉讼性，是指纠纷发生之后，纠纷主体可以将其诉诸司法的属性，或者说向法院提起诉讼通过司法途径加以解决的属性。[①] 近年来，随着诉权保障观念的深入以及纠纷解决的诉讼“路径依赖”，国家制定和修订的一系列法律，在很大程度上扩大了纠纷的可诉性范围。有学者以《劳动合同法》以及《道路交通法》等法律的修改和制定为例进行分析，认为实体法的修改增加了纠纷的可诉性，如果没有有效遏制纠纷发生的机制，那么立法带来的是诉讼案件的增加。具体而言，由于劳动行政部门怠于履行监督职责，导致劳动侵权随处可见，加之工会的预防、化解纠纷的功能萎缩，诉讼或司法过程便成为劳动者

① 刘敏：《论纠纷的可诉性》，载《法律科学（西北政法大学学报）》2003 年第 1 期。

维权的主要渠道。由于新的《道路交通法》规定当事人可以就交通事故损害赔偿争议提请交警部门调解,也可以直接向人民法院提起民事诉讼,这就意味着交警调解不是提起诉讼的前置程序,虽为当事人提起诉讼提供便捷服务,但也导致了交警调解功能的弱化,加剧了非诉讼纠纷解决机制的萎缩。立法修改带来诉讼案件的增加不仅体现在实体法上,诉讼程序法的修改同样会带来案件的增加。以《民事诉讼法》的修改为例,2012 年的修改新增民事公益诉讼制度(消费者公益诉讼、环境民事公益诉讼)、第三人撤销之诉制度、调解协议的司法确认程序和实现担保物权程序。立法通过对公益诉讼以及第三人撤销之诉的起诉资格、条件规定,使得相应主体能够以自己名义向法院提起诉讼,一方面保障了当事人的诉权和裁判请求权,另一方面也在一定程度上增加了进入法院的案件数量。当然,以保障当事人诉权行使而调整修改适格当事人条件而带来的案件增加具有法理和现实的正当性基础。

四、"案多人少"语境下民事案件管理改革的方向与路径

对我国法院"案多人少"的发展历程、主要特征以及生成机理进行全方位分析后,接下来的任务就是如何应对这一司法危机和难题。应对"案多人少"难题应当将其放在社会转型和国家治理的宏观背景下进行思考,如果仅仅从法院的视角探讨应对举措,似乎有"治标不治本"之嫌。因此,本文从政治过程的疏解、国家治理方式变革、纠纷解决机制的多元供给以及法院案件管理的多维视角进行研判,以期提出相应的改革思路。

(一)疏通政治过程,从源头上减轻司法负荷

政治过程是指一个以公民参与、选举制度、表达自由为核心的过程,其功能是为社会中存在的多样化诉求制度性地传导至政府、形成政治责任,迫使政府积极回应公民诉求。而司法过程则是指将社会矛盾过滤为法律争议,借由专业、独立的司法程序解决。[①] 政治过程将矛盾和纠纷化解在法院之外,解决在基层和萌芽状态,其解纷功能具有事前性和预防性,而司法过程的解纷功能则具有事后救济性。重新认识政治过程与司法过程的不同功能,本质上关涉司法在社会治

① 姜峰:《法院"案多人少"与国家治道变革——转型时期中国的政治与司法忧思》,载《政法论坛》2015 年第 3 期。

理中的角色定位问题。起初，司法机关的制度构建与实践运行的逻辑起点是纯粹意义上的司法裁判职能。但是随着经济发展和社会转型，日益突出的社会矛盾和不稳定因素与政府有限的治理能力之间的矛盾现状，使得维稳压力由政府传递至各个机构与组织，而司法机关自然首当其冲。在这样的背景下，法院处理案件不再是独立的司法行为，而成为社会公共事务组成部分的“司法事务”。[①] 司法是社会治理体系的有机组成部分，[②]司法不仅要实现自身规范和自治，而且要在实现前一目标的前提下，回应社会转型现实需要、回应自上而下的政治要求以及回应自上而下的民众呼声，促进司法现代化与社会现代化目标的双重实现，达成通过司法实现社会治理的良性发展。[③] 在诉讼中心主义带来司法过程与政治过程功能混淆的背景下，有必要疏通政治过程与转变社会治理思维。具体而言，就是要推进国家治理思维与方式变革，将社会矛盾预防、化解在政治过程之内。现代社会治理主体具有多元性，因而疏通政治过程要求通过立法重组政策制定过程和调整现存主体关系结构，为多元主体的有序参与以及自由表达利益诉求提供行为框架与互动规则。[④] 在现有宪法框架之下，一方面要保障公民享有的各项表达自由，确保社会转型过程中公民的多样化诉求能够向政治过程传导，进而通过政治过程解决；另一方面充分发挥各级人大、政协、社会团体等机构组织对公共政策和立法的监督、审议、形成功能，确保立法、政策的科学性，阻断社会矛盾产生的政治根源。[⑤] 社会转型过程中的司法是“自治性司法”与“回应型司法”的结合体。在削弱法院诸如维稳等非司法功能以保证司法应有的独立性与专业性的前提下，司法也应当以符合司法规律的方式积极参与社会治理，如

---

① 粟峥：《国家治理中的司法策略：以转型乡村为背景》，载《中国法学》2012 年第 1 期。

② 例如，美国学者庞德就旗帜鲜明地将法律视为社会控制的合理化手段之一，提出必须把法律作为社会控制过程的一部分来研究。参见[美]罗斯科·庞德：《通过法律的社会控制》，沈宗灵译，楼邦彦校，商务印书馆 2010 年版，第 9～10 页。

③ 在社会转型的国家治理过程中，司法的时代使命是双重的。法的“自治”与“回应”是并存且紧密关联的法的两大共存模式，而司法的自治与对社会的回应同样也是相辅相成的。参见杨建军：《通过司法的社会治理》，载《法学论坛》2014 年第 2 期。

④ 江必新、王红霞：《社会治理的法治依赖及法治的回应》，载《法制与社会发展》2014 年第 4 期。

⑤ 姜峰：《法院“案多人少”与国家治道变革——转型时期中国的政治与司法忧思》，载《政法论坛》2015 年第 3 期。

通过发挥法院的“规则之治”“行为指引”“法治教育”等功能,为社会治理提供规则与行为向导等。

(二)进一步完善多元化纠纷解决机制,缓解法院“案多人少”压力

本文在分析法院“案多人少”问题的成因时,主要是从社会转型、文化观念、诉讼成本、法院管理、立法修改等五个方面进行阐释的。实际上,多元化纠纷解决机制的有效供给,在很大程度上能够缓解法院“案多人少”的压力。经过纠纷解决理论界与实务界的共同努力,我国多元化纠纷解决机制取得了显著的成就,如多元化纠纷解决机制体系初步形成、诉讼机制得到快速发展、综合性行政处置机制初步构建、大调解机制的构建、信访制度的完善等。[①] 诚然,我国的多元化纠纷解决机制存在系统性障碍,一方面是法院受案数量剧增,“案多人少”窘境明显;另一方面是传统意义上倡导的社会矛盾化解机制不同程度出现制度失灵,甚至局部出现了公民自治化解难、社会组织化解推动难、行政化解落实难、仲裁等准司法化解功能发挥难、诉讼内法定便捷程序实施难、法院倡导多元化纠纷解决机制呼应难的尴尬困境。[②] 造成这种实践困境的原因主要有多元解纷机制的粗放性和分散性、多元解纷观念或文化的缺失以及不同解纷制度之间的不协调等。因此,进一步完善多元纠纷解决机制,实现缓解法院“案多人少”压力的目标,需要从如下方面努力:第一,从国家治理体系的视角赋予多元化纠纷解决机制新的时代内涵,即明确多元化纠纷解决机制是社会治理体系和国家治理体系的重要组成部分、是实现国家治理体系和治理能力现代化的重要举措。[③] 第二,转变过去粗放、应急性的多元化纠纷发展模式,加强对多元化纠纷解决机制的顶层设计,强化纠纷解决资源的系统整合,加强对民间性、行政性和司法解纷机制的整体布局,逐步形成科学的机制和程序,改善目前各部门相互掣肘、资源浪费、效率低下的状态。第三,从具体的制度和程序入手,根据纠纷的类型建立专门性的制度和程序。具体而言,根据民事诉讼案件的性质实行调解前置程序,并建立专门

---

① 黄文艺:《中国的多元化纠纷解决机制:成就与不足》,载《学习与探索》2012 年第 11 期。

② 江苏省徐州市中级人民法院课题组:《矛盾纠纷多元化解机制的实践困境与路径探析》,载《中国应用法学》2017 年第 3 期。

③ 龙飞:《论国家治理视角下我国多元化纠纷解决机制建设》,载《法律适用》2015 年第 7 期。

的程序和制度;从实体法与程序法两方面进行整体性设计,建立专门的医疗法律体系和医疗纠纷解决机制;加强劳动行政部门、交通事故处理部门在劳动争议和交通事故争议的纠纷处置权能等。第四,培养新型纠纷解决文化。具体而言,从国家普法宣传、法学教育、舆论引导、法律职业教育与伦理等多层面培养为权利而沟通与协商等纠纷解决理念,转变过去那种诉讼至上、法律万能、国家中心的纠纷解决理念。①

(三)重塑审判管理的内涵与使命,为民事案件管理提供结构性支撑

20 世纪 70 年代以来,为了应对诉讼拖延、诉讼耗费过高的民事司法危机,在接近正义、分配正义、程序保障等理念的基础上开展了民事案件管理改革,逐渐形成了以案件分流为中心的英美民事案件管理模式和以集中化审理为中心的大陆法系管理型司法两种模式。② 以美国为代表的"案件分流模式"主要通过案件管理实现案件的分流以及通过简易判决或即决判决对案件进行过滤,案件管理的范围包括程序管理和证据管理。以德日为代表的大陆法系国家为代表的"集中化审理模式"则强调审前程序的作用,以追求集中化审理为目标,通过争点的整理与特定来避免审理的散漫化。这种模式又分为德国的集中审理模式、日本的计划审理模式以及我国台湾地区的争点整理模式三种类型。③ 通过对域外案件管理改革的考察,如下经验可供借鉴:第一,转变非此即彼的思维定式,当事人主义和职权主义在民事案件管理改革中并非"有你无我"的关系,应当平衡好法官案件管理权与当事人程序主体性、程序自治权的关系。第二,法官是案件管理的主体,而非案件管理的客体或对象。第三,"案件分流模式"强调对案件的分流,优化司法资源的配置,而"集中化审理模式"强调审前程序的作用,充分利用争点整理等技术实现庭审的集中化与实质化。④

1. 观念的革新

审判管理科学化的根本不在于组织,而在于观念的革新。法院管理包括广

---

① 范愉:《当代世界多元化纠纷解决机制的发展与启示》,载《中国应用法学》2017 年第 3 期。

② 王福华:《民事案件管理制度评析》,载《法学论坛》2008 年第 2 期。

③ 陈桂明、吴如巧:《美国民事诉讼中的案件管理制度对中国的启示——兼论大陆法系国家的民事诉讼案件管理经验》,载《政治与法律》2009 年第 7 期。

④ 江必新:《域外案件管理改革的借鉴与启示》,载《比较法研究》2013 年第 4 期。

义和狭义两种含义，广义的审判管理是指法院内部的行政管理和案件管理，狭义的法院管理仅指案件管理。根据当前审判管理的特点，可以将审判管理等同于法院内部的行政管理。审判管理和案件管理可以说是法院管理的两种路径或思维。观念革新的内容包括：重塑审判管理的内涵，树立以诉讼主体之间的案件管理为核心，以法院审判事务、人财物为结构性支撑的新型、综合"审判管理"体系。① 这种新型的"审判管理"体系的亮点之处是在强调审判管理的保障、促进、服务作用的基础上，更加重视法官对案件管理的主体地位，在程序法与实体法并重的思维导向下，鼓励当事人与法官在案件管理中的协作。② 审判管理的目的在于为法官的案件管理和裁判提供服务和结构性支撑。审判管理既要遵循司法裁判规律，又要符合司法管理的规律，但是行政化的管理方式必须遵循、服从司法裁判规律。

2. 制度的变革

推进审判权运行机制改革，确保审判权独立运行；根据法院事务的性质进行精细化、专业化分工，推行法院人员分类管理改革，保障法官的精力放在事实认定和法律适用的裁判事项上；构建相互配合、有机协作的审判团队，解决好法官助理、书记员的后顾之忧，切实发挥审判团队审理案件的实效；根据知识产权纠纷、垄断及不正当纠纷、家事纠纷、公益诉讼案件等案件类型，分别建立相应的专业审判合议庭和审判团队，实行案件审理的专门化和专业化；建立科学合理的案件质量评估体系，废除违反司法规律的考评指标和措施，取消任何形式的排名排序做法；在审判权运行机制改革背景下，完善法律适用统一的机制，强化专业法官会议、审判委员会统一法律适用的咨询功能，从制度上保障裁判质量；建立健全司法责任追究制度，区分法院的整体责任与法官的个人责任，对违法审判者依法追究相应的责任，以提升裁判的公正与司法的权威。此外，法院应当建立整体的审判管理系统，通过信息公开系统实现对案件流程的掌控；通过案件分流系统，在诉讼均衡性原则的指导下，实现案件向外和向内分流，优化资源的配置；制定集体决策和风险分担体系，发挥集体决策的优势，分担法官裁判的风险；构建

---

① 傅郁林、兰姆寇·凡瑞主编：《中欧民事审判管理比较研究》，法律出版社2015年版，序言第3页。

② 王福华：《从审判管理到案件管理》，载傅郁林、兰姆寇·凡瑞主编：《中欧民事审判管理比较研究》，法律出版社2015年版，第266页。

规则形成与社会行为规制体系，发挥诉讼的规则确立和行为指引功能。[①]

3. 程序的优化

域外国家案件管理的两大特点分别是案件分流和诉讼的集中化审理。因此，在程序的优化上，一是立案程序的优化，加强对恶意诉讼、虚假诉讼、无理缠诉的理论研究，在保障当事人诉权的基本准则和前提下制定相应的司法认定标准，从而把控此类不应进入法院诉讼的案件关口。二是重视审前程序的作用，完善审前程序是加强审判管理改革的重要任务，充分发挥庭前会议的事实展示、争点确认、充实庭审、促进和解调解的功能，实现纷争的适时解决与庭审的集中化审理。[②] 三是优化调解等非诉讼纠纷解决程序，反思与重构替代性纠纷解决机制的正当性。当下替代性纠纷解决方式在化解纠纷上出现的"疲软"现象，在很大程度上亦要求从理论上反思其正当性。例如，对调解的中立性和调解结果的可接受性进行反思就是一个方向。四是对不同审级程序进行优化，反思与重构不同审级的功能，强化审级监督功能，突出高级人民法院、最高人民法院在统一法律适用方面的功能。

（四）合理分配法官与当事人在民事案件管理中的角色和作用

民事案件管理的核心在于合理分配法官与当事人在诉讼进程中的角色和作用。民事诉讼的核心任务之一就是分配法官与当事人在事实阐明方面的责任。如何分配法官与当事人在事实阐明上的责任，关涉民事审理模式问题。根据法官与当事人在事实阐明方面的责任分配，各国典型的民事审理模式可以分为德国的对话诉讼、美国的对抗诉讼以及日本的对抗与判定模式。在美国对抗诉讼模式下，为了应对诉讼迟延等危机，经过改革，法官担负起了程序上的案件管理义务。德国对话诉讼模式下的法官在辩论主义的框架下承担了形式指挥诉讼义务、促进诉讼义务和包含探讨义务、发问义务、晓谕义务在内的实质指挥诉讼义务。日本对抗与判定审理模式下当事人在辩论主义的框架内对事实阐明负主要责任，法官通过阐明权提供协助。[③] 反观我国民事诉讼，历来重视法官的能动角

---

① 傅郁林：《中国司法管理的民事审判视角》，载王越飞主编：《内生与外控结合型司法管理模式研究》，河北人民出版社 2012 年版，第 56～57 页。

② 熊跃敏、张润：《民事庭前会议：规范解读、法理分析与实证考察》，载《现代法学》2016 年第 6 期。

③ 周翠：《现代民事诉讼义务体系的构建——以法官与当事人在事实阐明上的责任承担为中心》，载《法学家》2012 年第 3 期。

色，但从职权主义转向辩论主义的过程中如何设定法官与当事人在事实阐明上的角色，尤其是在“案多人少”的民事案件管理改革语境下，有必要深入探讨。

1. 关于我国民事诉讼审理模式的选择

比较上述三种民事诉讼审理模式的特点，可知我国当前民事诉讼的立法与实践运作趋同于“对抗与判定”的模式，即强调当事人的主张责任、自我责任和法官裁判的中立性与协力性。当然，德国对话诉讼模式强调法官对诉讼的实质指挥，彰显了诉讼集中主义。因此，在对我国民事案件管理进行改革的过程中，有必要吸收其合理成分，即在尊重与保障当事人程序主体地位的前提下，以促进诉讼的迅速化与集中化、庭审的充实化为目标，适度强化法院对案件的有效管理。

2. 管理型法官与案件的集中化审理

保障当事人的程序主体地位是现代司法的主要特征。因此，法官在民事案件管理改革中一方面要尊重当事人的程序主体地位，坚持当事人处分主义和辩论主义，尊重当事人的自主性；另一方面要积极行使手中的诉讼指挥管理权和阐明权，实现对案件过程的有效管理。总之，法官应当平衡好对案件的管理权和诉讼的指挥权与当事人程序选择权和程序自主权的关系。①

3. 当事人的协作、参与和配合作用

民事案件管理改革要取得成功离不开当事人的协作、参与和配合。具体而言，为了保障当事人的有效及时参与，需要相关的理论和制度提供保障。在约束性辩论主义的诉讼体制之下，诉讼标的理论、当事人主张责任的具体化及口头辩论原则的采行是当事人履行事实阐明责任的基础。从当事人的诉讼义务来看，赋予当事人的事案解明义务、真实完整义务、诉讼促进义务以及具体化义务，虽然在理论上还存有争议，但是民事案件管理改革要取得实质进展，实现诉讼的集中、高效与公正，是离不开现代诉讼义务体系的构建的。此外，随着现代诉讼向专业化、规范化发展的趋势，作为当事人代理人的律师在民事案件管理中的协助与参与作用亦不可小觑。②

① 钱颖萍：《司法改革视野下中国民事案件管理制度的构建》，载《重庆大学学报(社会科学版)》2015年第1期。

② 蔡彦敏：《中国民事司法案件管理机制透析》，载《中国法学》2013年第1期。

结　语

“案多人少”矛盾是法院当前面临的重要难题，能否有效应对与化解该矛盾直接关涉当前我国法院司法改革的成效。从法院的立场和肩负的职责与使命来看，审判管理或案件管理改革是其应对的主要举措。民事司法改革的宏观导向对民事案件管理改革具有重要的作用。西方国家民事司法改革的主要任务是在基本实现司法公正和司法权威的前提下解决诉讼拖延、案件积压、诉讼成本等司法危机，而我国当下民事司法改革的任务恰恰与西方国家相反，是在适当放慢速度的基础上，强化对当事人的程序保障、提升案件裁判质量、保障法官身心健康、赢得公众对司法的信赖。① 与“减速保质”配套，需要变革国家的治理方式，疏通政治过程，加强多元化纠纷解决方式的供给，使公众在转型社会中的不同诉求能够得到顺畅表达，同时帮助公众树立在选择纠纷解决方式时“只选对的”理念。应对“案多人少”矛盾危机，法院的民事司法改革和民事案件管理改革任重道远。

① 李浩：《宁可慢些，但要好些——中国民事司法改革的宏观思考》，载《中外法学》2010年第6期。

民主集中制与少数服从多数:功能分野视角下审委会组织原则的二元重构

谭中平[*] 肖明明[**]

摘要:在完善人民法院司法责任制背景下,审委会的功能结构应依其承担职能范围和类型的不同,调整为审理案件和司法会议两大模块。相应的,根据不同功能模块的组织内容、运行模式和特征上的差异性,二者应遵循不同的组织设计和运行原则。故现行法院组织法以民主集中制作为审委会组织原则已有悖于司法规律和改革趋势。审委会讨论案件应实行少数服从多数的组织原则,以合议制的形式讨论或审理特定案件,并以民主的多数决规则作出定案决定。审委会司法会议则应实行民主集中制的组织原则,增设征求意见、信息反馈和法官列席等民主程序,以"全委会"的形式讨论决议宏观指导性议题,并以多数决规则作为基本决策原则,以主持人特殊情形下的适度集中为例外和补充。

关键词:审委会;功能分化;组织原则;民主集中制;少数服从多数

一、问题的提出

科学的审判权力运行机制是完善人民法院司法责任制的前提,也是当前司法体制改革的中心任务。在结构上,中国司法制度语境下的审判权力束由独任制与合议庭审判权、审判委员会审判权、审判监督权和审判管理权所组成,在其相互关系上则确定了"以审判权为核心,以审判监督权和审判管理权为保障"的

[*] 作者系重庆市江北区人民法院研究室副主任,审判员,法学硕士。
[**] 作者系西南政法大学民商法学院博士研究生,重庆市江北区人民法院审判员。

格局。[①] 在司法改革背景下，审判委员会及其运行机制改革再次成为理论界与实务界共同关注的焦点，并进一步反映到《法院组织法》等立法修正的深层法律变革领域。

回顾近二十年来关于审判委员会存废与改造的争论，基本观点和改革思路可大致作如下归纳。一是主张彻底废除论，认为审委会制度违背直接审理等基本诉讼原则，损害司法公正与效率。[②] 二是主张部分废除论，从审级功能与职责角度，或认为应取消基层法院审委会，[③]或认为应仅保留最高人民法院审委会。[④] 三是主张单一功能论，即保留各级法院审委会，但重塑或改造其组织功能，将其转变为审判机构予以“合议庭化”，[⑤]或者将其定位为咨询机构予以“专业委员会化”。[⑥] 四是主张整体改造论，反对取消审判委员会，并针对制度运行中现有的规则、程序与功能等方面的问题，对症下药，适时修补。[⑦] 以上争鸣中，关于审委会去留问题，随着专业讨论的深入以及司法政策与改革的演进路径的日趋明朗，[⑧]似已无太大分歧。当下的关键问题在于如何在尊重司法规律、顺应司法改革趋势的前提下，合理配置与设计审委会的组织功能、组织原则和具体运

① 最高人民法院《关于完善人民法院司法责任制的若干意见》将这一权力关系结构作为推进司法责任制改革的基本原则予以确立。

② 如赵红星、国灵华:《废除审判委员会制度——“公正与效率”的必然要求》，载《河北法学》2004 年第 6 期。

③ 如高洪宾:《中国审判委员会制度改向何处——以本土化为视角的思考》，载《法律适用》2006 年第 3 期。

④ 如魏胜强:《论审判委员会制度的改革——以我国台湾地区大法官会议制度为鉴》，载《河南大学学报(社会科学版)》2013 年第 3 期。

⑤ 如程新生:《审判委员会制度研究》，载《政治与法律》2000 年第 1 期;张卫彬:《审判委员会改革的模式设计、基本路径及对策》，载《现代法学》2015 年第 5 期。

⑥ 如李雨峰:《司法过程的政治约束——我国基层人民法院审判委员会运行研究》，载《法学家》2015 年第 1 期;魏胜强:《论审判委员会制度的改革——以我国台湾地区大法官会议制度为鉴》，载《河南大学学报(社会科学版)》2013 年第 3 期。

⑦ 如徐永珍、孙丽娟:《现行审判委员会制度存在的问题及对策》，载《现代法学》1999 年第 3 期;夏孟宣、胡苗玲:《司改背景下审判委员会职能合理定位的路径选择》，载《法律适用》2015 年第 11 期。

⑧ 2010 年 1 月最高人民法院出台《关于改革和完善人民法院审判委员会制度的实施意见》，2015 年 9 月又出台《关于完善人民法院司法责任制的若干意见》，司法政策演进的预留空间里始终将审委会作为特色制度予以推进和改造。

行机制。

在支持保留与变革审委会制度的讨论声音中,多局限于从具体规则、程序和机制等微观层面进行实证分析或理论探讨,少有从结构功能等宏观角度阐述审委会的法律定位、组织功能和组织原则等重要问题。其实,诸如讨论案件范围、审理模式、审委会成员组织构成以及其他职责范围的确定等具体程序与变量的优化,很大程度上取决于如何科学设计与配置审委会的组织功能。根据司法责任制改革的路径规划,审委会的讨论案件功能将逐步弱化,同时其宏观指导功能将同步增强。依此趋势,审委会将渐趋形成案件审判功能和司法会议功能并重的二元组织功能格局。再进一步,当审委会的职能范围逐渐明确为讨论案件和司法会议两大模块后,其相应组织原则和运行规则也应相应予以明晰和确立。尤其对于组织原则问题,《人民法院组织法》规定审委会实行民主集中制原则,而最高人民法院《关于改革和完善人民法院审判委员会制度的实施意见》则规定审委会讨论案件实行民主集中制。至于民主集中制原则的内涵与外延是什么、具体运行机制机理如何以及表现形式和适用范围等问题,无论是立法规范还是学术探讨,均鲜有深入发现、分析和论证。审委会讨论案件是遵循少数服从多数原则还是实行民主集中制,以及审委会司法会议决议过程究竟应采取何种组织原则和表决规则,这些均是改革与修法前夕即应予以正视和解决的重大理论问题。本文将从系统梳理民主集中制的政治学与法学含义以及其作为组织原则的制度和实践形式等内容入手,在考察审委会组织原则的现实运行状况的基础上,解析与重构审委会两大组织功能领域运行中所应遵循的组织原则。

二、民主集中制与审委会组织原则的源起、含义与形式

1951年颁行的《人民法院暂行组织条例》即规定在当时的县级和省级人民法院"得设审判委员会",①1954年通过的《人民法院组织法》则规定了"各级人民法院设审判委员会",②但均未明确其组织原则问题。1979年及之后历次修订的《人民法院组织法》虽确立了民主集中制作为审委会组织原则,但并未明确其内涵和运行机制。因此,有必要系统梳理与考证作为组织原则的民主集中制

① 1951年版《人民法院暂行组织条例》第15条、第23条第2款。

② 1954年版《人民法院组织法》第10条。

的政治学和法学含义。

(一)民主集中制的政治学考察

民主集中制是无产阶级政党和社会主义国家普遍遵循和坚持的根本组织原则,其思想渊源可追溯至马克思和恩格斯早期关于共产党组织原则和建党实践的论述。① 首次明确提出并使用“民主集中制”概念的则是列宁在1905年发表《论党的改组》一文后,并进而于1906年4月将其首次载入俄共党章。② 中国共产党自成立伊始便深受民主集中制的影响,经由毛泽东、邓小平等几代领导集体的丰富与发展,已形成一套符合中国国情、具备深刻内涵和广阔外延的理论框架与体系。

1. 民主集中制的理论特质。作为共产主义制度的核心政治思想之一,民主集中制具有时代性、制度性和可解释性等基本理论特质。首先,随着党和国家所处时代背景的变动,民主集中制的思想内核与理论框架会随之变化和发展,如战争年代则偏重权力集中,而和平年代则强调分权与民主。③ 其次,民主集中制并非只是一个空洞的政治口号,而是一套可具体化为若干制度机制的理论体系,并渗透和表现于国家政治法律生活的各细节领域。最后,民主集中制因其丰富内涵而具有极强的可解释性,因而其外延和形式也会因语境和范畴的不同而不断变化与发展。

2. 民主集中制的基本内涵。如何看待民主和集中两者之间的逻辑关系,是正确理解和把握民主集中制实质内涵的前提。毛泽东就此给出了经典性解释,即民主集中制“是民主的,又是集中的,就是说,在民主基础上的集中,在集中指导下的民主”。④ 尽管理论界关于民主集中制的本质含义以及民主和集中的关

---

① 武三中:《变革时代民主集中制问题研究——兼论作为制度系统的民主集中制》,新华出版社2010年版,第3～5页。

② 辛向阳:《马克思主义民主集中制思想与当代中国政治发展》,中国社会科学出版社2015年版,第42～45页。

③ 武三中:《变革时代民主集中制问题研究——兼论作为制度系统的民主集中制》,新华出版社2010年版,第34～35页。

④ 《毛泽东选集》第3卷,人民出版社1991年版,第1057页。

系仍存较大争议，但主流观点认为民主集中制的内在规定性是民主和集中的辩证统一。[①]

3. 民主集中制的理论框架。在性质和地位上，民主集中制是党和国家机构的根本组织原则。而所谓组织原则，"就是国家机关按一定方式组织起来的那些指导思想"[②]，它区别于政治原则，所要解决的是组织上的集中统一问题。在宏观方面，作为党的组织原则的民主集中制的内容框架为：(1)集体领导与个人分工负责，直接表现即为党委制及其工作方法；[③](2)坚持群众路线，先民主，后集中，领导同群众相结合；[④](3)坚持"四个服从"原则，即个人服从组织、少数服从多数、下级服从上级、全党服从中央；(4)党内民主选举与监督；(5)禁止个人崇拜。国家机构组织原则意义上的民主集中制则主要与国家政体相联系，具体表现为人民代表大会与其他国家机构的关系以及中央与地方的权力分配关系等方面。

(二)民主集中制的法学解读

民主集中制的主要法律渊源是宪法及宪法性法律，[⑤]法学界对其分析和解读的视角也多从宪法学着手。首先，民主集中制是我国宪法的具体原则。[⑥] 民主集中制的宪法功能主要在于型构我国政体与政权组织形式，具体体现则为各国家机构之间的权力关系模式；因此，有学者将民主集中制原则解释为"政权'组织'形式的原则"或"'组建'国家机关时要遵循的原则"。[⑦]

其次，民主集中制体现为一系列制度和机制，并在深层次上暗含着"权力—

① 梁瑞英：《新时期中国共产党党内民主集中制建设研究》，中国社会科学出版社 2014 年版，第 18 页。关于民主集中制的实质以及民主与集中的关系的观点综述亦可参见该书第 15～17 页。

② 范进学等：《民主集中制宪法原则研究》，东方出版中心 2011 年版，第 196 页。

③ 毛泽东强调，一切重要问题均须提交委员会讨论，由到会委员充分发表意见，作出明确决定，然后分别执行。参见《毛泽东选集》第 4 卷，人民出版社 1991 年版，第 1340～1341 页。

④ 《毛泽东文集》第 8 卷，人民出版社 1999 年版，第 291 页。

⑤ 《宪法》第 3 条第 1 款、《人民法院组织法》第 10 条第 1 款、《人民检察院组织法》第 3 条第 2 款、《全国人民代表大会常务委员会议事规则》第 2 条等。

⑥ 程乃胜：《论民主集中制原则在宪法中的地位》，载《法制与社会发展》2003 年第6 期。

⑦ 马岭：《我国现行〈宪法〉中的民主集中制原则》，载《云南大学学报(法学版)》2013 年第 4 期。

权利”的对立统一关系。它并不仅仅意味着宏观的政治思想原则，在中观和微观上，还对应着体系化的制度、机制和规则。在制度层面，情况通报制度、情况反映制度、重大决策征求意见制度等均是民主集中制理论思想的实现形式。在规范层面，民主包含着平等、权利等价值要素，而集中则包含着服从、权力等价值要素；因此，民主集中制的实质内涵又可以“权利—权力”模型予以解释，即“民主和集中的关系表现为权利和权力的关系、权利主体和权力主体的关系”。[①] 实行民主集中制则是为了在确保人民、党员或委员平等行使参与和表达权利的基础上作出科学而高效的决策。

最后，民主集中制内含某种程序规定性，在国家机构或组织内部运行机制中，表现为一套符合民主和集中要素特征的程序规则，包括决策过程中的意见表达程序、表决程序、监督程序和责任追究程序等，其基础与核心则是民主的少数服从多数程序。[②] 换言之，民主程序是民主集中制的前置性程序，“没有民主，就没有‘集中’；而这个‘集中’，总是要在民主的基础上，才能真正地、正确地实现”[③]。

（三）民主集中制与少数服从多数的辩证关系

民主集中制与少数服从多数是两个紧密联系又有所区别的概念。一方面，少数服从多数是现代“民主”的最本质内涵和标志，也是最基本的决策表决程序之一。因此，少数服从多数是民主集中制原则的具体构成内容和组成部分，其作为程序规则主要适用于党委集体领导以及各类委员会集体决策领域。当然，这层意义上的少数服从多数主要指涉的是“规则”层面的含义，即人们通常所理解的“多数决”的表决决策规则。而民主集中制的内涵和外延则要广阔得多，既是程序规则，又指宪法原则。并且，即使仅作为程序规则，民主集中制还包含“集中”的规则要素，当在充分保障民主权利的前提下集体领导组织仍无法得出多数意见或者多数意见极端压制少数人权利或者出现十分紧急状态等情形时，则应适度实行权力集中，科学高效地作出决策。

另一方面，当少数服从多数作为组织运行原则时，其规范含义和地位则与民

---

① 武三中：《变革时代民主集中制问题研究——兼论作为制度系统的民主集中制》，新华出版社 2010 年版，第 149 页。

② 范进学等：《民主集中制宪法原则研究》，东方出版中心 2011 年版，第 200～201 页。

③ 《邓小平文选》第 1 卷，人民出版社 1989 年版，第 304 页。

主集中制类似。此时,少数服从多数原则的内容构成上,既包括作为表决决策规则的"多数决"含义,又包括基本的平等讨论、发言规则以及决策执行效力规则等要素。不过,在属性上,少数服从多数原则仍从属于民主原则的范畴,遵循民主价值的基本指引。

(四)民主集中制作为审委会组织原则的具体含义与实践形式

从宪法原则的角度,人民法院是按照民主集中制的组织原则设置和构建的——由人民代表大会产生,对它负责,受它监督。① 从法院内部运行的角度,各级法院党委要遵循党内民主集中制原则,各级法院审判委员会亦实行民主集中制。在制度背景上,审委会制度本身就是按照民主集中制原则组织和配置法院审判权力模式与格局的结果。② 而在逻辑关系上,有学者所提出的由民主集中制所形塑的中国"政法传统",③主要应是指党内系统下以"政法委—法院党委—法院"相互关系模型为特色的司法文化现象。但法院审委会内部实行的民主集中制,更多是指作为制度系统和程序规则的组织与活动原则,而非党内民主意义上的民主集中制。

实践中,审委会运行过程中的民主集中制实践形式主要表现为一系列与决策表决密切相关的体现民主和集中要素的制度、机制、程序和规则。少数服从多数规则是审委会讨论案件或作出其他决定时应遵守的首要原则,这无疑是民主政体的最基本要求。群众路线也是审委会履行除审理案件之外其他任务时所应坚持的组织活动原则,其具体表现为重大问题决议前所应必经的征求意见、民主评议和民主监督等程序机制。此外,平等的会议运行程序、发言规则、表决规则以及后续责任追究程序等亦均是民主集中制原则在审委会运行过程中的应然或实然体现。

---

① 《宪法》第3条是关于民主集中制原则的具体规定,其第2款规定"国家行政机关、审判机关、检察机关由人民代表大会产生,对它负责,受它监督"。

② 从历史的客观评价角度,审委会的设置是在法制欠缺、政治不稳的时代背景下产生的,是用以集中和监督审判权行使的集体领导方式,具有历史合理性。参见程新生:《审判委员会制度研究》,载《政治与法律》2000年第1期。

③ 侯猛:《政法传统中的民主集中制》,载《法商研究》2011年第1期。

三、审委会组织原则运行样态的实证分析:样本、问题与成因

(一)审委会组织原则运行的实践样本分析

由于民主集中制原则的概念内涵过于抽象,各地在细化审委会运行机制时多以议事规则或工作规则的形式确立其具体程序和规则,并以此落实民主集中制组织原则的实践要求。为深入观察与分析民主集中制原则在审委会制度实践中的功能状况,本文收集了不同层级、不同地域法院所公开的审委会运行规则为样本进行实证分析。

表1　审委会组织原则运行实践的静态样本分析

法院级别	法院名称	文本名称	是否规定实行民主集中制	有无征求意见程序	发言规则	表决规则	组织规则是否依决议事项而不同	无法形成多数意见时的补救规则
最高人民法院	最高人民法院	《审判委员会工作规则》	是	无	无	所有决定经委员人数过半数	否	无
	最高人民法院	《关于改革和完善人民法院审判委员会制度的实施意见》	讨论案件实行民主集中制	无	职级高的委员后发言,主持人最后发言	讨论案件的决议按全体委员半数以上多数意见作出	否	无
高级人民法院	G省高级人民法院	《审判委员会工作规则(试行)》	是	无	按承办人、分管领导、其他委员、主持人顺序	按全体委员的过半数多数意见决定	否	征询未到会委员意见或再次讨论直至形成多数意见
	S省高级人民法院	《审判委员会工作规则》	否	无	职级高的委员后发言,主持人最后发言	按全体委员的过半数多数意见决定	否	无

续表

法院级别	法院名称	文本名称	是否规定实行民主集中制	有无征求意见程序	发言规则	表决规则	组织规则是否依决议事项而不同	无法形成多数意见时的补救规则
中级人民法院	Z市中级人民法院	《审判委员会工作规则(试行)》	讨论决定案件和事项实行民主集中制	无	按分管庭长、副院长、其他委员、院长顺序	按出席会议的半数以上委员多数意见	总结审判经验、讨论其他问题参照讨论案件的程序	院长可决定重新讨论一次
	A州中级人民法院	《审判委员会工作规则》	是	无	分管领导先发言、行政职务高的委员后发言,主持人最后发言	按过半数到会委员多数意见作出决议	否	主持人可作出以后再议的决定
基层人民法院	J区人民法院	《审判委员会议事规则(试行)》	否	无	委员不分先后平等发表意见,主持人最后发表意见和表决	按全体委员过半数多数意见决议	否	主持认可决定复议
	B市人民法院	《审判委员会工作规则》	是	无	职级高的委员后发言,主持人最后发言	按全体委员过半数多数意见决议	否	可暂不形成决议,交由下次会议讨论

通过对样本资料的分析,我们发现各级法院对审委会组织原则在认识和理解上存在较大差异,对于民主集中制的若干程序规则和制度机制亦未有效遵从和落实。例如,多数法院均未适度区分审委会讨论案件与决定其他议题事项之间的组织原则和规则。由此可见,实践中对于审委会是否应坚持民主集中制的组织原则以及如何将其予以落实仍存在重大争议和诸多问题。

(二)虚化与混杂:审委会组织原则运行中的主要问题

综合前述样本分析所展示的资料数据以及各地各级人民法院实际情况来

看，当前审委会组织原则存在两极化的问题，其直接表现为对民主集中制的各种误解和虚置。

1. 以少数服从多数规则替代民主集中制。由于民主集中制是一个过于抽象的政治学概念，人们在对其进行认识和理解上往往会发生偏差。从样本资料可知，无论最高人民法院还是各下级人民法院，普遍仅以多数决原则作为审委会组织与运行的基本准则和规则。讨论审理案件以合议制方式按少数服从多数规则作出最终决定，是司法规律使然，绝对无可厚非；但是，审委会决定其他重大审判问题则不应也不宜全然以单纯的多数决原则作出。

2. 审委会不同功能模式下的组织活动原则未合理区分。大部分样本法院的审委会工作规则或议事规则中，多简单援用《人民法院组织法》中规定的"审委会实行民主集中制"，但在确立议决规则时又笼统规定审委会"作出决定或决议"时遵循少数服从多数原则。换言之，实践中没有针对审委会不同的组织功能事项合理区分和设置不同的组织原则和规则，容易产生功能混乱之嫌。

3. 审委会决议过程中的民主或集中两极化问题。前已论及，民主集中制是民主要素与集中要素的有机对立统一，主要功能价值在于预防低效拖沓或独断专行。但正如学者们所经常诟病的，审委会制度运行中往往出现"一把手政治"或者议而不决等诸多问题。这些均是因集体决策过程中民主或集中两极化现象所导致的。

(三)组织功能紊乱:审委会组织原则运行障碍的生成原因

审委会遭受质疑和诟病最多的是讨论决定案件中的权责不清、审理程序缺失等问题。其根源在于法律对审委会的性质和功能定位含混不清，导致制度实践运行中出现价值偏差和程序失位。

如果将审委会定性为审判组织，那么其仅需依据既定诉讼规则和程序，开庭听审，民主讨论，并最后依少数服从多数原则表决决定案件结果。但是，审委会还兼具管理和解释的职能，而在履行不同职能议决不同事项时却适用同一套组织原则和规则，采取"杂糅性司法会议"模式决定所有待决事项。审委会的法律性质定位不清会造成其价值功能混乱，而组织功能的紊乱则会直接导致其组织原则和规则的混杂直至虚化。根据最高人民法院《关于完善人民法院司法责任制的若干意见》的规划，审委会的讨论案件范围将受到严格限制，同时其宏观指导职能将被予以强化。在此背景下，审委会的组织功能格局将得到较大程度的调整，相应任务模块的具体功能和议事范围也将同步渐趋明朗，其对应的组织原则和活动规则也应跟进重构。

四、改革背景下审委会组织功能的二元划分

按照《人民法院组织法》的规定，审委会的法定功能为：总结审判经验、讨论重大的或者疑难的案件、讨论其他有关审判工作的问题。关于这三大功能的实践运行状况，根据左卫民教授的最新实证研究资料，审委会的案件裁判功能非常明显，而制度预设的宏观指导功能却发挥欠佳——以其选取的A省部分法院样本资料为例，审委会讨论案件占其工作总量的93.3%，而对宏观指导议题的讨论仅占6.7%，差距悬殊。[①] 这一结论，也同样得到了不同时期的其他研究者的实证资料印证，[②]说明实践中审委会的主要功能被定位为讨论各类案件。

结合当前司法改革的总体方向，应将审委会的审判功能和其他功能予以分离，并分别确立不同的组织和运行机制形式，从功能结构上对审委会制度进行彻底改造。从审委会讨论案件以及宏观指导事项的内容构成的角度，可以将其功能归纳为三类：审判功能、解释功能和管理功能。其中，解释功能即制定司法解释或司法政策文件，总结审判经验，审议指导性或参考性案例等与解释适用法律相关的重大事项。而管理功能则指分析审判态势，评查案件办理质量，审议与审判工作相关的工作部署或人事议题等审判管理职能。因此，审委会的解释功能和管理功能可以合并为议事功能，采用相同的组织形式和组织活动原则，并与审判功能并列生成审委会的二元组织功能架构。

(一)讨论案件：审委会的审判功能

作为审判组织讨论决定案件时——无论是直接审理案件还是仅决定特定案件的法律适用意见，审委会行使的司法权力无疑是审判权。因此，相关组织形式、组织原则等程序规则设计便理应遵循审判规律和诉讼原理，形成科学合理的审判权运行机制。在功能价值的位阶排序上，审判功能不宜被定位为审委会的核心功能，这既是司法责任制改革的趋势所在，又是对审委会制度运行实践的客观回应。现实中，多数法院的大部分审委会委员均由院、庭长及专职委员担任，

---

① 左卫民：《审判委员会运行状况的实证研究》，载《法学研究》2016年第3期。

② 如四川省高级人民法院课题组：《司法改革中地方法院审判委员会宏观指导职能的重置——基于C省审委会制度运行的实证分析》，载《理论与改革》2015年第6期；洪浩、操旭辉：《基层法院审判委员会功能的实证分析》，载《法学评论》2011年第5期。

而他们往往身兼较多的行政管理或审判管理职务，不太可能集中过多精力于讨论审理案件——即便可以，相关案件的审理质量也难以得到保证。因此，应逐步限制和缩小审委会讨论案件的范围，并合理区分讨论决定合议庭提交的案件和审委会直接审理的案件在类型、审理形式以及决定方式等方面的规则差异，以充分发挥审委会作为人民法院最高审判组织的应然效能。

(二)司法会议：审委会的议事功能

从组织制度的角度，审委会履行讨论案件之外的其他职能，本质上是对审判工作实行集体领导的另一种体现。虽然党委要从政治系统的角度实现对法院重要工作的领导，但其与政府机关中党委与行政分支间的关系一样，不能完全取代审委会对审判专业工作的指导。在此意义和功能上，审委会实质上是法院重要司法审判工作事项的集体决策组织，其组织方式则是以司法会议的形式实现组织预设的议事功能。在权力关系上，审委会司法会议也是集体行使司法权力的体现形式，其权力构成上包括司法解释权、审判管理权和审判监督权；这些权力在属性上类似于决定权，而非司法判断权，故与审判权有明显的界分。同样，审委会司法会议不论是以“全委会”的形式还是以组建专业委员会的形式议决事项，所遵循的组织原则和表决规则都应与讨论案件有所不同。

五、功能分野基础上审委会组织原则的二元重构

基于审委会组织功能上的二元调整，其对应功能视角下的组织原则亦可予以二元重构，即审委会履行审判职能讨论决定案件应遵循少数服从多数原则，而履行议事功能召开司法会议时则应坚持民主集中制原则。

(一)少数服从多数原则：审委会讨论案件的基本组织原则

在一般意义上，民主的精神实质即概括为少数服从多数；但是，少数服从多数绝非民主原则的全部内涵。缺乏自由、平等和权利保障程序等价值要素的“少数服从多数”只是一种表决规则，并且容易通向“多数暴政”的民主之反面。因此，多数决作为决策机制，需要辅之以必要的程序约束。① 同样意义上，在作为审委会讨论案件的组织原则时，少数服从多数原则指的是遵循既定的程序价值规则、采取一定的组织形式、按照少数服从多数的表决规则作出案件处理决定的

① 姜峰：《多数决、多数人暴政与宪法权利》，载《法学论坛》2011年第1期。

一系列要素和方式的集合。

1. 审委会讨论案件的组织形式。在研究审委会讨论案件的程序与方式时，很多批评观点都针对其“判而不审”等问题而提出变会议式审理模式为合议庭式的直接审理模式。的确，各类实证分析文章所集中揭示的审委会听审式的“汇报—决定”定案模式①存在重大缺陷。但是，也并不能一概否定会议式审理模式的合理性，在设计审委会讨论案件的组织形式时应根据所讨论案件的类型和属性来具体选择。从改革的趋势来看，对于由合议庭提交审委会讨论的案件，审委会可以采取类似于书面审的会议式形式、按照合议制评议规则讨论决定该案件的法律适用意见。对于由审委会直接审理的涉及国家外交、安全和社会稳定的重大复杂案件，则应采取组成合议庭的组织形式。可以借鉴法国和日本等国家最高法院实行的“大法庭”制度，由院长和各审判庭庭长或资深法官组成合议庭审理各类需要统一法律适用的案件。② 不过，在合议庭人员构成上，并不必然采取“满席合议庭”的形式，而是可根据所讨论或审理案件的性质选择具有专业特征或审判经验的5～7名委员组成专门合议庭。

2. 审委会讨论案件的程序价值要素配置。与一般的合议庭组成有所不同，审委会委员主要由院、庭长和少数资深法官组成，委员之间存在行政职级上的高低，权力的潜在影响存在作用的空间。因此，审委会审理决议案件时，应按照平等、自由等价值需求设置对应的程序机制，以保障每个委员充分大胆地发表意见；同时还应明确监督程序、责任机制和救济程序，防止出现“一言堂”或“一把手决策”。

3. 审委会讨论案件的发言与表决规则。根据最高人民法院相关司法解释的规定，审委会讨论案件时发表意见或表决按照职级或法官等级由低到高的顺序进行，③这种规定无疑是为了确保定案程序的民主性和实质公正性。但是，评议案件毕竟不是单纯地举手表决，而是需要持不同法律适用意见的委员之间进

① 周登谅：《审判委员会制度的潜规则研究——以一起民事纠纷的解决为考察起点》，载《政治与法律》2008年第6期。

② 张卫彬：《审判委员会改革的模式设计、基本路径及对策》，载《现代法学》2015年第5期。

③ 《关于改革和完善人民法院审判委员会制度的实施意见》规定“按职级高的委员后发言的原则发表意见”，而《关于完善人民法院司法责任制的若干意见》则规定“按法官等级由低到高的顺序表决”。

行辩论与交锋的过程。因此,在多轮式、交叉式的辩论与说服过程中,依照现行表决方式,想要完全屏蔽权力层级高的委员发言意见的潜在影响性几乎是不可能的。对此,一个可行的改革路径是变现行的口头表决或举手表决为无记名票决制,即全体委员发言与辩论完毕后,采取无记名投票的方式表决,并由审委会秘书现场计票和唱票,最终按少数服从多数规则作出决定。票决制的这种“议”“决”分离的功能特征能有效消除“一把手”个人独断的可能性,使决策更加真实客观。①

(二)民主集中制原则:审委会司法会议的基本组织原则

作为审委会独立的功能单元,司法会议在组织形式、程序构造和议事规则上都不同于讨论或审理案件,因此,它本身应有一套独立的运行机制,并依据民主集中制原则组织起来。

1. 审委会司法会议的组织构造与形式。由于司法会议并不针对司法个案作出判断和决定,而是针对与法院审判相关的重要事项进行共同商议和表决;故实质意义上,它是集体决策制度的一种体现形式,全体审委会委员则是决策集体和主体。因此,审委会司法会议应当按照民主集中制原则进行组织和构造,并遵循民主集中制的制度、程序与规则。在组织形式上,司法会议应采取“全委会”的会议型决策模式,而不宜实行有些学者所倡导的在审委会中下设专业委员会或特别委员会的组织形式;因为,司法会议的决策事项往往具有整体性和全局性,需要集体的智慧和力量予以决断,需要权力的集中行使,而不宜过于分散。不过,从民主集中制的集体领导与个人分工负责原则的角度,则可以下设专委会的形式负责执行司法会议的决议,并跟踪监督其落实情况。

2. 审委会司法会议运行中的民主程序原则。构建审委会司法会议运行机制时则应注重兼顾程序的民主性和结果的科学性与效率性,建议增设以下三个具体程序:(1)征求意见程序,科学编制审委会司法会议议题列表,在会议召开前将有关议题的要点公开或点对点公布,②广泛征求意见,并供司法会议决策参考。(2)信息反馈程序,畅通意见建议的沟通流动渠道,建立常态化的情况反映

① 武三中:《变革时代民主集中制问题研究——兼论作为制度系统的民主集中制》,新华出版社 2010 年版,第 239~240 页。

② 对于涉密议题可根据公开范围或密级采取点对点公布并征集意见的形式,不过,从司法公开和破除司法神秘主义的角度,对于不涉及国家秘密、商业机密或个人隐私的事项均不宜对法官或社会公众“秘而不宣”。

机制,让审委会可以从日常信息反馈中发现议题、掌握情况和平衡利益。(3)法官列席程序,对于重大审判事项,应邀请法官代表列席司法会议,并允许其发表意见,但不赋予其表决权,以提高决策的民主性和科学性。

3. 审委会司法会议的表决规则与程序。本质上,民主的过程也是"集中"的过程,是赋予最终决策以人们可接受的权威之过程。[①] 审委会司法会议的决策规则应充分体现民主要素与集中要素的辩证统一。具体到规则与程序上,少数服从多数仍是审委会司法会议的基本性、常态化的表决规则;这也符合有关事物真理性的经验法则——多数人的意见在多数情况下是更趋合理的,同时也是为何"民主"是民主集中制原则的前置基础性要素的原因。而集中原则在司法会议表决程序中的功能则主要作用于特殊的例外情形之中:

(1)当司法会议无法形成多数意见时如何作出决议?具体包括两种情形:一是当审委会委员人数为偶数时,会存在客观的多数决困境。二是当待决事项存在多种意见且每种意见均无法达到过半数的多数时,也会出现主观的多数决困境。此时,即应赋予会议主持人以适度集中式的特殊权限,按主持人所在方意见作出决议;但同时应将决议过程和内容详细记录,并通报上级法院审委会和同级监察监督机构。

(2)当针对特定事项的多数意见可能错误或不妥时如何作出决议?正如有的质疑声音所言,审判经验的总结是一种实践的积累,并不以多数通过为佳,有时少数意见却客观地反映了审判规律。[②] 因此,当某些议题的多数意见违背司法规律或明显欠缺合理性时,应当设置特别动议程序,由特定数量的委员或主持人提出,并要求司法会议进行充分调查研究后再次讨论表决。同样,如果最终决议是按少数意见作出,则应将其过程与理由详细记录并予以公开和向上通报。

(3)当出现重大突发的审判相关事项且无法及时召开审委会司法会议时如何作出决议?对此,应启动预先设定的特殊议决机制,由院长会同分管该事项的副院长先行共同作出决策,并在情况允许后及时将事态处理过程向全体委员通报。这种程序机制类似于行政机关首长负责制中的应急预警程序,其本质则是权力在紧急状态下的集中行使。

---

① 范进学等:《民主集中制宪法原则研究》,东方出版中心2011年版,第182页。

② 高洪宾:《中国审判委员会制度改向何处——以本土化为视角的思考》,载《法律适用》2006年第3期。

刑事法律前沿

司法责任制改革背景下检察官与检委会关系定位探讨

苏志强*

摘要:检察机关长期以来一直采用的"三级审批制"办案模式因行政色彩浓厚、违背司法规律,案多人少问题突出、案件办理效率低下,案件办理责任分散、出现错误无法追究责任等弊端成为司法改革的对象之一。检察官办案责任制改革符合司法规律和检察制度的发展潮流,是我国检察制度发展的应然方向,在此背景下,检察委员会与检察官之间的关系应由领导与服从关系重塑为辅助与监督制约关系。

关键词:"三级审批制";检察官办案责任制;检察委员会

一、我国检察官办案责任制改革回顾

(一)检察机关"三级审批制"办案模式的建立

1978年,我国检察机关恢复重建,检察工作百废待兴。为了统一全国检察机关各业务部门的工作程序,最高人民检察院于1980年发布了《人民检察院刑事检察工作试行细则》,该细则确立了"办案人员承办、部门负责人审查、检察长(包括副检察长)或者检察委员会决定"的案件办理方式,即检察工作中一直实行的"三级审批制"办案模式。

我国检察机关在以公诉部门为主的业务部门中之所以会采用"三级审批制"

* 作者系中国人民大学法学院博士后,法学博士。

办案模式，是由以下因素共同决定的：(1)政治体制因素。检察机关作为国家机关之一，也是按照行政机关的运作机制建立，重建之初并未过多考量检察机关作为司法机关在内外关系即内外权力运行机制上的特殊性，检察机关的权力运行方式仿照行政机关，自然而然地沾染了浓厚的行政化色彩。(2)内部管理方面。检察机关内部管理体制受革命时期传统军事管理思维的影响，强调科层式的上级对下级的掌握和控制，这使得我国检察机关一成立就具备了检察一体化的特征，但只是具备了检察一体化的外部特征，而不具备检察一体化的内核，即不具备检察官的相对独立性。(3)人员素质方面。检察机关自恢复重建以来，人员组成上一般来自两个渠道，一是政府部门抽调，二是部队转业人员即军转干部，缺乏专业的法律人才。而我国专门法律人才的培养从 20 世纪末才开始，目前为止全国政法系统的中坚力量仍是以部队转业人员为主。

在检察机关恢复重建后的相当一段时期，“三级审批制”办案模式对于克服检察机关人员业务素养不高、保障检察权正确高效运行发挥了重要作用。[①] 因此，可以说检察机关恢复重建后建立的“三级审批制”办案模式是特定历史环境下选择的结果，在特定历史时期具有一定的必然性和合理性。但是，随着我国政治经济的快速发展，整个社会的法治化水平在不断提高，学术研究在不断深入，对司法规律的认识开始发生改变，检察工作中“三级审批制”这一极具行政色彩的管理体制与司法规律所要求的检察权运行机制的矛盾不断暴露出来。

1. 行政色彩浓厚，违背司法规律

“三级审批制”办案模式仿照行政部门的处理流程，将案件办理过程分割成办理、审核和决定三个环节，分别由承办人员、部门负责人、检察长(或分管副检察长)或者检察委员会(重大疑难案件)三个不同的主体负责，这是典型的行政化管理方式。同时，司法的亲历性要求案件要亲自办理、亲自决定，行政色彩浓厚

---

① 在检察系统内部，部门负责人以及领导层大部分是由办案经验丰富的人员担任，对法律的把握比较准确。特别是部门负责人一般都是身经百战，拥有较强的职业素质和能力，因此，从理论上讲，案件由部门负责人审核、检察长(包括副检察长)或者检察委员会决定，能够保证法律适用的准确性。参见杜磊：《检察官办案责任制改革初探》，载《环球法律评论》2015 年第 3 期。实证研究也表明部门负责人对案件的把关对于提高案件的质量确实有积极意义。参见马静华：《侦查权力的控制如何实现——以刑事拘留审批制度为例的分析》，载《政法论坛》2009 年第 5 期。

的“三级审批制”中“办案人不决定、决定人不办案”的办案方式违背了司法规律的亲历性要求。

2. 案多人少问题突出，案件办理效率低下

首先，公诉业务是检察机关最主要的业务，与其他部门相比，公诉部门最直接地感受到了案多人少问题带来的困境，并且一直得不到解决。其次，案件流转降低了办案效率。“三级审批制”下，案件不是由一个机关负责，而是要层层上报、层层决定。而且承办人员虽具体负责办理案件，却对案件没有决定权，这样的办案模式无法调动甚至扼杀办案人员的积极性。最后，法律修订给检察机关带来新的压力。随着 1997 年《刑事诉讼法》的修改，庭审模式发生重大变化，由纠问制改为对抗制，公诉部门由以前简单的宣读起诉书变为需要提供证据证明起诉的内容，这大大增加了公诉部门的办案工作量和办案压力。

3. 案件办理责任分散，出现错误无法追究责任

“三级审批制”下，办案权与决定权的分离，使得双方容易推卸责任，在很大程度上会降低承办人员的责任心，同时，行政化的管理色彩也为司法干预预留了制度的空间，容易造成冤假错案。一旦发生错案，在现有的责任追究机制下，很难将具体责任落实到人，出现人人都需要负责但人人又都不负责的尴尬局面，这将使错案无法追究，也不能解决责任无法落实的弊病。

(1)检察机关推行“主诉检察官制度”改革回顾

1993 年，中央政法委根据我国法制建设的发展和需要，对司法工作提出了实行“错案追究制、办案责任制”的要求。考虑到实际工作中存在的上述问题，1993 年，最高人民检察院刑事检察厅开始探索研究办案制度改革，实行了一种承办人员意见受到高度重视的“检察员会议”制度，并在一些地方检察院开展试点。在这种制度中，承办人员所在部门的讨论并不是必需的，部门会议讨论的结果也并不影响承办人员的意见，讨论结果随承办人员意见一并上报。该项试点在一定程度上减少了办案环节，提升了办案效率，但因不符合地方检察机关的办案实际，未能实行下去。

地方检察机关在法律制度框架内探索办案责任制的改革走在了最高人民检察院的前面。在最高人民检察院推行主诉检察官办案责任制试点之前，一些地方已经开始尝试，比较典型的代表有河南省人民检察院推行的“主诉检察官制度”、海淀区人民检察院试行的“检控分离”办案模式、广州市白云区人民检察院试行的“主侦检察员办案责任制”，以及河北省唐山市人民检察院实行的“主办检

察官办案责任制”等一系列办案模式。①

促成检察机关检察官办案责任制第一次改革的直接诱因是1996年修订并于1997年1月1日起实施的《刑事诉讼法》。新的《刑事诉讼法》将庭审方式从纠问制改为对抗制,原来公诉人仅仅需要宣读公诉意见书,现在则变为需要提供证据证明对被告人的指控的责任,这显然增加了办案人员的工作量,也提高了对办案人员的业务素质要求。检察机关传统办案模式和公诉人员的业务素质面临着前所未有的挑战。

各地检察机关的探索实践为最高人民检察院提供了丰富的经验,在调研和论证的基础上,最高人民检察院于1999年印发了《关于试行主诉检察官办案责任制的工作方案》,采纳了主诉检察官制度的做法,并在北京、上海等10个省市进行试点。在经过不到一年的试点后,2000年1月最高人民检察院办公厅下发了《关于在审查起诉部门全面推行主诉检察官办案责任制的工作方案》,全面推行主诉检察官办案责任制,并要求各省级检察院根据实际情况,在侦查、审查批捕、控申、民行等业务部门也进行责任制试点。

主诉检察官制度改革的主要目的有二:首先是改革检察机关审查起诉部门的办案机制,在现有法律规定范围内,建立一种高效廉洁、责任明确、符合司

① 河南省郑州市人民检察院于1995年率先推行主诉检察官制度,两年以后在河南省其他地方开始推行。参见杨帧:《主诉检察官制度理论与实践研究》,中国社会科学院2012年研究生院硕士论文,第3页。北京市海淀区人民检察院于1998年3月在起诉部门进行检控分离机制下的主诉检察官制度改革,主要内容是在现有的法律框架下,通过对检察机关内部机构的优化组合及对检控检察官职务、职责的定位,建立一种由主控检察官、事务检察官和检察书记官组成的刑事检控检察官分离制度。其中事务检察官主要面对侦查,对侦查活动进行动态的监督和制约;主控检察官主要面对法庭,在庭审中形成与辩方的有力对抗,从而形成一种以庭审公诉为龙头,以起诉制约侦查的办案机制。参见李玲、王新环、苗生明:《海淀区检察院关于主诉检察官制度改革的探索与实践》,载《政法论坛》1999年第4期。广州市白云区人民检察院于1998年下半年提出了在反贪部门试行主办侦查员办案责任制的构想,于1999年年初制定相应的细则,明确了主办侦查员的选拔、责任、权限、待遇和监督管理等内容。参见《广州白云区检察院试行主办侦查员办案责任制》,载《人民之声》2000年第7期。河北省唐山市人民检察院于1998年8月在本院反贪、法纪检察、审查批捕、审查起诉、监所检察、民行检察、控告申诉等部门实行主办检察官责任制,并详细规定了主办检察官的职责、义务、权利以及奖惩。参见《河北省唐山市人民检察院关于实行主办检察官责任制的暂行规定》,载《检察实践》1999年第2期。

法规律要求的新办案模式;其次是选拔和打造高素质的公诉队伍。因此,本次改革的主要内容包括以下几点:一是制度规定上构建了一种在检察长领导下的、以主诉检察官为核心的、权责利相一致的新型办案模式;二是放权于主诉检察官,除了法律规定应当由检察长或者检察委员会行使的权力之外,其他职权由主诉检察官行使,从制度上扩大了主诉检察官的职权;三是改革制度规定,重新调整了主诉检察官与检察长、部门负责人和主诉检察官助手之间的关系;四是制度规定上明确了办案责任;五是建立了提高主诉检察官相关待遇的保障制度。

经过8年的实践,到2008年,主诉检察官办案制度在各级检察机关中要么回到了"三级审批制"的老路,要么名存实亡,即使是部分检察机关中仍在实行主诉检察官制度已名不副实。① 随着2013年新一轮检察官办案责任制改革大幕拉开,试点于1999年、全面推行于2000年的主诉检察官办案责任制改革逐步退出历史舞台,第一轮改革以失败而告终。

(2)新一轮"主任检察官制度"改革的兴起

2013年11月,十八届三中全会提出深化改革的要求,新一轮检察体制改革的序幕逐渐拉开,"主任检察官办案责任制"开始走上前台。在中央深化司法体制改革的要求下,最高人民检察院总结了北京、上海等地试点"主任检察官办案责任制"改革经验,出台了《检察官办案责任制改革试点方案》,将"主任检察官办案责任制"改革推向全国17个市、县级检察机关的主要业务部门。

此次改革的核心是突出主任检察官的办案主体地位,构建以主任检察官为核心的新型办案组织,淡化分管领导和部门负责人的审批权,实现检察机关内部办案模式的去行政化。改革要求在业务部门中,通过配置主任检察官,明晰主任检察官的职责和权限,建立以主任检察官为核心的办案单元;同时,要采取具体措施,建立对主任检察官的监督制约机制、提高并保障检察官待遇,确保检察权的独立、正确行使。②

我国台湾地区于1980年进行检察制度改革时,设置主任检察官一职,作为检察官的监督者和管理者,大陆此轮改革中"主任检察官"的设置正是借鉴了我

① 林世钰:《专访:主诉检察官制度仍然具有重要意义》,载《检察日报》2008年8月13日。

② 徐盈雁:《以主任检察官为基数组成办案组织》,载《检察日报》2013年12月27日。

国台湾地区检察制度的经验。而从其承担的具体职能来看，台湾地区检察制度中的“主任检察官”更倾向于承担行政、管理和协调职能，而非承担具体案件的办理职能。① 此次改革赋予“主任检察官”的职能表明，“主任检察官”在建立的办案组织中，既是案件办理的主角，又是办案组织的领导，角色完全不同于台湾地区的主任检察官制度，它更像是在延续和深化先前的“主诉检察官制度”改革，甚至可以说是升级版的“主诉检察官制度”。

二、检察官办案责任制改革评析

(一)“主诉检察官制度”改革的反思

“主诉检察官制度”在多大程度上提升了检察机关的办案效率和办案质量，因缺乏相关的数据统计和实证研究而变得不得而知，但这一改革最终名存实亡却是不可回避的现实。反思改革失败的原因，主要有以下几个方面：一是未在法律制度层面形成保障。“主诉检察官制度”改革的成果没有及时上升为法律，以法律的形式巩固改革成果。这样，“三级审批制”办案模式赖以生存的制度土壤和“三级审批制”办案模式所确立的法律关系格局在“主诉检察官制度”改革的冲击下并未真正打破。二是缺乏相关的配套改革措施的支持。“主诉检察官制度”实质上仅限于改革和完善检察机关内部办案机制，与之相关的人事、财物、职业晋升和保障等相关制度却没有进行相应的改革。三是缺乏改革经验和对实际困难准备不足。“主诉检察官制度”改革从 1999 年试点到 2000 年全面推行，前后不到一年时间，既缺乏实践经验，相关的理论积累又不足。主诉检察官与相关各方的基本关系还没有捋顺，就贸然在全国推行，实际运作中，主诉检察官很多都是检察院的部门负责人摇身一变而成的。这样，由于“主诉检察官制度”运行机制不完善，很多地方的“主诉检察官制度”名存实亡。

因此，在缺乏相应的法律制度保障、缺乏改革的相关配套措施以及改革经验缺乏的情况下，单一“主诉检察官制度”的实行显得势单力薄，“三级审批制”赖以生存的制度基础和权力运行格局并未真正打破，死灰复燃也就在所难免。

(二)“主诉检察官制度”与“主任检察官制度”改革的比较

两次改革共同的地方在于：一是改革的内容基本相同，只是名称等形式上的

---

① 施庆堂、林丽莹：《台湾地区的主任检察官制度》，载《国家检察官学院学报》2014 年第 6 期。

不同而已，并无实质的区别。因此有学者认为，“主任检察官”只是用来代替以往的主办检察官、主诉检察官和主侦检察官的统一称谓。① 二是两次改革都是在现有法律框架下进行的，在主诉检察官和主任检察官的职权上未突破现有法律的规定。其中，后者的授权范围比前者略有扩大，而检察长和检察委员会固有权力未受触动。三是基本上都只强调检察官的办案独立性，未明确具体承办检察官的独立性地位。四是两次改革对于两种检察官与检察长、检察委员会、部门负责人以及承办案件检察官的关系上都没有完全捋顺。

“主任检察官制度”作为“主诉检察官制度”改革的延续和深化，两者的不同主要表现在：一是改革的宏观背景不同，“主诉检察官制度”改革仅仅是检察系统自身进行的探索，属于检察机关内部工作机制的改革和完善，而“主任检察官制度”则是在中央司法方案的整体框架下，作为检察体制改革的核心内容，同时还包含了省以下人财物统一管理等一系列配套改革措施。二是改革的目标不同，“主诉检察官制度”的主要目标是应对 1997 年《刑事诉讼法》修改后对庭审提出的挑战，为建立一套责任明确、廉洁高效同时符合司法规律的办案机制、打造一支高素质检察队伍进行的改革；而“主任检察官制度”改革的目标则是建立符合司法规律的权、责、利相统一的检察官办案机制。

（三）检察官办案责任制改革评析

1. 符合司法规律和检察制度的发展潮流

构建以检察官为核心的办案模式，目标在于实现权、责、利相统一，这符合司法规律。首先，理念上满足了司法权运行的亲历性的要求，检察官在办案中要做到亲力亲为，自己办理的案件自己作出相应的决定；其次，检察权的微观运行机制也要求检察官在办案中拥有相对独立性；最后，当今世界各个国家和地区实行的检察制度中，围绕检察官为核心构建的权、责、利相统一的办案机构是主流的办案模式。因此，我国推行的检察官办案责任制改革既满足了司法规律的要求，又符合检察权微观运行机制的要求，同时顺应了世界检察制度发展的潮流。

2. 我国检察制度发展的应然方向

1999 年以来的检察官办案责任制改革，一方面为建立检察官办案制积累了

---

① 顾忠华、闵行：《主任检察官制度的先行者》，载《检察风云》2013 年第 24 期。

大量经验;另一方面,从中央到地方、从理论界到实务界,在以检察官为核心的独立办案模式的构建上基本达成共识。在此基础上,十八届四中全会明确了司法体制改革的整体方向,将"完善司法人员分类管理制度、完善司法责任制、健全司法人员职业保障制度、推动省以下地方法院检察院人财物统一管理"这四项内容作为新一轮司法改革的基石。显然,检察官办案责任制是深化司法体制改革的重要内容,也是最重要的一环。因此,检察官办案责任制改革是整个司法体制改革系统的一分子,改革不可能一蹴而就,更不应当操之过急,应当稳步推进、循序渐进,逐步实现以检察官为核心的、权责利相统一的、高效廉洁的办案模式的建立。

三、检察委员会与检察官关系定位:辅助与监督

(一)检察委员会与检察官的关系定位

作为我国检察机关双头领导体制中重要一极的检察委员会,如何协调好与检察官办案责任制的关系,即与检察官之间的关系,是关系到检察官办案责任制改革成败和检察委员会制度发展方向的重大问题。

按照《人民检察院组织法》和《人民检察院检察委员会议事和工作规则》的规定,检察委员会与检察官之间是服从关系,承办部门和有关的下级人民检察院应当及时执行检察委员会的决定。"主诉检察官制度"改革只是完善检察机关内部办案机制,因此1999年《最高人民检察院关于改进和加强检察委员会工作的通知》并没有调整检察委员会与主诉检察官之间的关系。随着2013年以"主任检察官制度"改革为核心的第二轮检察官办案责任制改革的推行,检察官的独立地位和检察官办案的自主权已经成为共识,但到目前为止,对于如何定位检察委员会与检察官之间的关系,既没有相关的规范性文件出台,理论上的探讨也比较少。

随着司法体制改革的不断推进和检察制度的不断发展,两大趋势不可避免:一是检察官相对独立地位的不断增强,检察官在检察权的运行中将拥有越来越大的自主权和决定权,这既是大势所趋,又是检察制度发展的必然要求;二是检察委员会会一直存在下去,作为中国特色检察制度的重要组成部分和民主集中制原则在检察机关中实行的载体,检察委员会在承担的议案和议事两大职能中,议案职能将随着检察官独立办案权力的增大而逐渐收缩,议事职能方面将承载更多的职能。因此,随着司法改革推进中检察制度发展两大趋势的不断制度化,

检察委员会与检察官传统上的领导与被领导关系将逐步调整为辅助与监督关系。

(二)检察委员会对检察官的辅助职能

法律职业是一份专业性很强的工作,从事法律职业需要掌握专门的法律知识,并经过严格的职业训练。律师、法官、检察官同属于法律职业共同体,但我国检察机关的定位对检察官的法律职业素养提出了更高的要求。在我国,检察机关定位于国家的法律监督机关,承担着监督国家法律正确实施的职责,法律监督职责对检察官的职业素养提出了比律师和法官更高的要求。

职业化的检察官队伍是实现检察官办案责任制的前提,当前我国检察官队伍的整体素养离检察官办案责任制的要求还有一定的差距。我国目前各级检察机关的人员组成主要有三种:军转干部、大中专毕业生的社会招录和其他行政事业单位调入。在这三类人员中,除了社会招录的大中专毕业生具备基本的法律素养外,军转干部和其他行政事业单位调入人员基本都是进入检察机关才开始学习法律知识,而且军转干部目前仍是我国各级检察机关尤其是基层检察机关的中坚力量。此外,我国法律职业教育培训开始较晚,直到 20 世纪末建立国家统一法律职业资格考试制度,我国法律职业教育培训制度才算开始。目前为止,我国仍未形成一套包括选任、培训、考评、晋升以及惩戒等制度在内的一套完备的检察官职业素养标准。因此,我国现阶段检察官的整体素质很难满足检察官办案责任制的要求。

在检察官办案责任制的改革中,有一种担心就是,随着检察官办案权力的增大,其所承担的责任也相应地增强,甚至提倡检察官办案责任的终身负责。因此,为了规避责任,承办检察官会选择将大量的案件提交检察委员会讨论决定,以此来将检察官的个体决策责任转化为检察委员会的集体决策责任。① 而检察委员会制度在运行中也存在很多问题,如案件提请程序不规范、办事机构作用发挥不出来、检察委员会无法落实等,这就为检察官办案责任制下承办检察官将案件风险转嫁给检察委员会提供了制度空间。这种情况的发生,在降低办案效率和办案质量的同时,也是对司法资源的极大浪费。

① 夏阳、卞朝永:《功能转变与角色替代:司法责任制视野下检委会案件决策机制改革之方向探究》,载《西南政法大学学报》2016 年第 4 期。

我国绝大多数案件都在基层,因此基层检察委员会办案模式的选择面临着多重考虑,既要能充分发挥检察官的专业能力,提高司法效率、节约司法资源,又要尽可能地使检察委员会充分发挥集思广益的作用,弥补承办人的不足。在种种现实条件的限制下,我国可以选择调整基层检察委员会的功能定位,将其从领导和决策机关转变为检察长的智囊机构和检察官的专家咨询机构。[①] 检察委员会将从议案转变为辅助检察官,只提供参考意见,不作决定,决定权仍在承办检察官手中。这样既发挥了检察委员会群策群力、集体智慧的优势,弥补了检察官个人决策的不足,同时又解决了承办检察官利用检察委员会制度漏洞规避责任的可能。

(三)检察委员会对检察官的监督制约职能

以检察官为核心的办案模式是世界各个国家和地区检察制度的普遍特点,该模式符合司法规律和检察权运行机制的要求,也是我国检察制度发展的趋势和应然要求。但是,与这种检察官拥有相对独立地位和对案件拥有很大自主决策权的决策模式相伴而生的一个问题就是对检察官和检察官权力的监督制约问题。对于这一问题的解决,世界各国家和地区的检察制度中主要是通过检察官客观义务原则和检察一体化原则来实现对检察官的监督制约。

检察官客观义务原则发源于德国,现已成为通行世界的普遍原则。该原则要求检察官在履行职责时,应当保持客观公正、不偏不倚。检察官客观义务原则作为约束检察官的具体制度,能在多大程度上起到约束检察官的作用,一直饱受质疑。一方面,检察官在履行职责时面临着角色冲突问题,另一方面则是检察官客观义务的实践限度问题。该原则要求检察官在追诉犯罪时,要同时收集利于和不利于被追诉人两方面的证据,检察官既要惩治犯罪,又要保障被追诉人的合法权益,在履行职责时能否及时调整角色、解决在同一行为中的角色冲突问题,不得而知。检察官客观义务原则作为检察官应当遵守的义务性规定,其实践限度问题,即能否实现和能在多大程度上实现,存在争议。一方面,检察官客观义务作为一种现代程序法治技术,或者说现代国家的一种权力规制技术,在制度层面并没有完全被组织起来,而在实践中检察官又迷失在了价值与立场上的无归

① 章群:《试析我国检察机关办案责任制改革的方向与路径》,载《河南社会科学》2014年第8期。

属感之中。[①] 另一方面,正如法治国家检察官客观义务实践所表明的那样,即使是制度层面完善的检察官客观义务,在实践层面仍有相当的限度,刑事司法的正义也并不会如期而至。[②] 可见,检察官客观义务原则也并不能完美地解决检察官的监督制约问题。

检察一体化原则也是世界检察制度中的一项基本组织原则和活动原则,该原则主要通过整个检察系统的上下一体、上命下从来克服单个检察官势单力薄的不足,有效打击犯罪和排除外部干预,但其也蕴含着检察长与检察官权力的相互制约。从理论上讲,检察官的独立性是检察一体化原则的前提,检察一体化原则是对检察官独立性的统一。[③] 因此,在建立检察一体化时,应以检察官的相对独立性为前提,保证检察官在检察事务中拥有很大的自主决定权;检察长可以通过指令权的形式来管理和制约检察官,但前提是尊重检察官的相对独立性。检察长指令权的出现,又相应地产生了检察长指令权的监督制约问题,毕竟按照检察一体化原则构建的现代检察制度中,检察长拥有的权力太大,更需要监督和制约。

相较于其他国家和地区检察制度中检察权配置的两极化,我国检察制度中检察权的配置则表现为三极,即检察长、检察委员会和检察官。相较于其他国家和地区检察制度中检察长和检察官权力的制约,我国检察制度中可以通过检察委员会履行监督职能。赋予检察委员会监督制约职能,为创造性地解决检察一体化下包括检察长在内的检察官的监督制约问题提供了新的思路。

结　语

我国司法体制改革的推进、检察制度的发展和检察官独立地位的不断增强,要求改变一直以来检察官对检察委员会在办案关系上的服从义务;检察官个体的局限性和检察委员会群策群力、集体智慧的优越性要求检察委员会承担对于检察官的辅助职能;检察官客观义务内在的理论冲突和实践限度、检察一体化本

---

① 郭晶:《论检察官基本立场之确立》,载《政治与法律》2006 年第 5 期。

② 郭松:《检察官客观义务:制度本源与实践限度》,载《法制与社会发展》2009 年第 3 期。

③ [日]松尾浩也:《日本刑事诉讼法》,丁相顺译,中国人民大学出版社 2005 年版,第 31 页。

身的监督制约问题,要求检察委员会对于检察官办案责任制下检察官和检察官权力行使承担监督制约的职能。在检察机关检察一体化建设和检察官办案责任制改革不断深化的背景下,检察委员会应当从职能调整入手,积极适应检察体制改革的要求,承担对于检察官的辅助与监督制约职能。

论侦查人员出庭作证的理论内涵及规范路径*

郭 航**

摘要:我国刑事审判中侦查人员出庭作证率极低,侦查人员出庭作证制度更远未成型,与当前全面推进以审判为中心的刑事诉讼制度改革相背离。侦查人员出庭作证具有丰富的理论内涵,其既是消极实质真实发现主义的要求,也是检验证据之证据能力的体现。但当前我国这一制度在立法中存在疏漏,在司法实践中则因办案情况说明的滥用而架空。因此,我国宜跳出现有制度的窠臼,以当前审判中心主义诉讼制度改革为契机,在立法中合理划分和规范办案情况说明,规定被告人申请侦查人员出庭作证的权利,建立被告人的权利救济途径。

关键词:侦查人员;出庭作证;庭审实质化;办案情况说明

一、问题的提出

我国刑事诉讼长期遵循侦查中心主义的诉讼构造,对证据的调查采取案卷中心主义,法官在庭审前已通过阅读案卷笔录形成心证,庭审过程则难免流于形式。2017 年 2 月 21 日,最高人民法院发布《关于全面推进以审判为中心的刑事诉讼制度改革的实施意见》(以下简称《实施意见》),正式推进以审判为中心的诉讼制度改革,要求坚持证据裁判原则,经审查认定的非法证据,应当依法予以排

* 本文系重庆市社科基金青年项目“刑事诉讼中认罪认罚有效性研究”(2018QNFX13)、2017 年湖北省人民检察院检察理论研究重点课题“检察机关开展刑事案件认罪认罚从宽制度改革研究”(项目编号:HJ2017A08)的阶段性研究成果。

** 作者系西南政法大学诉讼法与司法改革研究中心讲师,博士后研究人员。

除,不得作为定案的根据[①],确保侦查、审查起诉的案件事实证据经得起法律的检验。在我国刑事审判程序中建立侦查人员出庭作证制度正是推进审判中心主义,检验侦查行为是否合法、获取的证据材料是否具有证据能力的有效措施。

丹宁勋爵认为,“警察必须行为适当,决不能用恐吓或许诺进行逼供,决不能不顾情况允许就过分使用暴力”[②]。这是因为对事实真相的调查并非刑事诉讼的绝对价值,若对侦查行为不设任何限制,则可能隐藏破坏社会秩序及个人利益的隐患。[③] 故而刑事案件立案之后,侦查机关应当依法进行侦查活动,以合法手段收集证据材料。侦查程序获取的证据材料是否具备证据资格是刑事案件庭审质证程序中审查的重点之一。回溯我国刑事诉讼程序中对证据资格的审查,基于职权主义诉讼模式的影响,法院可依自身职权或控辩双方的申请,在庭审过程中随时进行审查。

如果被告人于庭审时对公诉方所提交证据材料(尤其是被告人在侦查过程中所作出的自白或供述)的合法性存在异议,提出该证据系侦查人员以非法手段获取,并提供相关线索以申请法院对公诉方以非法方法收集的证据予以排除时,法官应当启动非法证据排除程序,就证据材料之证据资格进行审查,判断其是否具备合法的证据形式及是否属于法定的证据禁止范围,公诉方则需要承担证据收集合法性的证明责任。但我国侦查程序之进行并非由检察机关指挥,且公诉方也未亲历侦查程序,如何有能力证明侦查程序合法?因此,为使证据符合严格证明之要件,则需侦查人员出庭作证,接受法官的询问,并与曾经的犯罪嫌疑人,即庭审中的被告人对质,方可检验有争议之证据材料是否具备证据能力。

就发现真实而言,侦查人员与被告人当庭质证为其他方式所不可替代。首先,侦查人员与被告人均为侦查程序之亲历者,对侦查过程之记忆最为深刻,互相对对方之陈述的瑕疵最有能力发现纰漏,能提出适当的问题,使另一方在说谎的情况下无法自圆其说,从而帮助事实真相的发现[④]。其次,在法庭中处于面对

① 最高人民法院:《关于全面推进以审判为中心的刑事诉讼制度改革的实施意见》,2017年2月21日发布。

② [英]丹宁勋爵:《法律的正当程序》,李克强、杨百揆、刘庸安译,法律出版社2011年版,第119页。

③ [德]克劳思·罗科信:《刑事诉讼法》(第24版),吴丽琪译,法律出版社2003年版,第213页。

④ 王兆鹏:《美国刑事诉讼法》,北京大学出版社2014年第2版,第430页。

面(face to face)的质证情形下,说谎将会面临被戳穿并被科责的严重后果。基于这种心理压力,任何一方均会避免在法庭上说谎。因此,通过被告人与侦查人员在法庭上面对面地质证,可以使法官对双方之言语表达、神情动作和所陈述事实进行观察,进而判断证言之内容是否与事实相符。

考察我国刑事诉讼法之进程,侦查人员出庭作证制度迟迟难以建立。1996年修改的《刑事诉讼法》并未要求侦查人员出庭作证,反而为侦查人员不出庭作证设定了法定理由。直至2010年颁布的《关于办理刑事案件排除非法证据若干问题的规定》(以下简称《非法证据排除规定》)中才首次规定侦查人员应当出庭作证。2012年新修改的《刑事诉讼法》仍然未能建立侦查人员出庭作证制度。与之呼应的是,我国司法实践中侦查人员出庭作证率极低,参与办案的侦查人员在多数情况下仅将诉讼文书和其他书面证据材料移送法庭,在庭审中却根本不出庭作证。显而易见,侦查人员消极回避甚至拒绝出庭作证妨害了法院对侦查程序之合法性及证据材料之证据能力的审查,与审判中心主义背道而驰,也正印证了我国侦查中心主义的诉讼模式。

侦查人员出庭作证制度之探讨一度在我国法学理论界炙手可热,围绕侦查人员是否应出庭作证也有着不同的看法。持反对意见的学者从客观实际出发,认为我国侦查机关面临案多人少、经费紧张、技术不足之现实情况,故而目前不适合实行侦查人员出庭作证制度。而持支持态度的学者则认为,侦查人员出庭作证符合刑事诉讼之基本规律和原则,能有效遏制刑讯逼供,保障犯罪嫌疑人、被告人的合法权利,且是国际上通行的刑事诉讼程序,值得我国司法程序借鉴移植。以上理论大多偏向于法释义学之层次,且并未深入探究侦查人员出庭作证制度之理论内涵。有鉴于此,笔者分别从消极的实质真实发现主义和刑事证据属性两方面视角出发,详细阐述侦查人员出庭作证背后的理论渊源,反思我国侦查人员出庭作证的现状及原因,提出构建这一制度的具体设想。

二、侦查人员出庭作证义务的理论内涵

如何避免证据材料被法庭任意采纳为定案之根据,是刑事诉讼程序必须解决的问题。依证据法学的理论视角分析,证据材料要真正转化为证据,换言之,由法庭采纳并作为定案之依据,需要满足若干基本条件。《实施意见》提出,要坚持程序公正原则,通过法庭审判的程序公正实现案件裁判的实体公正,发挥庭审在查明事实、认定证据、保护诉权和公正裁判中的决定性作用。以上意见的提出

是正当程序理念的体现。在正当程序理念的基础上,侦查人员出庭作证是审判中心主义的重要一环,其不仅是消极的实质真实发现主义的体现,也是证据属性的要求。

1. 消极实质真实发现主义下的侦查人员出庭作证

大陆法系国家在刑事诉讼中主张实质真实发现主义,即法官之审判活动不为当事人意思之束缚,也非依赖公诉方所提交之公诉意见及证据资料,而是基于自身职权,以期发现案件之事实真相。① 相对而言,实质真实发现主义对法官能力的要求较为严苛,且并非任何案件都能达到发现真实之目的,甚至会由于过分追求案件之事实真相而造成冤假错案,反而违背正当程序理念之要求。

正当程序(due process)既是司法审判的价值追求,也是刑事诉讼的基本原则。刑事诉讼程序以发现真实为目的,但也必须遵守程序正义之价值。美国哲学家罗尔斯在其《正义论》中认为,程序正义分为三种:一是"纯粹的程序正义";二是"完全的程序正义";三是"不完全的程序正义"。其中,第三种"不完全的程序正义"是指衡量正义之标准在程序之外,完全满足此标准之程序却不存在。刑事诉讼程序即是如此,要实现刑事诉讼之正义,必须满足三个结果:一是实施犯罪的人被判决有罪;二是无辜的人不受定罪处罚;三是有罪的人得到与其罪行相适应之刑罚。然而在现实中,无论哪个国家的刑事诉讼程序均无法实现这种完美效果。所以,刑事诉讼之正义即为不完全的程序正义。在理想层面上,完全的正义是人类的终极梦想,但在现实生活尤其是司法实践中,公平正义的实现不可能如"分粥效应"②一般简单可行。因此,人们不得不为现实所妥协,既然人类无法发明出如分粥一般完美的刑事诉讼程序,也无法实现如分粥一样公平的结果,那么至少人类可以实现程序的正义。因此,只要在刑事诉讼中严格遵循并实现了程序正义,那么刑事诉讼程序所得到的结果就可以被认为符合正义之标准。故而为保障司法正义之价值,在发现实质真实的同时必须保证不侵害程序正义的价值。

台湾地区学者陈朴生教授提出,以对探究事实真相之态度为标准,实质真实

① 张建伟:《从积极到消极的实质真实发现主义》,载《中国法学》2006年第4期。

② "完全的程序正义"即可以"分粥效应"代指,罗尔斯提出了"分粥效应",即每人轮流值日分粥,但是分粥的人最后一个领粥。这样的程序正义既遵守了既定之程序,也实现了公平之结果,所以称之为完全的程序正义。

发现主义可分为积极的实质真实发现主义和消极的实质真实发现主义。积极的实质真实发现主义重在打击犯罪者,意在判明一切犯罪,避免放纵罪犯而将有罪者误判为无罪。消极的实质真实发现主义则与之相异,其重在避免错罚无辜,意在减少犯罪之误判,避免将无罪者误判为有罪。[①] 积极的实质真实发现主义是我国当今司法界的主流思想,其主张为弥补犯罪所带来的社会裂痕,应及时破获案件和打击犯罪,以达到震慑犯罪并且治愈社会之目的,然而在积极的实质真实发现主义思想下,为发现事实真相,侦查人员可能对犯罪嫌疑人采用过激的讯问方式,使犯罪嫌疑人不得不承认犯罪事实,有可能造成冤假错案之后果,侵犯程序正义的价值。但是国家的利益不是绝对的,即使实施了令人痛恨的犯罪,也要尊重正当程序原则,保护个人的尊严、辩护权和不自证其罪等权利,这是为了防止在追求真实时发生错误所设计的程序上之安全措施。[②] 消极的实质真实发现主义即侧重于在发现事实真相的同时尊重个人之权利。为避免错罚无辜,其要求对侦查、起诉和审判机关进行适当控制,以便在正当程序之约束下发现案件之事实真相,以免造成冤假错案。在消极的实质真实发现主义思想下,法官应不拘泥于公诉机关所提交之证据材料,主动调查核实有关犯罪嫌疑人有罪或无罪、罪重或罪轻的所有证据,对以刑讯逼供等非法手段获取的被告人供述不予采信,对无法排除合理怀疑的案件作出无罪判决。

在此角度下,侦查人员出庭作证是消极的实质真实发现主义之必然要求。首先,消极的实质真实发现主义要求法官不是帮助公诉方对被告人定罪量刑的"辅助者",而应作为公诉方与被告方之间的"评判者"。在职权主义诉讼模式之下,法官必然会主动探求事实真相,除对检察官所提交的所有证据材料认真核查之外,仍应依据自身职权调查案件。在司法实践中,检察官虽对案件负客观义务,但出于其公诉人之角色,多会偏向于控诉犯罪而忽略甚至故意隐瞒被告人罪轻或无罪的案件事实。侦查人员出庭作证则可帮助法官查实对被告人有利之案件事实。其次,消极的实质真实发现主义要求法官在审查证据来源合法性时,对

① 陈朴生:《刑事诉讼制度于实体的真实主义之影响》,载《法学论集》,中华学术院1983年版,第591页,转引自张建伟:《从积极到消极的实质真实发现主义》,载《中国法学》2006年第4期。

② [日]田口守一:《刑事诉讼的目的》,张凌、于秀峰译,中国政法大学出版社2011年版,第74页。

通过违法手段获取的被告人供述应予排除。而确认被告人供述是否为非法手段获取,则以侦查人员出庭作证并与被告人对质最佳。正如罗马法时代的法律格言所称"任何人在自己的案件中都不被视为可靠的证人"①,相较于司法实践中由侦查人员自己提交办案情况说明来"证明"自己未实施刑讯逼供行为而言,被告人与侦查人员于法庭上对质能够更为有效且公正地查实证据来源的合法性问题。最后,消极的实质真实发现主义要求法官在对待无法排除合理怀疑的案件时贯彻疑罪从无的原则,对存疑案件之被告人应判处无罪。在避免错罚无辜的理念下,通过侦查人员出庭作证与被告人和证人就被告人供述和证人证言的争议之处进行对质,能有效厘清案件之疑点,发掘案件之事实真相,帮助法官形成心证,从而最终形成"罚当其罪,疑罪从无"的正义判决。

因此,于职权主义诉讼模式之下,侦查人员出庭作证义务之确立是消极实质真实发现主义的要求。侦查人员出庭作证不仅能帮助法官查明案件之事实真相,还能保护被告人的人格尊严与合法权利,防止冤假错案的产生。

2. 证据属性要求下的侦查人员出庭作证

侦查人员出庭作证并非无本之木,其有着深厚的理论渊源,在英美法系国家以传闻证据规则为基础,在大陆法系国家则符合直接言词原则之要求。就侦查人员出庭作证的理论与实践来看,其在英美法系和大陆法系已成不争之观念,警察于法庭上与被告人质证已形成司法惯例。

在英美法系国家,证据需满足可采性和相关性之条件。其中,可采性是证据之首要条件,证据材料符合可采性才能出现在法庭之上。在当事人主义的诉讼模式下,法官不负有主动认定或否定证据可采性的责任,只有诉讼一方对对方提出的证据提出可采性之异议时,法官才可以将该证据的可采性问题纳入审查判断之范围。传闻证据排除规则(也称传闻证据规则)是英美法系国家认定证据可采性要件的重要规则之一,英国自17世纪起便已确立了传闻证据规则,与其历史羁绊深远的美国和澳大利亚等国同样继受了这一规则。由于传闻证据本质上是证人对其所听说的事实的重述,这种证据不能通过交叉询问的方式验证其真实性,所以为确保提供给法庭证词之可靠性,除非有例外规定,否则传闻证据不

---

① 陈瑞华:《看得见的正义》,北京大学出版社2013年第2版,第197页。

具有可采性，应予以排除。[①] 在英国的司法实践中，侦查人员与普通证人在出庭作证之要求上并无区别，由于侦查人员通常以控方证人的身份接受控诉方的传唤而出庭作证，而英国法律强调侦查人员为支持公诉服务的观念，因此很少出现侦查人员在接受法庭传唤后拒不出庭作证的情况[②]。1985 年之前，英国的刑事案件由侦查人员负责侦查并提出公诉，侦查人员必定会出庭作证。英国颁布《1984 年警察与证据法》后，侦查人员不再承担公诉职能，但仍然作为证人出庭作证以指控犯罪。如果被告声称在讯问过程中存在刑讯逼供等非法手段，或者存在有可能影响供述的其他情形时，控方就必须让侦办具体案件的侦查人员出庭作证并在庭上接受控辩双方的质证以确定其证据取得的合法性，进而支持自己的公诉。但如果出现侦查人员没有正当理由拒不到庭的情况，则可以对其签发逮捕证或者以蔑视法庭罪进行处罚。在美国，基于传闻证据规则之要求，侦查人员出庭作证也是常态，因为"如果侦查人员不出庭陈述并接受交叉询问，记载着控方证据和结论的卷宗就会由于未经陪审团亲自讯问而被否定"[③]。在司法实践中，大多由检察官主动申请侦查人员作为控方证人出庭作证，只有在极少数的情况下辩方才会申请侦查人员出庭作证。《澳大利亚 1995 年证据法》第 33 条规定"在刑事诉讼中，警察可以宣读证词或根据其先前撰写的证词引导作证，为控方提供直接证据，但仅适用于如下情形：在有关事件发生时或发生后不久，警察提供的证词；警察签署了所提交的证词；在为确定是否起诉而对证据进行听审前的合理期间内，已向所指控的嫌疑人或嫌疑人律师开示警察证词之副本"[④]。因此，只有在特殊情况下，承办案件的警察才可以通过宣读证词或者根据其先前撰写的引导作证为控方提供主询问证据，而一般情况下警察必须在法庭上提供口头证言。

在大陆法系国家，证据则需满足证据能力和证明力之条件。证据能力又称证据资格，是证据材料在法律上具有的准入法庭的资格。证据材料需满足以下两方面条件方可认定其具有证据资格，一是须具备合法的证据形式，二是不属于

---

① 薛波主编：《元照英美法词典》（缩影版），北京大学出版社 2013 年版，第 631 页。

② 中国政法大学刑事法律研究中心组织编译：《英国刑事制度的新发展》，载陈光中、江伟主编：《诉讼法论丛》（第 2 卷），法律出版社 1998 年版，第 373 页。

③ 徐静村主编：《刑事诉讼前沿研究》（第 2 卷），中国检察出版社 2004 年版，第 472 页。

④ 何家弘、张卫平主编：《外国证据法选译》（上卷），人民法院出版社 2000 年版，第 220 页。

法定的证据禁止范围。大陆法系国家的刑事审判遵循直接言词原则以审查证据材料的证据能力,“在法庭上法官必须亲自听取控诉方、辩护方、被告人、证人等的陈述,犯罪事实和收集的证据必须以口头方式向法庭提出,案件的调查须以控辩双方口头辩论、相互质证的方式进行”①。在此原则主导下,刑事诉讼的证据未经法官当庭接触和控辩双方的质证和盘问,原则上不得作为定案的根据。直接言词原则分为直接审理原则和言词审理原则。直接审理原则要求法庭在开庭审判时,被告人、检察官和其他诉讼参与人必须亲自到庭出席审判,法官必须亲自直接从事法庭调查和采纳证据,直接接触证据和审查证据,只有经过法官以直接采证方式所获得的证据,才能作为定案的依据。《德国刑事诉讼法》第250条规定:“对一项犯罪事实的证明是以某个人的感受为基础时,在审判中不能仅以宣读以前的笔录或者书面证言了事,而要对该人进行直接的询问。”②侦查人员作为对犯罪事实的侦查行为直接实施者,其所收集的证据要想证明犯罪事实,则应让侦查人员本人在法庭上由法官来直接询问,这一询问不但应当包括犯罪事实方面,而且应当包括取证的程序方面。《日本刑事诉讼法》规定,侦查人员在两种情况下可以出庭作证:一是侦查人员可以对其作出的勘验结果的书面材料作为证人出庭作证,否则记载勘验结果的书面材料有可能不能认定为证据③。二是被告人以外的第三人对被告作出不利陈述时,可以由侦查人员出庭作证。法国的刑事诉讼法也规定侦查人员应当出庭作证。《法国刑事诉讼法典》第101条规定,预审法官应当通过执达员传唤他认为其证言有助于查明案件事实的人到庭作证。④ 同时,在法国的轻罪审判程序中,法官在询问证人时,通常先询问检察官的证人。其中,侦查人员最先,专家证人最后。⑤ 言词审理原则要求法庭的审判活动以言词陈述的方式进行,同时在法庭上提出任何证据材料均须以言词陈述的方式进行,如以口头方式询问证人,任何未经言词方式提出和调查的证

---

① 樊崇义主编:《刑事诉讼法学》(1999年修订本),中国政法大学出版社1999年版,第330页。

② 《德国刑事诉讼法典》,李昌珂译,中国政法大学出版社1995年版,第103页。

③ 《日本刑事诉讼法》,宋英辉译,中国政法大学出版社2000年版,第74页。

④ 《法国刑事诉讼法典》,余叔通、谢朝华译,中国政法大学出版社1997年版,第52页。

⑤ 王以真主编:《外国刑事诉讼法学》,北京大学出版社1994年版,第305~307页。

据，均不得作为法院裁判的依据。[1]《德国刑事诉讼法》第52条至第55条规定，刑事诉讼中的侦查人员不享有拒绝作证的权利。在我国台湾地区之司法实践中，“在别无录音带或录音带附在讯问笔录可供调查时，对于取得被告自白之经过，法院实有了解之必要，作为采用自白证据之依据，为此必须传唤取得被告自白之司法警察官员，以警察证人之身份出庭说明取得被告自白之经过”[2]。

概言之，在证据基本属性的要求下，侦查人员出庭作证是两大法系均已确立的法律义务。其分别以传闻证据规则及直接言词原则为理论基础，其目的则是确保证据材料之可采性或证据能力在法庭上得到充分确认，为法官认定事实排除障碍。

三、我国侦查人员出庭作证的现状与问题

如上文所言，我国侦查人员出庭作证的情况不容乐观，侦查人员出庭作证率比普通证人出庭作证率更低，这与侦查人员出庭作证制度迟迟未予确立直接相关，虽然我国近两年来多次提出实施审判中心主义的诉讼制度改革，但这一制度在立法上缺乏支撑，在司法上仍罕有实践，因而造成我国刑事诉讼的庭审阶段出现了诸多问题，不利于审判中心主义的实践。

1. 侦查人员出庭作证的立法疏漏

侦查人员出庭作证制度既是证据属性的实质体现，也是实质真实发现主义的具体要求。侦查人员出庭作证不仅是侦查人员之必须义务，也是被告人应有的诉讼权利。以此标准考察，我国在刑事诉讼立法中并未规定真正意义上的侦查人员出庭作证制度。

2010年，最高人民法院、最高人民检察院、公安部、国家安全部和司法部联合发布了《非法证据排除规定》，对侦查人员出庭作证作出初步的规定。《非法证据排除规定》第7条规定：“经审查，法庭对被告人审判前供述取得的合法性有疑问的，公诉人应当向法庭提供讯问笔录、原始的讯问过程录音录像或者其他证据，提请法庭通知讯问时其他在场人员或者其他证人出庭作证，对该供述取得的合法性予以证明……经依法通知，讯问人员或者其他人员应当出庭作证……控辩双方可以就被告人审判前供述取得的合法性问题进行质证、辩论。”这条规定

① 陈瑞华：《刑事证据法学》，北京大学出版社2012年版，第46页。

② 蔡墩铭：《刑事证据法论》，台湾五南图书出版公司1997年版，第92页。

要求侦查人员在法庭有疑问时对其侦查程序中的行为合法性出庭作证，以排除以非法手段获取证据的可能性，但并未赋予控辩双方申请侦查人员出庭作证的权利。

2012年新修改的《刑事诉讼法》则在证人作证的层面规定了侦查人员出庭作证，其第187条第2款规定："人民警察就其执行职务时目击的犯罪情况作为证人出庭作证，适用前款规定。"该规定中的人民警察其实是案件事实的目击证人而并非侦查人员，因此并非实质意义上的侦查人员出庭作证。在程序方面，新修改的《刑事诉讼法》第57条也规定了侦查人员应该出庭。第57条第2款对侦查人员出庭作证的程序性事项规定："现有证据材料不能证明证据收集的合法性的，人民检察院可以提请人民法院通知有关侦查人员或者其他人员出庭说明情况；人民法院可以通知有关侦查人员或者其他人员出庭说明情况。有关侦查人员或者其他人员也可以要求出庭说明情况。经人民法院通知，有关人员应当出庭。"但侦查人员就程序性事项出庭并非履行作证义务，而是出庭"说明情况"。众所周知，"说明情况"与"出庭作证"实属完全不同的概念。"说明情况"所指向的对象是法官而不是控辩双方，在说明情况完毕后，侦查人员是否有义务接受控辩双方的质证及询问，也是法律未予规定的疏漏之处。

2017年2月21日最高人民法院颁布的《实施意见》第22条规定："被告人在侦查终结前接受检察人员对讯问合法性的核查询问时，明确表示侦查阶段不存在刑讯逼供、非法取证情形，在审判阶段又提出排除非法证据申请，法院经审查对证据收集的合法性没有疑问的，可以驳回申请。"这一规定与审判中心主义所要求的"发挥庭审在查明事实、认定证据中的决定性作用"并不相符，因为被告人在检察机关询问时所作的表述并非对法官的直接陈述，在受到强制羁押的情形下，被告人可能出于某种顾虑或压力作出无刑讯逼供的表示。被告人在法庭上提出的非法证据排除申请，不应由其在法庭外的陈述来否定，否则"审判中心主义"又倒退到"侦查中心主义"，不利于保障被告人的合法权利。由此可知，侦查人员出庭作证制度在我国并无法律上的依据。

2. 办案情况说明的普遍使用

办案情况说明是刑事诉讼中由侦查机关或检察机关的侦查部门制作提交的，对其侦办案件中的存在或者需要解释的事项，提供其认为必要的补充或者说明的文本材料。其最初仅用于说明犯罪嫌疑人的到案情况，为法官定罪量刑提供参考。由于办案情况说明的运用有着"简单方便实用"的特点，使得侦查机关的使用频率越来越高，范围越来越广，逐渐异化为将必须于法庭上证明的事实也用说明替代，而且无须质证即可被法庭采纳，导致办案情况说明成为“超级证据”被滥用。

与侦查人员出庭作证制度相同，我国刑事诉讼法没有规定办案情况说明的适用，但吊诡的是，办案情况说明在刑事诉讼中却比较常见，被学者称为我国刑事诉讼三大怪现象之一。① 一直以来，办案情况说明在刑事诉讼法中的证据属性、表现形式、证明能力和使用限制均是一片空白，其存在的诸多问题亟待解决。

根据国内学者黄维智于2007年随机对办案情况说明的实证研究，办案情况说明的使用比率较高。在其抽取分析的98件刑事案件中，每件案件均存在使用办案情况说明的现象，共计170份，平均每案约有1.8份办案情况说明。其中可能判处无期徒刑以上的案件20件，共计情况说明57份，平均每案约有3份办案情况说明；一般案件78件，共计办案情况说明113份，平均每案约有1.4份办案情况说明。办案情况说明所包含的内容也十分广泛，关于抓获经过的办案情况说明有87份，所占比例为51.2%；其余由多到少排列，依次为关于证明主体身份的说明，关于查找未果的说明，关于不能鉴定、比对、指认、辨认原因的说明，关于自首、立功的说明，关于案件来源的说明，关于通话记录的说明和关于管辖的说明。

虽然2012年我国刑事诉讼法规定侦查人员应“出庭说明情况”，但最高人民法院、最高人民检察院出台的司法解释直接规定公诉人可以提交经侦查人员签名和加盖公章的“说明材料”来证明取证过程合法，进一步肯定了办案情况说明的运用。显而易见，此后办案情况说明的运用更加普遍。根据国内学者谢波于2016年的实证研究，在其调查的64件案卷中，每案均有情况说明，共计137份，案均2.1份，最多的一个涉毒案卷中甚至有8份，据其访谈资深警官得知，司法实践中甚至有重大复杂案件中存在数十份情况说明的现象。“情况说明已成为当前刑事案卷的标配构成。”②

从以上现象可以看出，办案情况说明的内容本应由侦查人员直接出庭向法

① 黄维智：《刑事案件中“情况说明”的实证研究》，载《刑事司法中的潜规则与显规则》，中国检察出版社2007年版，第202页。

② 谢波：《我国刑事诉讼中情况说明的属性、样态与规制》，载《甘肃政法学院学报》2016年第5期。

庭予以说明,并在控辩双方质证下由法官判断是否属实。然而办案情况说明在事实上成了侦查人员出庭作证的“挡箭牌”,导致部分案件办理的程序和实体的事实无法在法庭中得到充分质证,违背了直接言词原则的要求,甚至架空了非法证据排除规则的运行,对案件的审理造成了不可忽略的负面影响。究其原因,应该归于以下两种:其一是侦查人员强制出庭制度未确立,导致侦查人员可以逃避出庭作证,使办案情况说明存在生存空间;其二是办案情况说明一般不经过法庭质证即可被法官直接采纳,成为侦查人员回避作证的有效工具。应当说,正是基于以上两种原因,办案情况说明已经在刑事司法实践中被默认为一种证据形式甚至“超级证据”被广泛使用。

四、我国侦查人员出庭作证的规范路径

我国尚未确立真正意义上的侦查人员出庭作证制度,现有法律中规定的侦查人员出庭作证不仅被“出庭说明情况”的表述所取代,并且在实践中也常因办案情况说明的滥用而被架空。笔者认为,侦查人员出庭作证制度要脱离窘境,必须由限制办案情况说明的运用和完善侦查人员出庭作证的立法着手。

1. 限制办案情况说明的运用

办案情况说明不能归入任何一个证据种类,其性质决定了其在刑事诉讼程序中的地位,即只能说明案件的部分无须证明的事项,而不能替代任意证据。但正如前文所言,办案情况说明由于其简单便捷的特点,而被侦查机关在运用中逐渐异化,侦查机关突破了法律的限制,扩大了其适用范围,赋予其证据的身份,而审判机关也未意识到办案情况说明的属性与地位,对其听之任之,使实践中出现了办案情况说明替代侦查人员出庭作证的现象。因此,要规范侦查人员出庭作证,必须限制办案情况说明的运用。

笔者认为,由于办案情况说明种类众多,作用也各不相同,无须禁止所有的办案情况说明,而应依其适用范围予以区分和限制。将办案情况说明可以总体内容为标准作出三类区分,分别为一般程序性事项、证据能力事项和案件事实事项,然后对三种办案情况说明的适用分别予以界定(如表1所示)。对于本身即无须证明的一般性事项,侦查机关提交的办案情况说明可予采纳;对于涉及案件事实的事项,需要与其他证据相互印证方可采纳;而对于涉及证据能力事项的办案情况说明,则不予采纳,必须由侦查人员出庭进行质证。

表 1　办案情况说明的种类、内容及限制方式

种　类	内　容	限制方式
涉及一般性事项	案件来源、主体身份、破案经过、其他涉案人员处理情况等	可予采纳
涉及案件事实事项	自首、坦白、立功,无法辨认、指认、估价、查找作案工具,物证书证提取过程等	与其他证据印证可采纳
涉及证据能力事项	未刑讯逼供等	不予采纳

通过对办案情况说明的运用加以限制,可以达到双重目的:第一,继续发挥办案情况说明方便高效的特点。将诸如案件来源、破案经过的详情,通过文字形式简单叙述,使法官能够尽快得知案件的部分事项,提高诉讼效率。第二,严格审查证据能力。对证据能力有疑问的证据材料,禁止使用办案情况说明,避免"以说明替代证明",破除人为制造的障碍,为侦查人员出庭作证创造条件。

2. 完善侦查人员出庭作证制度

由于立法中部分规定存在疏漏,导致侦查人员出庭作证制度实际上被束之高阁。要完善侦查人员出庭作证制度,则需从立法层面加以规范,在立法中贯彻直接言词原则,一方面规定侦查人员必须出庭作证,另一方面赋予被告人申请侦查人员作证的权利。

首先,宜规定侦查人员必须出庭作证。在审判中心主义要求下,直接言词原则应成为我国刑事诉讼法所贯彻的基本原则之一,侦查人员出庭作证有益于在法庭上解决最关键的程序问题,符合审判中心主义的主旨。因此,宜规定在被告人提出侦查程序存在非法取证情形时,侦查人员必须出庭作证,就其在侦查程序中所履行的职务行为作出必要之说明并接受控辩双方的质证。这一规定符合审判中心主义司法改革的趋势,可以在法庭上对事实真相予以确认,并排除非法手段获取的证据材料,以防止冤假错案的产生。

其次,宜赋予被告人申请侦查人员出庭作证的权利。证据能力是证据材料提交至法庭的敲门砖,在职权主义诉讼模式下,法官审查证据材料是否具备证据能力的最佳方式莫过于要求侦查人员出庭与被告人对质及亲身对侦查人员询问,以核实证据材料之属性,发现案件真实。然而以我国目前的司法体制,法官基于其地位的顾虑,会更偏向于侦查人员,现行《刑事诉讼法》第 57 条和《实施意见》的规定尚不足以使侦查人员出庭。为使法官积极行使职权、履行自身职责，应对侦查人员出庭作证施加外力，即赋予被告人申请侦查人员出庭作证的权利。被告人、辩护人可在庭前会议时申请侦查人员出庭作证。申请侦查人员出庭作证之权利需满足两项条件以保障其实现：一是非例外情形，法官不可对侦查人员出庭作证之申请任意驳回；二是非法定情形，被申请出庭者不可回避或拒绝出庭作证。

最后，应规定被告人的权利救济途径。英国有一句古老的法谚“无救济则无权利”，意思是即使法律对公民权利规定得十分全面和完备，但没有规定公民的救济途径，则法律权利终将成为一纸空文。当被告人申请侦查人员出庭作证被法官驳回或被侦查人员拒绝时，则被告人应有权寻求救济。就目前而言，在侦查人员不出庭作证的情形下，被告人尚无任何途径可予救济，办案情况说明经过法庭“纸上质证”后即被法院采纳，显然违背了直接言词原则，也会将案件之不利风险归于被告。而被告在法院判决之后再以此为由上诉，则更不利于保护被告人的权利。故而宜将侦查人员不出庭作证的行为列为可诉事项，赋予被告人可诉的权利救济手段，当被告人提出请求后，案件的审理程序应中止，法官应对侦查人员不出庭作证之行为进行审查，一方面就涉案证据予以排除，另一方面追究侦查人员的司法责任，通过此种形式促使侦查人员出庭作证。

结　语

侦查人员不出庭作证在我国刑事司法实践中是较为突出的现实难题，解决这一困局不仅需要在法律上详细规定，更需要在制度上正常运行。要保证侦查人员出庭作证，根本途径是从改革我国司法制度入手，将侦查中心主义转化为审判中心主义，贯彻直接言词原则，将侦查人员不出庭之被动心理化为主动行为，推动司法改革的进步。

认罪认罚从宽制度改革中被害人权利的保障*

——基于149个试点案例的实证分析

王亚娇**

摘要：无论是西方法治发达国家还是正在建设法治社会的中国，于被害人权利保护方面都存在重视不够的问题。在意识到对被告人权利保护矫枉过正等实践困境后，西方一些法治发达国家提出“让所有人都正义”的口号以重塑刑事司法体系。此次认罪认罚从宽制度改革中，为避免再次走向历史困境，如何保障被害人权利显得尤为重要。错误观念的转变，被害人程序参与权的落实，被害人法律援助权的赋予，被害人救助体系、救济路径的完善都将是改进的方向。

关键词：认罪认罚；被害人；权利保障；诉讼效率

2016年9月，为贯彻落实党的十八大关于“完善刑事诉讼中认罪认罚从宽制度”的决定，全国人民代表大会常务委员会通过了《关于授权最高人民法院、最高人民检察院在部分地区开展刑事案件认罪认罚从宽制度试点工作的决定》（以下简称《决定》），授权最高人民法院、最高人民检察院在北京、上海、重庆等18个城市开展试点。同年11月，最高人民法院、最高人民检察院、公安部、国家安全部和司法部联合出台《关于在部分地区开展刑事案件认罪认罚从宽制度试点工作的办法》（以下简称《办法》），以指导实践。至此，认罪认罚从宽制度在试点地区迅速展开工作，吸引了理论界和实务界的密切关注。但从知网、北大法宝等数据库的搜索中发现，关注点大多集中在如何定义“认罪”“认罚”和“从宽”，以及如

* 本文系西南政法大学法学院研究生重点立项项目“认罪认罚从宽制度下被害人权利的保障”（项目编号LX2017011）的阶段性成果。

** 作者系西南政法大学法学院2016级刑事诉讼法硕士研究生。

何保障犯罪嫌疑人、被告人在认罪认罚从宽制度中的诉讼权利和自愿性,而忽略了刑事诉讼程序中的另一当事人——被害人。那么实践中的情况又如何呢?

笔者通过无讼案例网随机抽取了有直接被害人的149个试点案例,从中发现通过积极赔偿被害人损失并取得被害人谅解的案件占58.39%。(见表1)但案例类型大多集中在轻罪案件,判处一年以下有期徒刑和拘役的就占到了85.49%。(见图1)而罪刑的轻重一定程度上与被害人和被告人的紧张关系成正比,被害人及其亲属的激烈情绪、申诉、上访也多出现在重罪重刑案件中。众所周知,认罪认罚从宽制度的目的在于提高诉讼效率,节约当前愈发不足的司法资源。问题是,41.61%的案件中缺乏被害人的参与或权利表达,试点案件类型排除了大量被害人情绪激烈的重罪案件的情况,是否会导致该制度试点功能及最终目的的难以实现?鉴于此,笔者拟从实践与理论两头并进的方式探析试点中可能存在的被害人权利保障问题及其成因,然后提出相关的改进路径,以期保障被害人权利的同时实现认罪认罚从宽制度的最终目的。

表1 适用认罪认罚从宽制度中被告人取得与没有取得被害人谅解的数量及比例

罪 名	取得被害人谅解	没有取得被害人谅解	案件总数	取得被害人谅解所占比例	没有取得被害人谅解所占比例
盗窃罪	1	28	29	3.45%	96.55%
故意伤害罪	32	2	34	94.12%	5.88%
交通肇事罪	16	0	16	100.00%	0%
诈骗罪	5	8	13	38.46%	61.54%
信用卡诈骗罪	2	1	3	66.67%	33.33%
合同诈骗罪	0	2	2	0%	100.00%
寻衅滋事罪	7	2	9	77.78%	22.22%
抢劫罪	3	3	6	50.00%	50.00%

续表

罪　名	取得被害人谅解	没有取得被害人谅解	案件总数	取得被害人谅解所占比例	没有取得被害人谅解所占比例
非法拘禁罪	5	6	11	45.45%	54.54%
聚众斗殴罪	5	0	5	100.00%	0%
敲诈勒索罪	1	0	1	100.00%	0%
强奸罪	1	3	4	25.00%	75.00%
故意毁坏财物罪	5	1	6	83.33%	16.67%
过失致人死亡罪	3	2	5	60.00%	40.00%
故意杀人罪	1	0	1	100.00%	0%
抢夺罪	0	4	4	0	100.00%
总数	87	62	149	58.39%	41.61%

一、实践问题的总结及理论担忧

诉讼效率能否提高与被害人是否"罢讼息诉"有着莫大的关系，而被害人是否"罢讼息诉"与其诉讼权利是否得到保障有着莫大的关系。诚然，刑事诉讼程序的运作必须具备一定的经济合理性。① 陈卫东教授也认为，缺乏效率的公正是无法满足社会需求的。② 笔者在认罪认罚从宽制度改革中突出被害人权利保

① 李文健：《刑事诉讼效率——基于效益价值的法经济学分析（上）》，载《政法论坛》1997 年第 5 期。

② 陈卫东：《公正和效率——我国刑事审判程序改革的两个目标》，载《中国人民大学学报》2001 年第 5 期，转引姜新、李晨瑛：《认罪认罚从宽制度：理论基础与法律适用》，载《河南司法警察职业学院学报》2017 年第 1 期。

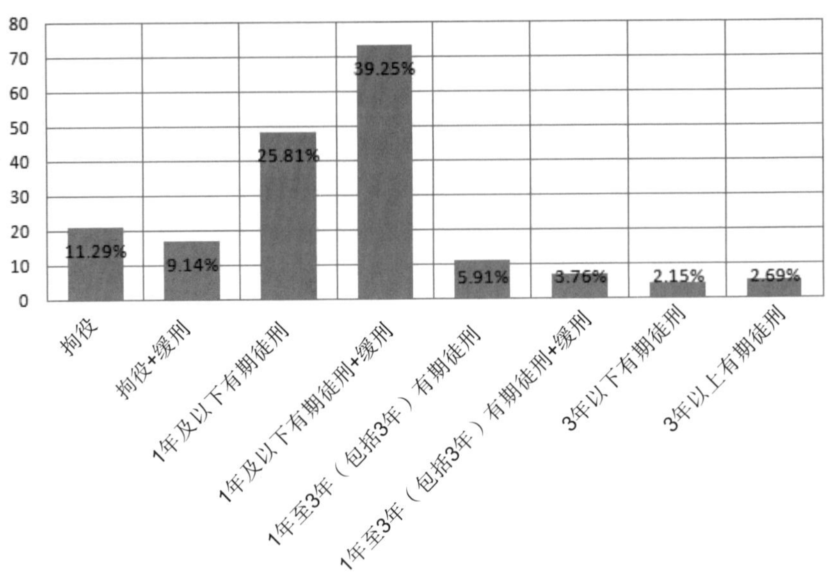

图1　适用认罪认罚从宽案件中被告人被判处的刑种及刑期的比例分布

障问题，目的不在于挑战或否认该制度存在的必要性及合理性，而在于进一步扩大该制度的积极内涵，这是讨论的前提。换句话说，提高诉讼效率成了当前司法不可逆的价值追求，但是，被害人的权利保障问题也时刻牵动着诉讼程序的合理性、诉讼效率的实质提高以及诉讼结果的社会影响。因此，被害人权利保障在试点中可能存在的问题有被研究的迫切需要。

(一)被害人权利保护总体不足

首先，于总体情况而言，41.61%的比例数据依然背离“让每个当事人都能在案件中感受到公平正义的司法口号”。单纯的数字比对只能反映总体情况的好坏，但对于每一个被害人来说，重要的只有相关的某一个案件，这也是被害人感受公平正义的直接来源。其次，于具体情况而言，在抢夺罪、强奸罪、非法拘禁罪、诈骗罪、抢劫罪、盗窃罪等罪名中，积极赔偿被害人损失并取得被害人谅解的比例较低。排除个别重罪案件中被害人由于情绪激烈拒绝谅解外，诉讼效率在其他案件中以绝对优势战胜了被害人权利保护。例如盗窃罪，被告人没有取得谅解的比例高达96.55%，一部分原因在于确实没有取得谅解，但大部分原因在于公安司法机关没有重视被害人在盗窃案件中的权利表达。由此衍化出被害人权利表达被选择性重视的尴尬局面。

此外,由于样本总量的不足导致难以反映被害人权利在重罪案件中的保障情况。但是,这也说明认罪认罚从宽制度尚且存在适用盲点、难点。

(二)获得被害人谅解的方式单一

取得被害人谅解的87个案例中,其判决书上相关的说理部分大多是"被告人某某某赔偿了被害人的损失并取得被害人的谅解"。此种表达方式透露出在与被害人协商和解的过程中,大多以金钱赔偿作为弥补经济损失、精神损失进而取得被害人谅解的主要方式。笔者意不在否认该种谅解方式,从实践的角度来看,以金钱弥补已有损失是最为快捷、有效的方式之一。只是,被害人"漫天要价"、被告人"以钱买刑"、双方"讨价还价"等负面舆论接踵而来。"唯金钱论"的和解方式,在解决问题的同时也滋生问题。其中有一案例,被告人积极赔偿了被害人的经济损失但没有赔偿被害人之后提出的精神损害赔偿,导致被害人最终没有谅解被告人。而这种情况在实践中绝非孤例。赔偿金额的大小不仅取决于被告人赔偿意愿的大小,也取决于其经济能力的强弱。因此,当和解方式只依赖于金钱赔偿时,被告人是否真诚悔罪、改过自新,被害人是否真心谅解被告人的真实内心遭到掩盖。以至于已破裂的社会关系在"形式性谅解"之下,达不到修复效果,也埋下了随时复发的种子。

另外,我国在被害人救助方面发展较晚,没有成熟的救助体系。因犯罪行为陷入生活困境的被害人及其亲属无法从其他渠道获得救助,只能紧抓被告不放。相较于其他和解方式,对于生活难以为继的被害人来说,金钱赔偿往往更具有实用性。

(三)被害人程序参与程度与"当事人"地位不符

2012年的《刑事诉讼法》将被害人纳入刑事诉讼当事人的范畴之后,被害人对于刑事诉讼的参与有了立法上的依据,同时也扩大了被害人参与的广度和深度。这种"新式参与"不仅体现在公安司法机关相关重要决定的告知,还体现在审判阶段的意见发表。但是,根据《办法》的规定:第一,被告人提出认罪认罚之后得到的程序从宽,如解除强制措施,是否应当告知被害人没有涉及。第二,除与被告人进行刑事和解之外,被害人是否能够参与其他阶段的诉讼活动及如何参与也没有提及。第三,采用简易程序、速裁程序的认罪认罚案件在不进行法庭调查和法庭辩论时,如何保障被害人的参与权也没有规定。

就被害人参与的效力而言,存在模糊、宽阔的自由裁量地带。英国刑事司法对于被害人权利保护的态度是，一方面强调被害人认罪协商参与的渠道必须被保障，但另一方面就其参与行为的具体效力不予以明确表述。① 我国目前的情况也同样如此。以至于有实务人员认为，此次制度改革对被害人权益的保护缺乏相关的规定，被害人对于程序的参与影响有限，可能引发被害人的不理解，进而形成上访，一定程度上影响了案件质效。② 例如福建念斌案，即使最终获得了无罪判决，但无罪的念斌仍无法使被害人家属相信真凶不是他，至此有家难回。而被害人家属则早已深信念斌就是真凶，其被无罪释放的原因在于念家"有钱有势"才免于一死。③

(四)被害人法律援助权的缺失

被害人法律援助权在我国立法中属于缺失的一项，国家在取代被害人原告地位的同时垄断了被害人刑事诉讼法律援助的来源。除非被害人自行委托律师咨询法律意见、寻求专业帮助，国家层面的法律援助仅限于公安司法机关的"专业解说"。在检察制度发展史上，被害人和检察官的冲突一直存在，检察官所代表的国家利益、社会利益也不可避免地冲突着被害人的自身利益。因此，被害人在刑事诉讼中所获得的"专业解说"是否有所隐瞒、存在主观臆断、偏见被告尚且存疑。

一项新的法律制度，即使是专家学者也要深入学习方能体会其中含义，遑论不具备专业知识的被害人。在认罪认罚从宽制度中，被害人的既有权利是否遭受影响，被害人是否获得额外的、匹配该制度的权利，被告人认罪认罚之后的程序及实体从宽结果是否必须告知被害人，被害人在认罪认罚从宽制度中应当如何参与，参与程序、参与效果如何，其对被告人的谅解行为会引起什么样的法律效果等问题急需专业人员的全面解答。

(五)被害人权利救济途径立法阙如

首先要明确的是，本文认为的立法阙如不包括《中华人民共和国刑事诉讼

① 裴炜：《英国认罪协商制度及对我国的启示》，载《2017年度中国刑事诉讼法治与司法改革高端论坛论文集》。

② 张艳红：《宝安法院刑事案件认罪认罚从宽制度试点工作汇报》，载《2017年度中国刑事诉讼法治与司法改革高端论坛论文集》。

③ 王毅：《念斌姐姐谈念斌案："不上访"是正确的》，http://news.qq.com/a/20140827/007404.htm，最后访问日期：2017年10月6日。

法》(以下简称《刑事诉讼法》)、《人民检察院刑事诉讼规则(试行)》、《最高人民法院关于适用〈中华人民共和国刑事诉讼法〉的解释》等,且《刑事诉讼法》等法律规定的救济途径难以适应新制度下的特殊救济需要,因此只限于《决定》和《办法》两部法律文件。

1. 被告人上诉案件的权利救济

实践中,认罪认罚并得到程序及实体从宽的被告人在一审判决结果出来后仍然选择了上诉。根据实务人员的总结,上诉的主要原因有二:一是通过上诉拖延时间,使得自己能够留在看守所,尽量晚点去监狱正式服刑;二是利用上诉不加刑的相关规定来尝试获得更轻的刑罚。① 且无论被告人的上诉行为使得认罪认罚从宽制度实质性地降低了诉讼效率、额外地浪费了司法资源,就被害人的谅解范围而言,一般情况下并不包括被告人的"无理"上诉。而且,非基于程序与实体不公,只是为逃避在监狱服刑的上诉伤害了被害人的报复情感及其对被告人真诚悔罪的信任。那么,在被告人无理选择上诉的情况下,被害人能否收回谅解、重新作出决定则没有规定。

2. 程序从宽的权利救济

在侦查阶段,主要是程序从宽,表现为侦查机关变更、解除强制措施,更多采取非羁押性强制措施;②在审查起诉和审判阶段的程序从宽,主要表现为对简易程序、速裁程序的选择适用。为践行"正义不但要被伸张,而且还要以看得见的方式伸张",开始有检察机关试点公开听证。听证主体除主持人即检察机关外,还包括被告人、被害人、社区人员、专家及学校老师等,被害人可以表达并影响检察机关将要作出的逮捕、变更、解除强制措施等决定。但是,在认罪认罚从宽制度下并未涉及被害人对于程序从宽决定的意见表达,也无被害人不同意该决定时的救济。

3. 实体从宽的权利救济

根据《刑事诉讼法》第218条的规定,在被害人及其代理人对于一审判决结果不服的情况下,可以于法定期限内请求人民检察院抗诉,那么,在认罪认罚从

---

① 张艳红:《宝安法院刑事案件认罪认罚从宽制度试点工作汇报》,载《2017年度中国刑事诉讼法治与司法改革高端论坛论文集》。

② 兰跃军:《认罪、认罚、从宽及其相互关系》,载《2017年度中国刑事诉讼法治与司法改革高端论坛论文集》。

宽制度中被害人及其代理人是否依然享有抗诉请求权?本文之所以提出这个问题的原因在于:首先,对于认罪认罚从宽结果的作出,被害人根据《办法》的规定并没有过多的参与权。其次,对于认罪认罚从宽的协议内容被害人有无建议权也未可知。最后,由于认罪认罚从宽结果的作出并不取决于或者反映被害人的意见,被害人完全可能存在对判决结果不服的情形。那么,根据上位法即《刑事诉讼法》的规定被害人当然享有抗诉请求权。只是,作为认罪认罚从宽制度的参与方之一的人民检察院以及作出最终结果的人民法院会不会承认被害人的抗诉请求权则存在问题。被告人与人民检察院本着诚实守信、相互信任的原则作出的认罪认罚从宽决定,遭遇被害人的抗诉请求是否会破坏这种信任关系?是否会影响其他被告人对于认罪认罚从宽制度的选择?该如何平衡被害人的抗诉请求权和被告人获得实体从宽的权利?

二、被害人权利保障不足之成因探析

西方法治国家在被害人权利保护问题上也曾经历过低谷、迷茫时期,这是法治发展道路上的必然现象及法治建设所必需的挑战。因此,该问题的成因有普遍因素也有特殊因素,在法治发展不完善的大背景下应当具体分析。

(一)偏向保障被告人权利

当刑事诉讼演变成被告与国家公权力的对弈之后,如何平等武装被告成了刑事司法体系历史发展的重点问题。但这种偏向关注俨然造成了被告人与被害人在享有司法资源上的严重失衡,进而导致公平正义的难以全面实现。

1981 年里根总统宣布当年 4 月 19 日为“全国犯罪被害人权利周”,其公开表示:“无可讳言,过去三十多年来,刑事司法过于偏袒被告而不利于无辜的被害人。”①偏袒的原因不外乎害怕被告在强大的公权力对抗下显得过于弱小、毫无抵抗能力而不断地武装被告人,达到以双方平等对抗的姿态追求真相,实现司法正义。而当前我国的法治进程正处于这个阶段即被告权利保护不足、抵抗能力微弱,被害人在刑事诉讼中的地位自然而然地遭受忽视,几乎所有的关注重心都落在如何提升被告人的当事人地位这个问题上。认罪认罚从宽制度出台之后,理论界对于被告认罪认罚“自愿性”及诉讼权利的担忧而忽略被害人的权利保护

① 程滔:《刑事被害人的权利及其救济》,中国法制出版社 2011 年版,第 18 页。

正好证实了这个现象。

(二)被害人本身被边缘化

国家垄断犯罪追诉权之后,又奠定了“犯罪行为侵犯的是国家统治秩序”的理论基础,逐渐从实践到理论淡化被害人的当事人地位。又由于被害人利益的单独化,难以被其他利害关系方所重视,导致其本身被边缘化。比如,公安机关认为,其最重要的职责是查获犯罪嫌疑人,找寻并固定各类证据为公诉做好硬件准备。检察机关认为,在刑事诉讼中其主要任务是客观判断是否应当提起公诉及公诉后如何完成证明责任,以使被告人被定罪量刑,减少无罪判决率、提高自身业绩、维护检察机关的法律权威。法院认为,作为中立的司法机关应当始终将居中裁判、正确定罪量刑以实现司法正义作为工作重点,被害人权利被保障与否一般不影响法院作出符合事实与法律的有罪或无罪判决。被告一方认为,公安司法机关的介入已是代替了被害人的报复行为,可以满足被害人的报复情感,其被定罪量刑是对被害人最好的赔偿。在这种观念之下,除非被害人上访造势,否则难以引起各个利害关系方的重视。

再以福建念斌案为例,在公安司法机关及社会各界的努力之下促成了最终的无罪判决,反映司法进步的同时也彰显了被害人在诉讼中的弱势地位。无罪判决作出的当天,社会各界都在关注司法机关的纠错勇气,对司法正义的不懈追求以及被告人权益的无条件保护。而以为国家能够为其伸张正义的被害人家属,则只能以最无奈的方式披麻戴孝静坐在福建省高级人民法院内并仍旧深信念斌是杀人凶手。①

(三)相关制度不成熟

笔者此处主要论述检察制度与刑事和解制度,原因在于这两项制度对于被害人权利保护有着无可比拟的重要作用。

首先,就检察制度而言,我国的检察制度来源于苏联模式,是以列宁的法律监督思想为指导而建立和发展起来的。② 有学者分析,大陆法系国家将检察官定位为法律守护人,英美法系国家将检察权定位为追诉权,我国《宪法》将检察机关定位为法律监督机关。其进一步认为,检察机关不是为适应公诉制度发展需

---

① 王毅:《念斌姐姐谈念斌案:“不上访”是正确的》,http://news.qq.com/a/20140827/007404.htm,最后访问日期:2017 年 10 月 6 日。

② 孙谦:《检察理论研究综述(1999—2009)》,中国检察出版社 2009 年版,第 8 页。

要而建立起来的。[①] 该学者的观点正确与否本文不作讨论,但其对于检察机关客观法律地位的陈述至少可以反映出我国检察机关相比于英美法系的检察机关,有更多职责内涵。这导致了检察机关代替被害人的原告地位后,并未探索如何成体系地承接被害人的利益诉求,平衡被害人自身利益与国家利益、被告人利益;而是以国家利益为出发点,以维护法律的统一实施为最终目标。

其次,就刑事和解制度而言,通说认为司法是正义的最后一道防线,但是许多的当事人对诉讼结果仍然不满。人们抱怨程序的烦琐、取证的困难、效率的低下、判决的不公正,甚至有暗箱操作。[②] 于是催生了刑事和解制度,当事人都希望用较少的成本投入换取双方都满意的结果产出。但是,根据我国目前的法律规定,我国刑事和解制度适用范围极其有限。此外,被害人"漫天要价"、被告人"以钱买刑"、双方"讨价还价"等负面舆论反映了刑事和解制度在实践运行中的异化现象。

(四)诉讼效率优于被害人权利

在诉讼爆炸时代,案多人少、司法资源不足。于是,提高诉讼效率不约而同地成了各个国家司法转型的新目标。认罪认罚从宽制度便是我国的应对之策。因此,提高诉讼效率有着时代内涵以及时代使命,被赋予了解决时代难题的高度期望。而"增强被害人权利保障"则缺乏快速解决问题的功能,也没有明显的司法成果。换句话说,这两种诉讼价值对于司法改革、司法转型的实践意义相差甚远。在短期内,提高诉讼效率所带来的司法成果明显优于增强被害人权利保障。也由于此,在实践中,诉讼效率时常被认为优于被害人权利。

三、改进路径分析

1941年,德国犯罪学家亨蒂希在美国耶鲁大学发表了论文《被害人与犯罪人之间互动关系研究》,被认为标志着被害人学作为一门独立学科的诞生。之后,在以色列律师本杰明、加拿大精神师亨利等人的努力和重视下,被害人学作为一门独立学科的地位得到巩固。到了20世纪60年代,国际人权运动兴起,被

---

① 葛森林、王昌奎:《从法律监督权的构成要件看我国检察机关角色定位与职权配置》,载卢希、卞建林主编:《检察机关诉讼职能优化配置问题研究》,法律出版社2011年版,第45~46页。

② 程滔:《刑事被害人的权利及其救济》,中国法制出版社2011年版,第153页。

害人学研究和被害人运动蓬勃发展，加强被害人在刑事诉讼中的权利保障成为各国刑事司法改革的重要目标。“他山之石，可以攻玉。”我国作为“法治后发型国家”，特别是还处在“提高诉讼效率”和“保障被害人权利”两种诉讼价值都发展不完善的时期，应当结合本国国情及借鉴他国有益经验以完善被害人权利保障体系，最终达到提高诉讼效率的现代司法目标。

（一）纠正错误思想，灌输应有观念

首先，应当先行纠正犯罪是挑战、破坏国家规定的法秩序及统治秩序，被害人只是“媒介式”存在的错误观念。诚然，前半句不可辩驳，但后半句则有转移矛盾之嫌，应予以否定。其次，应当从侦查阶段开始灌输重视被害人权利保护之重要性直到审判阶段，原因不再赘述。这种灌输不仅应当体现在日常工作的宣传中，还可以适当考虑加入业绩考核标准。最后，在构建和谐社会、建设法治国家的政策背景下，应当解放被害人权利保障与否受制于被告人权利被重视及实现与否的捆绑。被害人权利保护与被告人权利保护是并行不悖、两个相互独立的努力方向，任何一项努力的成功都将是实现和谐社会、法治国家不可或缺的一部分。

（二）真正落实被害人程序参与权

按照正当程序的要求，与程序结果有利害关系的人都有权参加该程序并得到提出有利于自己的主张的机会。[①] 被害人在刑事诉讼中的“当事人”地位得到了立法的认可及保障，有参与的正当性及合法性。而且被害人的参与是“让权力在阳光下运行”的方式之一，可以防止滋生腐败、权钱交易。我国有学者一直在探索“四方构造诉讼”的格局，力求真正体现被害人在刑事诉讼过程中的当事人地位。[②] 美国在承认对被告人的权利矫枉过正之后，不仅在开庭程序也在辩诉

① ［日］谷口安平：《程序正义与诉讼（增补本）》，王亚新译，中国政法大学出版社 2002 年版，第 11 页，转引姜新、李晨瑛：《认罪认罚从宽制度：理论基础与法律适用》，载《河南司法警察职业学院学报》2017 年第 1 期。

② 房保国：《被害人的刑事程序保护》，法律出版社 2007 年版，第 101 页。

交易中最大化地保障被害人的权利。① 基于此,笔者认为对于上述提到的问题及对他国已有经验的借鉴,我们可以作以下改进:

在审前阶段,由于犯罪嫌疑人可能在侦查阶段就提出或者同意认罪认罚,因此被害人及其代理人在侦查阶段有权随时参与到侦查及审查起诉过程中来,立法应当为被害人的参与开通绿色通道。这种参与包括案件进展的随时了解,侦查机关作出及解除强制措施的原因说明,特别是在犯罪嫌疑人提出认罪认罚时的及时通知。理由如下:首先,对于犯罪嫌疑人提出的认罪认罚可能存在不利于被害人的情况。其次,犯罪嫌疑人在认罪认罚过程中所承认的案件事实可能影响被害人的民事诉讼,基于正当程序原则,被害人有参与的正当理由。最后,每一个案件中的被害人都可能存在报复情感,且这种情感与生俱来、不可磨灭、无可指责。而要消除或者满足这种报复情感,不使该情感转化为私力救济的动机,就必然需要给被害人一个参与的机会。被害人只有在充分了解案件侦查过程及结果作出的原因的基础上,才能最大限度地对最后的从宽结果给予理解、接受。

在审判阶段,采用简易程序或者速裁程序审理认罪认罚的案件时,由于可能省略法庭调查及法庭辩论而剥夺了被害人及其代理人向被告人讯问、对证据提出异议的权利,那么理应在其他程序或者阶段给予弥补。笔者认为,最大限度地保障被害人在审前阶段的参与可缓和这个问题。或者,在进入审判阶段之后,赋予被害人及其代理人提交书面意见或者申请会见审判法官的权利,审判法官也可以主动询问被害人及其诉讼代理人的意见。

(三)赋予被害人法律援助权

笔者所指的法律援助权主要限定在相关诉讼权利及民事行为法律效果的告知。为配套认罪认罚从宽制度全面、顺畅地施行,保障被告人权利及认罪之自愿性,实务界一直在探索律师值班制度。比如,广东省设立了驻检察院律师值班工

---

① 首先,在程序启动方面,被害人具有是否启动辩诉交易的影响力。比如在 People v. Henry 一案上,便是被害人建议检察官进行辩诉交易并得到了采纳。其次,在辩诉交易的过程中,被害人有发表意见的权利并且该权利得到了立法的肯定。(1982 年的《被害人与证人保护法》中规定,被害人有对辩诉交易发表意见的权利。)再次,在有些州,对于被害人的权利保护直接纳入宪法并等同于被告人的权利保护,这说明被害人享有被告人的相关权利。最后,在法官审查阶段,被害人的意见依然可以对辩诉交易的结果产生影响。比如,有时被害人及其家属的反对意见也可能使法官拒绝被告人的有罪答辩。参见谢小剑:《美国辩诉交易中的被害人权利保护》,载《甘肃政法学院学报》2008 年第 3 期。

作站，建立了全方位的法律援助机制。有的试点地区还探索多种方式、多种渠道的律师援助服务，如除了采取坐班制、当面向被告人提供帮助外，还可以采取电话值班、网络值班等多种方式提供帮助。[①] 在利益不相冲突的情况下，一套工作班底完全可以两用，即笔者认为被害人同样可以请求值班律师的法律援助，咨询关于认罪认罚从宽制度的相关问题，既可减轻公安司法机关的“专业解说”责任，也可增强被害人所获“专业解说”的中立性、客观性。

（四）完善被害人救助体系，丰富和解方式

2007 年全国人民代表大会将被害人救助立法列入预备项目，之后分别于 2009 年、2014 年和 2016 年在中央层面出台了三部法律文件。由于立法时间尚短且法律位阶过低，有学者就认为应当制定一部单行的“被害人救助法”以统一被害人救助制度，[②]笔者也较为赞同这种提法。国家只有在物质层面保障遭受犯罪行为侵害而陷入生活困境的被害人获得救助，才能缓和被害人将被告的金钱赔偿视为唯一解决途径而“漫天要价”的现象。完善被害人救助的同时，公安司法机关可以大胆探索多种和解方式，摆正被扭曲的金钱赔偿方式，以期被害人和被告人之间破裂的社会关系得到长久的修复。

（五）完善被害人的权利救济途径

有救济方有权利。虽然《刑事诉讼法》对于被害人的救济权给予了明确规定，但是，这些规定是否同样能够在认罪认罚制度中起到应有的效用是有疑问的。为提高诉讼效率，一个适用认罪认罚从宽制度的刑事案件完全可能在几天之内完成立案侦查到判决结果作出的全过程，如广州南沙地区的一个非法侵入住宅案件，总共用了 4 天时间。[③] 因此，在具体问题具体分析的哲学视角下，于认罪认罚从宽制度中，被害人的权利救济应当有相配套的救济途径。笔者认为，第一，受理被害人申诉的审查时间应当缩短；第二，受理被害人申诉的方式可以多样，受限于地域、时间及交通不便，受害人可以采取电话或网络方式申诉；第三，对于人民检察院不予受理或者作出不予抗诉的决定后，应当赋予被害人直接

---

① 王路真：《广东省高级人民法院认罪认罚从宽试点推进情况及问题》，载《2017 年度中国刑事诉讼法治与司法改革高端论坛论文集》。

② 兰跃军：《刑事被害人救助立法主要问题及其评析》，载《东方法学》2017 年第 2 期。

③ 闵丰锦：《认罪认罚从宽制度的实践逻辑——基于 259 个试点案件的分析》，载《2017 年度中国刑事诉讼法治与司法改革高端论坛论文集》。

向人民法院申诉的权利。

结　语

从公诉权产生的理论基础来分析，国家为了其统治基础的稳定及统治秩序的维护剥夺了被害人自我救济权，理应保护被害人的其他权利；从利益平衡的角度来分析，在国家利益、社会利益与个人利益相冲突时，国家利益、社会利益总是高于个人利益，检察官便无法代表被害人争取其个人利益。于此而言，被害人理应保有一部分参与的权利以自我表达。从功利主义原则来分析，公正地适用刑法离不开被害人的司法参与，但其实刑事司法的维持也有赖于被害人的合作。如果被害人的权利被忽视了，甚至导致被害人"二次伤害"，必将极大地打击被害人参与司法的积极性，从长远的角度看，刑事司法必将举步维艰。①

认罪认罚从宽制度产生的理论基础是提高诉讼效率，这无可辩驳，在案多人少的困境下有其产生的必要性。但是，在提高诉讼效率的同时应该平衡各个诉讼价值及当事人之间的利益，以免导致诉讼效率最终的实质低下。本文认为，虽然在认罪认罚从宽制度中最大限度地让被害人参与会导致程序的烦琐及成本的增加，但也只有这样才能减少之后的抗诉请求率、申诉率及上访率。最为根本的是，这是被害人合理且正当的权利，与生俱来、不可剥夺。

---

① 刘军：《刑法学中的被害人研究》，山东人民出版社2010年版，第247页。

宪法与行政法论坛

检察机关提起行政公益诉讼的实践反思*

——以四起检察机关一审败诉案件为切入点

滕艳军**

摘要:检察机关提起行政公益诉讼败诉案件暴露了检察机关与法院在具体制度设计方面的分歧和矛盾。在裁判形式上,法院不宜对行政公益诉讼裁定驳回起诉,符合法定条件时可判决驳回诉讼请求;在诉前程序与诉讼程序的对接上,应当把有效制止相对人的违法行为作为行政机关充分履职的判断标准;在举证责任和证明标准上,要合理分配检察机关与行政机关的举证责任,并采用优势证明标准;在判决确认违法与撤诉的选择适用上,原则上应当严格限制撤诉,积极适用请求判决确认违法;在二审程序启动及与审判监督程序的衔接上,宜通过抗诉启动二审程序,并与抗诉启动审判监督程序相区别。

关键词:检察机关;行政公益诉讼;败诉

检察机关提起行政公益诉讼是检察机关行使法律监督权、履行法律监督职能的新方式,对于促进行政机关依法正确履行职责、有效保护国家利益和社会公共利益具有重要意义。据有关统计数据,截至 2017 年 12 月,全国检察机关共发现行政公益案件线索 24888 件,办理行政公益诉前程序 16457 件,提起行政公益诉讼 1159 件,人民法院一审结案 862 件。从诉讼结果来看,人民法院一审结案

---

* 本文系国家检察官学院 2018 年度课题"检察机关一审败诉行政公益诉讼案件实证研究"的阶段性成果。

** 作者系最高人民检察院办公厅干部,法学硕士。

的862件行政公益诉讼案件中,检察机关胜诉858件,败诉4件(裁定驳回起诉2件、判决驳回诉讼请求2件)。① 虽然人民法院一审结案的行政公益诉讼案件多数以检察机关胜诉方式结案,但检察机关败诉的四件行政公益诉讼案件也暴露了检法两院在公益诉讼裁判的具体形式、诉前程序与诉讼程序的对接、举证责任和证明标准、判决确认违法与撤诉的选择适用、二审程序启动及与审判监督程序的衔接等具体问题方面,以及在案件法律适用标准与现实考量标准平衡把握方面的分歧和矛盾,值得我们进行思考和研究。

一、检察机关败诉案件基本情况与裁判理由评析

案件一:A县检察院诉A县建设和环境保护局不履行法定职责案。A县检察院在履行职责中发现A县建设和环境保护局在查处九龙镇无牌养猪场非法排污违法行为中怠于履职,于2016年4月立案查处。2016年5月,A县检察院向A县建设和环境保护局发出督促履职的检察建议,但该局并未依法履行职责。经上级检察院批准,2016年11月,A县检察院依法向A县法院提起行政公益诉讼。2017年7月,A县法院作出行政裁定,驳回公益诉讼人A县检察院的起诉。理由为:A县检察院要求A县建设和环境保护局在一定期限内履行法定职责,对位于九龙镇辖区内所有未依法取得排污许可证而排放污染物、未建设污染防治配套设施即投入生产、使用的无牌生猪养殖场依法立案,对违法当事人作出责令停止排放污染物、罚款、查封扣押造成污染物排放的设施设备等诉讼请求,针对的是一类行为,与行政诉讼法"一事一诉"的原则相悖,A县检察院的诉讼请求不具体、不明确,不符合行政案件的受理条件。A县检察院虽然对上述理由不予认可,但鉴于A县建设和环境保护局已对76家(起诉时为89家)生猪养殖场作出行政处罚,从节省诉讼资源及再次拆案起诉的现实意义考虑,未对该裁定启动二审。

裁判理由评析:本案中A县法院强调"一事一诉",但是检察机关作为公益诉讼人提起行政公益诉讼是经全国人大常委会授权开展的试点工作(本案于试点期间起诉),与普通的行政诉讼完全不同。在检察机关提起行政公益诉讼的诉

① 徐全兵:《检察机关提起行政公益诉讼的职能定位与制度构建》,载《行政法学研究》2017年第5期。

讼请求是否要“一事一诉”没有法律或司法解释明确指引的情况下，过多强调“一事一诉”，将检察机关等同于一般的行政行为相对人，不利于维护国家利益和社会公共利益。事实上，检察机关对这类不履职行政行为予以监督并提起诉讼符合行政公益诉讼职能的立法授权目的和宗旨。

案件二：B县检察院诉B县黄阁镇政府不履行监管职责案。B县检察院在履行职责中发现，B县黄阁镇政府在查处黄阁镇房地产开发公司将其拥有使用权的国有土地低价转让给华星有限公司的过程中存在怠于履职的行为，未能积极采取有效措施挽回前述流失的国有资产。2016年6月，B县检察院向B县黄阁镇政府发出督促履职的检察建议，但该镇政府并未依法履行职责。经上级检察院批准，2016年11月，B县检察院依法向B县法院提起行政公益诉讼。2017年7月，B县法院作出行政裁定，驳回公益诉讼人B县检察院的起诉。理由为：涉案B县黄阁镇政府工作人员陈某滥用职权等犯罪一案于2013年已刑事立案，至今未作出刑事终审裁判，而对B县黄阁镇政府作出相关审批批复的处理应以该刑事案件的审理结果为依据（刑事案件处理期间可不计算在行政诉讼起诉期间内），在刑事案件未终结前B县检察院启动诉前程序及提前行政公益诉讼不符合行政案件起诉条件。B县检察院对上述理由不予认可，于2017年7月向上级法院提出抗诉启动二审程序。

裁判理由评析：本案中B县法院裁定所引用的法律依据是《行政机关移送涉嫌犯罪案件的规定》以及《关于加强行政执法与刑事司法衔接工作的意见》，上述规定的目的都是为了规范行政执法，避免以罚代刑，与检察机关提起公益诉讼的性质完全不同。第一，上述规定针对的是行政机关给予行政处罚的情形，即行政机关在作出行政处罚时，要以相关刑事案件作出撤销、不起诉、无罪判决或者免于刑事处罚的情况下，再决定给予行政处罚。而检察机关是司法机关，对黄阁镇政府提起行政公益诉讼是司法行为，而非行政处罚，故法院裁定所援引的两项规定并不适用于本案。第二，检察机关对黄阁镇政府违法作出低价转让国有资产的行为提起行政公益诉讼，并不以镇政府工作人员陈某是否构成滥用职权罪为前提条件，陈某作为直接责任人承担相应的刑事责任与镇政府对其决策行为承担相应责任不存在因果关系，故法院裁定认为公益诉讼应以刑事案件的审理结果为依据，是错误的。另外，相关法律与司法解释对行政诉讼和行政公益诉讼的起诉条件作出明确规定，其中并未规定行政诉讼与刑事诉讼之间的先后顺序，故法院裁定认为本案不符合行政案件起诉条件，并无法律依据。

案件三:C县检察院诉C县林业和园林局不履行职责案。C县检察院在履行职责中发现,C县林业和园林局在查处赖某滥伐林木一案中存在怠于履职的行为。2015年12月,C县检察院向C县林业和园林局发出督促履职的检察建议,但该局并未依法履行职责。经上级检察院批准,2016年11月,C县检察院依法向C县法院提起行政公益诉讼。2017年7月,C县法院作出行政判决,驳回公益诉讼人C县检察院的诉讼请求。理由为:在C县检察院提起本案诉讼前,C县林业和园林局已按照检察建议内容履行了全部法定职责,不存在怠于履行法定职责的情形。C县检察院在C县林业和园林局完全履行法定职责后又向法院提起确认违法之诉,依据不足。C县检察院对上述理由不予认可,于2017年7月向上级法院提出抗诉启动二审程序。

裁判理由评析:本案中C县检察院有大量证据能够印证说明检察机关起诉在前(2016年11月16日)、C县林业和园林局迫于诉讼压力作出行政处罚并督促违法行为人"复绿"在后(2016年11月25日)。C县检察院于2016年11月16日向C县法院依法递交起诉状及相关证据,但C县法院拒绝出具收件书面凭证。C县检察院对交接件过程予以拍照固定,经办人员在起诉状和证据清单上亦注明当日时间并签名。据此,检察机关在提交了相关材料后即应认为已经提起行政公益诉讼。而C县法院以其后出具受理通知书的时间(2016年12月9日)为确定起诉日期的依据,认为检察机关起诉时行政机关已经作出行政处罚并督促违法行为人"复绿",缺乏法律和事实依据。

案件四:D县检察院诉D县人民防空办公室怠于履行职责案。D县检察院在履职中发现D县人民防空办公室怠于履行职责,未依法收取天一房地产公司欠缴的防空地下室易地建设费228万元。D县检察院于2016年11月发出检察建议,督促D县人民防空办公室履行职责。2016年12月,D县人民防空办公室回复称,收到检察建议后已向天一房地产公司发出《责令限期补缴易地建设费通知书》,同时对该公司主要负责人进行了催缴谈话。但至起诉前,D县人民防空办公室仍未能收缴天一房地产公司所欠的防空地下室易地建设费。经上级检查员批准,D县检察院于2017年1月向D县法院提起行政公益诉讼。D县法院于2017年6月作出行政判决,驳回公益诉讼人D县检察院的诉讼请求;案件受理费人民币50元,由D县检察院负担。理由为:法院认为行政机关履职有瑕疵,但不属于违法,且所欠人防易地建设费在检察机关起诉后已收回,追缴欠缴期间利息无法律依据。D县检察院不认可上述理由,但因上级检察院未同意其提出抗诉启动二审程序，D县检察院于2017年7月通过审判监督程序以依职权发现判决错误为由，向上级法院提出抗诉。

裁判理由评析：本案中D县检察院提出两项诉讼请求：一是依法确认D县人民防空办公室未及时、有效收取天一房地产公司应补缴的防空地下室易地建设费违法；二是判决D县人民防空办公室向天一房地产公司追缴防空地下室易地建设费欠缴期间的利息。对于第一项诉讼请求，D县法院认为，D县人民防空办公室在诉讼过程中已经履行了职责，追缴了天一房地产公司所欠的易地建设费，之前D县人民防空办公室也采取了部分收缴措施，没完全履行职责只是一种瑕疵行为，不属于违法行为，不应确认违法。检察机关认为，虽然本案起诉后天一房地产公司分两次缴清了所欠费用，但不能否定之前D县人民防空办公室未及时、有效履行法定职责的违法事实，应该判决确认违法，否则行政机关被提起公益诉讼后才履行职责即逃避了不作为懒政的违法性，也会导致公益诉讼诉前程序刚性不足。对于第二项诉讼请求，现行法律没有明确规定行政机关不依法履职造成的国家利益或社会公共利益的损失，应当由何机关追缴。法院认为法律没有明确规定的情况下，行政机关不应追缴。检察机关认为，相关损失是由行政机关不依法履职造成的，既然行政机关有监管职责，亦应有追缴义务。

二、检察机关败诉案件反映当前行政公益诉讼亟待解决的问题

（一）公益诉讼裁判的具体形式问题

《人民检察院提起公益诉讼试点工作实施办法》（以下简称《检察院实施办法》）和《人民法院审理人民检察院提起公益诉讼案件试点工作实施办法》（以下简称《法院实施办法》）未就行政公益诉讼中裁定和判决的具体适用问题作出规定，实践中主要延续了传统行政诉讼的做法，但其中关于“裁定不予立案”“裁定驳回起诉”“判决驳回诉讼请求”三类裁判形式的适用引发了较大争议。目前，随着立案登记制的推行，法院对行政公益诉讼“裁定不予立案”的情形已经近乎消失，但“裁定驳回起诉”与“判决驳回诉讼请求”的情形逐渐出现，上述四案集中反映了这种情况。

1. 关于法院是否可以对行政公益诉讼裁定驳回起诉。实际上，这个问题涉及检察机关的诉讼地位问题。如果将检察机关等同于普通的原告，人民法院当

然可以裁定驳回起诉。但笔者认为,鉴于检察机关提起行政公益诉讼的特殊性,人民法院不宜裁定驳回起诉。

一方面,检察机关提起行政公益诉讼是行使国家赋予的法律监督职权,而非行使私人的诉权。换言之,检察机关通过提起行政公益诉讼,对行政机关违法行使职权或不作为等违法行为进行法律监督。检察机关提起公益诉讼后,被告的行为实体上是否违法,需要人民法院行使审判权来进行裁判,如果直接裁定驳回检察机关的起诉,实质上剥夺了检察机关的公益诉权和监督权,显然与公益诉讼的立法精神相悖。

另一方面,检察机关提起行政公益诉讼的目的是维护国家利益和社会公共利益,其与案件并不具有直接的利害关系,亦不享有实体的权利,而只是享有程序上的诉讼权利,并承担程序上的诉讼结果。因此有必要从法律方面赋予检察机关特定的诉讼权利,如对于检察机关提起的行政公益诉讼,法院必须受理并适用普通程序开庭审理,而不能作出不予受理或驳回起诉的裁定。另外,就案件一与案件二的具体情况来看,法院裁定驳回起诉的理由本身亦不成立,此处不再赘述。

2. 关于法院是否可以对行政公益诉讼判决驳回诉讼请求,就此问题实务部门存在不同的观点。①

第一种观点认为,如果检察机关的起诉有问题或者不成立,法院不宜判决驳回诉讼请求。换言之,检察机关向人民法院提出确认具体行政行为违法的诉讼请求,法院审查后认为行政机关不存在违法行使职权情形的,应当"判决具体行政行为合法"。这种观点主要是类比刑事诉讼中,法院审查认为检察机关公诉的罪名不成立,应判决被告无罪,而非驳回检察机关的诉讼请求。

第二种观点认为,如果法院经审理认为行政机关的行政行为不存在违法情形,法院可以驳回检察机关的诉讼请求,但检察机关不应承担败诉风险,即不能判决其承担相应的法律责任,如案件四中法院不应判决案件受理费人民币50元由D县检察院负担。

笔者同意第二种观点,对于第一种在检察机关败诉时"判决具体行政行为合

---

① 胡卫列、田凯:《检察机关提起行政公益诉讼试点情况研究》,载《行政法学研究》2017年第2期。

法”的观点，笔者认为并不可取，因为这突破了2014年新修订行政诉讼法的制度设计。1989年《行政诉讼法》关于“具体行政行为证据确凿，适用法律、法规正确，符合法定程序的，判决维持”的规定曾备受诟病。批评者认为，行政诉讼本质上系司法权对行政权的监督，其制度价值在于控制行政权力，不能定位于“维护”行政机关行使职权；行政机关作出的行政行为本身具有公定力，不需要人民法院维护；而且，在行政行为合法但不合理的情况下，如果法院判决维持，则不合理的行政行为难以纠正，因为若行政机关撤销该行政行为，则意味着否定了法院的行政判决。鉴于此，在2014年修改行政诉讼法时，立法机关接受了上述批评意见，用“判决驳回诉讼请求”代替了“维持判决”。因此，如果在行政公益诉讼中采用“判决具体行政行为合法”代替“判决驳回诉讼请求”，显然背离了行政诉讼法的上述修法目的，必然遭受与“维持判决”相同的批评。

（二）诉前程序与诉讼程序的对接问题（行政机关是否已经充分履职的判断标准问题）

根据行政诉讼法的规定，检察机关在提起行政公益诉讼之前，应当先行向相关行政机关提出检察建议，督促其依法履行职责。经过该诉前程序，相关行政机关仍不依法履行职责的，检察机关才可以提起行政诉讼。基于检察机关的权威性以及对诉讼后果、社会舆论等因素的考量，大部分行政机关在接到检察建议后能够主动纠正违法行为或者依法履行职责。目前，实践中存在的突出问题是诉前程序与诉讼程序的对接问题。即经过诉前程序，部分行政机关在收到检察建议后，在一个月之内回复检察机关其已启动相关程序或已经开始整改，但未做到充分履职或履职不到位。在这种情况下，因行政诉讼法和相关司法解释仅明确若行政机关拒不纠正违法行为或者不履行法定职责的可以提起诉讼，但缺乏具体的操作指引，检察机关较难对案件进行准确定性。换言之，检察机关在考量具体个案中行政机关是否属于拒不纠正违法行为或者不履行法定职责存在较多问题。从目前各地开通审理行政公益诉讼案件的情况来看，行政机关是否充分履职通常成为庭审的争议焦点。

笔者认为，对于诉前程序与诉讼程序的对接问题，即在诉前程序结束后，如何判断行政机关是否已经充分履职，需要进一步区分具体情形，科学合理地设定判断标准。例如，案件一中A县建设和环境保护局对一部分无牌养猪场非法排污行为进行了查处，对仍有相当一部分的无牌养猪场的违法行为未经查处；案件二中涉案镇政府工作人员虽被刑事起诉，但其行为所造成的国有资产流失问题并未得到解决;案件三中在法院立案之前C县林业和园林局并未查处赖某滥伐林木的行为;案件四中在法院立案之前D县人民防空办公室并未收取天一房地产公司欠缴的防空地下室易地建设费。从上述案例可以看出,是否有效制止相对人的违法行为,可以作为确定行政机关是否履职到位的一个重要参考标准,即要坚持"效果论"。实践中,各地检察机关还采用了"行政机关是否已经穷尽所有执法手段""是否已经达到预定整改目的""是否停止侵害并开始恢复"等多个标准,但这些标准要么坚持"手段论",要么是"效果论"在个案中的不完全表述,不足以作为行政机关履职到位与否的整体标准。

(三)举证责任和证明标准的问题

举证责任关系到检察机关提起公益诉讼能否胜诉的问题,是检察机关提起公益诉讼的关键环节。《检察院实施办法》第45条规定:"人民检察院提起行政公益诉讼,对下列事项承担举证责任:(一)证明起诉符合法定条件;(二)人民检察院履行诉前程序提出检察建议且行政机关拒不纠正违法行为或者不履行法定职责的事实;(三)其他应当由人民检察院承担举证责任的事项。"虽然司法解释作出了上述规定,但理论界对此认识并不统一,主要存在以下几种观点:

一是认为检察机关提起行政公益诉讼要严格遵守"举证责任倒置"的举证模式,即认为行政公益诉讼仍属于行政诉讼的范畴,不能因为检察机关在调查取证方面比一般的行政诉讼原告具有技术手段和经验方面的优势,而免除被告的举证责任。

二是认为检察机关提起行政公益诉讼要遵守民事举证规则中"谁主张,谁举证"的举证模式,即认为检察机关在人力、财力和技术方面与行政机关平衡,不存在谁占优势的问题,这已突破了普通行政诉讼中原告处于劣势的情景,因而在举证责任的分担上应采取平均主义,没有必要再实行举证责任倒置。

三是认为检察机关提起行政公益诉讼要合理分配双方的举证责任,即认为若举证责任都由检察机关承担,会加重其负担而打消其提起公益诉讼的积极性,故应将举证责任在检察机关与行政机关直接进行合理分配,由检察机关承担提出初步证据的举证责任,作为被告的行政机关仍应承担证明其行政行为合法的举证责任。①

笔者同意第三种观点，但应具体区分检察机关提起行政公益诉讼的案件类型：(1)在行政机关违法行使职权，即行政机关作为类的行政公益诉讼中，检察机关需要证明其履行诉前程序提出了检察建议，以及国家和社会公共利益处于受侵害状态即可，由行政机关证明其履职行为的合法性。(2)在行政机关怠于履行职责，即不作为的行政公益诉讼中，检察机关需要证明：检察机关履行诉前程序提出了检察建议；相关行政机关负有法定监管职责，即行政机关具有相应的作为义务；行政机关拒不纠正违法行为或者不履行法定职责；国家和社会公共利益处于受侵害状态。换言之，在行政机关不作为公益诉讼中，检察机关应当承担更重的举证责任。上述四案均属行政机关不作为类公益诉讼，检察机关的举证责任相对较重，且目前实践中检察机关在举证责任方面早已突破了《检察院实施办法》第 45 条关于初步举证责任的规定，这也是检察机关在实践中败诉的客观原因之一。

与举证责任相关联的是证明标准问题。我国《行政诉讼法》第 69 条规定："行政行为证据确凿，适用法律、法规正确……人民法院判决驳回原告的诉讼请求。"由此可见，我国行政诉讼采取"确凿"的证明标准，这类似于刑事诉讼中所采取的"确实充分"的证明标准。② 笔者认为，这一标准应当适用于行政机关对自身行为合法性的证明，对检察机关所要承担的如国家和社会公共利益的侵害证明责任，可采用"优势证明"标准。换言之，如果检察机关所提供证据证明的事实存在或不存在的可能性，明显大于行政机关提供证据证明的事实不存在或存在的可能性，就应认定为达到了证明标准。具体而言，在检察机关所提供证据证明行政机关怠于履行职责的可能性明显大于行政机关所提供证据证明其积极履行职责的可能性，或在检察机关所提供证据证明行政机关违法行使职权的可能性明显大于行政机关所提供证据证明其依法履职的可能性，就应认定为达到了使法官信服的程度。例如在上述案件四中，虽然该案起诉后天一房地产公司分两次缴清了所欠费用，但不能否定之前 D 县人民防空办公室未及时、有效履行法定职责的违法事实，D 县检察院已经举证证明 D 县人民防空办公室存在违法行

① 季美君：《检察机关提起行政公益诉讼的路径》，载《中国法律评论》2015 年第 3 期。

② 滕艳军：《完善检察机关提起公益诉讼的制度设计》，载《社会治理》2017 年第 7 期。

为，而非仅仅是瑕疵行为(而且法院对瑕疵行为的认定主要系因D县人民防空办公室采取了补救行为，而非针对欠缴行为)，此时应当认为已经达到了“优势证明”标准。

(四)判决确认违法与撤诉的选择适用问题

《检察院实施办法》第49条规定：“在行政公益诉讼审理过程中，被告纠正违法行为或者依法履行职责而使人民检察院的诉讼请求全部实现的，人民检察院可以变更诉讼请求，请求判决确认行政行为违法，或者撤回起诉。”实践中，如果行政机关在案件审理阶段确实纠正了违法行为或者依法履行了职责，检察机关应当撤回起诉还是请求法院判决确认违法，标准难以把握。上述规定虽然赋予了检察机关一定的自由裁量权，但实践中该条款成了政府机关乃至法院向检察机关施加压力要求其撤诉的理由。

对于上述问题，理论与实务中主要存在两种观点：一是认为既然行政机关已经确实纠正违法行为或者依法履行了职责，诉讼目的已经达到，从节约司法资源的角度考虑，检察机关应当撤诉。二是认为如果行政机关确实存在违法行为，从行使法律监督权的角度出发，检察机关应当请求法院判决确认行政行为违法，真正发挥法律监督的作用，而不应当选择撤诉。

笔者认为：第一，检察机关撤回起诉是否能够真正达到节约司法资源的目的，还有待进一步检验。若从上述条文规定的撤诉条件来看，检察机关申请撤诉时，必须满足被告纠正违法行为或者依法履行职责、检察机关的诉讼请求全部实现这两个条件，这就要求检察机关对行政机关作出的行政行为进行实质性审查。而法院是否准许撤诉，亦应当进行实质性审查。① 如果检法机关均作形式审查，可能难以保证公共利益得到保护、公益诉讼目的得以实现。换言之，在行政公益诉讼中，检察机关申请撤诉，检法机关需要对行政机关的行为先后两次进行实质性审查，其所投入的司法资源，并不必然低于法院作出确认违法判决所需的司法资源。

第二，在行政公益诉讼中，检察机关行使法律监督权，对行政机关的行政执法活动进行监督，促使行政机关依法行政，进而维护公共利益。而依法行政的基

① 范明志、韩建英、黄斌：《〈人民法院审理人民检察院提起公益诉讼案件试点工作实施办法〉的理解与适用》，载《法律适用》2016年第5期。

本要求之一即是权责统一，即行政机关违法或者不当行使职权，应当依法承担法律责任。如果检察机关不请求法院对行政机关违法行为判决确认违法，则要求行政机关承担违法责任的诉求便可能落空，促使依法行政的目的也难以实现。从维护公共利益的角度出发，在特定情况下如果检察机关不对行政机关违法行为进行否定性评价，潜在的观念便是对行政机关违法行为的纵容，是对“法律实施利益”的第二次侵犯。①

综上，对于撤诉与请求判决确认违法的适用，原则上应当严格限制撤诉，积极适用请求判决确认违法。当然，这并不等于完全否定撤诉制度在实务中的积极作用，在部分地域行政资源的有限性与行政任务的艰巨性存在明显矛盾或者当地政府对行政公益诉讼存在较强抵触情绪的情况下，检察机关依法撤回起诉，有利于行政公益诉讼工作的下一步推进。检察机关在行使自由裁量权时，必须从撤诉的法定条件、撤诉的社会效果等方面严格把握，确保公共利益得到有效保护。在上述案件一中，A县检察院曾向上级检察院请示撤回对该案的起诉，但经审查并不符合撤诉条件，因而未获批准。在案件三中，虽然法检双方对立案时间有争议，但C县林业和园林局事后积极查处赖某滥伐林木的行为，并不能否定其之前怠于履职的违法事实，应该判决确认违法。在案件四中，虽然该案起诉后天一房地产公司分两次缴清了所欠费用，但亦不能否定其之前怠于履职的违法事实，应该判决确认违法。

（五）二审程序启动及与审判监督程序的衔接问题

《检察院实施办法》第50条规定：“地方各级人民检察院认为同级人民法院未生效的第一审判决、裁定确有错误，应当向上一级人民法院提出抗诉。”关于二审程序的启动问题，目前最高人民检察院的相关规定及检察主流观点均认为在行政公益诉讼中应当通过抗诉启动二审程序，而法院主流观点坚持认为检察机关应当通过上诉启动二审程序。这实际上是将公益诉讼的法律性质等同于私益诉讼，与将检察机关定位为原告的做法本质相同。截至目前，在检察机关一审败诉的上述四案中，案件二与案件三均是通过抗诉启动二审程序，案件四因上级检察院不同意抗诉而当地检察机关按照审判监督程序依职权提出抗诉，案件一因

① 斯图尔特教授在《美国行政法的重构》一文中，将利益分为三类：实质利益，指与经济保障或身体健康有关的利益；意识形态利益，指个人维系道德或宗教原则的利益；法律实施利益，指一个国家的公民对法律得到正当遵循的普遍关怀。

上级检察院不同意抗诉而未启动二审程序。笔者认为,鉴于实践中部分法院已经实际接受了通过抗诉启动二审程序的做法,最高人民检察院应在此基础上与最高人民法院沟通协调,力争在下一步出台的最高人民法院、最高人民检察院联合司法解释中对该问题予以明确。在具体的程序设计上,可以借鉴刑事诉讼法的相关规定。再审抗诉属于审判监督程序的范畴,民事诉讼法和行政诉讼法中有较为成熟的规定可资借鉴,此处不再赘述。

军事行政审判管辖制度研究

海　娃*

摘要：军事行政审判试点推开后，首先面临军事行政审判管辖制度构建问题。鉴于军事行政审判的特殊性，管辖设置不能复制照搬国家行政诉讼的规定，应从有效提升军队战斗力出发，充分考虑现行军事司法体制改革，案件任务量与司法资源平衡等客观因素。在合理运用管辖基本原则的同时，确立维护军事秩序的特殊原则。借鉴地方提级管辖、集中管辖改革经验，避免军事法院审理较高级别的军队单位为被告的案件，在每个战区军事法院所辖范围内，选择若干基层军事法院设置行政审判庭。建立健全巡回审判等管辖配套制度，弥补管辖设置无法兼顾的司法价值。

关键词：军事行政审判；级别管辖；集中管辖；指定管辖；配套机制

经中央军委批准，并经最高人民法院批复同意，2017 年 7 月 1 日，军事行政审判试点工作在南部、中部战区军事法院及其所属广州、北京军事法院启动。试点期间，广州、北京军事法院可以受理军级以下军事机关为被告的第一审军事行政案件，南部、中部战区军事法院管辖二审军事行政案件。① 根据试点工作方案，试点结束后，军事行政审判将在全军范围内推开，其面临的首要问题就是如何构建管辖制度，明确军事法院之间关于第一审军事行政案件的职权分工。军事行政审判管辖对保证司法公正、提高审判效率具有重要意义，直接影响军事行政审判制度整体功能效果的发挥，可以说一通百顺，一堵百塞。本文将在研究论证军事行政审判管辖设置依据的基础上，借鉴地方人民法院行政审判管辖改革

---

* 作者系清华大学法学院 2013 级博士研究生。

① 参见《解放军报》2017 年 7 月 3 日第 1 版。

经验,结合军队实际,提出军事行政审判级别管辖、地域管辖、指定管辖的基本构想,以及对完善相关配套制度的思考。

一、管辖设置依据

管辖是行政审判的起点,对审判活动发起、进行以及结果都有重要影响,鉴于军事行政审判特殊的价值导向、功能定位,军事行政审判管辖与普通行政审判管辖在管辖设置依据上存在一些差异,深入研究差异,是科学合理构建军事行政审判管辖制度的基础。

(一)军事行政审判的特殊性

军事行政审判的特殊性在于它的首要目标是提高军队正规化水平,进而提升军队战斗力。军队作为执行特殊任务的武装集团,其职能任务决定了战斗力建设是军队各方面建设的核心,战斗力标准是评估检查军队各项工作成效的尺度,规定并制约一切军事实践活动①,包括军事司法活动。战斗力的生成不是一日之功,需要长期科学、严格的管理养成。实践证明,依法治军是部队管理最基本最有效的方法,已上升为我军建军治军的基本方略。作为国家法治的有机组成,依法治军带有法治的共性,同时兼具军队的特点,具有特殊内涵。与公法学语境下,以权力制衡与权利保障为核心的"法治"不同,其侧重于对军事秩序的维护,突出强调军队对条令条例的遵守。

军事行政审判是依法治军的重要制度保障,虽然借用了司法裁判的方式方法,但从本质上看,还是军事行政管理的一项监督保障机制。因此,军事行政审判在功能定位、价值导向、运行规律上都与国家行政审判不同。军事行政审判的特殊性决定,作为审判制度重要组成部分的管辖,不能复制照搬行政诉讼管辖规定,应当从有效提升军队战斗力出发,结合军队实际情况进行分析论证。

(二)管辖设置原则

由于军事行政审判兼具司法性与军事性,因此,管辖具有双重功能,作为诉讼制度,管辖的功能在于确定同级军事法院之间对审理行政案件的具体分工,明确案件审理权限,指引当事人向具有权限的军事法院提起诉讼。而从军事管理角度看,管辖实质是对军事行政管理中监督职能的分配,旨在形成被军队群体认

---

① 任士学、陈琪主编:《军事行政管理学》,解放军出版社2008年版,第32页。

可的纠纷解决权威，高效发挥行政审判监督依法行政的功能；同时搭建起与军事管理无缝隙的军事行政纠纷解决渠道，及时修复弥合被纠纷损害的军地军内关系，促进军队和谐稳定。为充分发挥军事行政审判管辖的双重功能，管辖设置既要结合军队特点，合理运用行政诉讼管辖的基本原则，同时还要将维护军事秩序作为一项特殊原则纳入考量。

1. 结合军事审判特点合理运用管辖基本原则

通说认为，行政诉讼管辖需要遵循并综合运用以下基本原则：便于相对人诉讼，便于法院审判，有利公正司法，有利裁判执行，灵活性与原则性结合。① 除考虑法院、原告和被告的因素外，管辖设置还应对立法的目的价值进行综合考虑。② 纵观三大诉讼管辖规定，尽管存在基于案件审理性质的差异，但背后所追求的价值目标基本相同，都是为了更好地实现司法公正、提高司法效率。管辖设置需要能够平衡这两种价值之间的关系，尤其在二者关系紧张时，需运用灵活性原则进行调和。军事行政审判管辖应当遵循管辖的基本原则，但在适用这些原则时，必须深挖原则背后的运行机理，细致分析实现这些原则的现实制约条件，充分考虑军队实际情况，有所改良和取舍。

2. 维护军事秩序的特殊原则

由于军事行政审判将提升军队战斗力作为重要目标，因此，管辖设置同样应当充分考虑战斗力因素。良好的军事秩序是军队战斗力形成的基础，军队作为武装力量集团，战斗力不仅仅取决于每个军人的能力素质，更需要紧密的团队配合，只有确保高度集中统一，纪律严明、令行禁止，作战训练、日常管理形成良好秩序，才能随时保持战斗状态。军事行政审判虽然有利于监督制约军事机关的执法行为，保障官兵合法权益，促进解决行政争议，但需要经过起诉、立案、送达、审判、执行等司法程序，消耗当事人的精力和时间，对部队管理秩序，行政效率产生一定影响。

一方面，部队历来高度重视安全稳定，对官兵生活工作管理严格，当基层官兵作为原告参与军事行政审判时，难免需要增加请假、外出频次。另一方面，备战打仗是军队的核心任务，军队单位行政负责人既是指挥官又是军队行政管理

① 姜明安主编：《行政法与行政诉讼法》，北京大学出版社、高等教育出版社 2011 年版，第 439 页。

② 杨建顺：《行政诉讼集中管辖的悖论及其克服》，载《行政法学研究》2014 年第 4 期。

者,军人同时具有公民和特殊武装力量成员的双重身份,如果军队单位与军人疲于应诉,必将影响其正常履职。综上,管辖设置应充分考虑军队特殊性,尽可能减少诉讼当事人在应诉过程中的消耗,避免司法审查对军队日常工作秩序造成影响。具体而言,当审判便捷与原被告诉讼便捷冲突时,优先后者;当原告与被告诉讼便捷冲突时,优先被告。实践中,基本原则与特殊原则追求的价值有时会重合,重合情况下的管辖设置无疑是最科学的,而当二者冲突时,应当优先适用特殊原则,确保管辖制度的设置有利于军队战斗力的维持和提高。

(三)需考虑的客观因素

除了遵循基本原则和特殊原则,管辖制度具体构建时,还需考虑诸多客观因素,符合军事司法实践要求。首先,需考虑与现行军事司法管辖制度的衔接问题。目前,军事法院刑事案件、民事案件管辖采取属人管辖和属地管辖结合模式,管辖对象为军人或军队单位,同时以被告供职的军事单位所在地确定具体管辖法院。行政审判管辖应尽量与现行军队刑事、民事管辖保持一致,避免完全另起炉灶,造成司法资源浪费。其次,需考虑军事行政审判所处发展阶段,审判资源和司法任务量。从地方行政诉讼发展情况看,军事行政审判在未来一段时间内,案件数量不会出现明显增长,案件分布会受到当地经济、文化发展水平,驻军数量,团以上单位数量等因素影响,呈现不均衡态势,为防止司法资源浪费或案件分配不均导致人少案多矛盾,管辖设置应平衡审判资源与司法任务量。最后,需考虑军事司法体制和军事司法权威现状。在本轮深化国防和军队改革中,中央军委成立军委政法委,统管军队司法工作,改变了军事法院长期以来主要按照行政隶属关系设置和分级管理、分级负责的固有模式,建立了区域化设置、垂直领导管理体制机制,军事司法权威得到较大提升,军事法院审判中立性增强。这种司法体制的重大变化,将对管辖设置产生深远影响。

二、地方行政审判管辖改革的启示

自 1989 年《行政诉讼法》颁布以来,地方行政审判管辖制度的改革从未停止脚步。学习借鉴地方管辖改革的经验,对探索构建军事行政审判管辖制度具有积极意义。由于地方法院赖以运转的“人财物”受制于地方政府,行政机关为避免败诉,往往利用人事任免、物资分配等手段对法院、法官施加压力。因此,地方法院对行政案件不敢受理、不敢下判、违心下判的情况较为普遍。行政审判出现了上诉率高、申诉率高,实体裁判率低、老百姓胜诉率低、发回重审和改判率低、老百姓服判息诉率低的“两高四低”。这些异常的数据和反常的事例表明，行政审判体制中“行政诉讼管辖权范围与行政区划完全对应”的设置存在严重的制度性缺陷。[①] 为弥补这一缺陷，最高人民法院采取了一系列改革措施，主要改革思路有两种，下面分别介绍，并结合军队情况加以分析。

(一)两种改革思路

1. 提级管辖：从纵向上调整一审案件分配

提级管辖，即在现行法律规定的管辖级别的基础上，将第一审案件交上一级法院审理。司法实践中，由于基层人民法院法律地位较低，权威性较弱，对行政机关制约力量不足，行政审判司法审查功能受限制，导致基层法院行政案件维持率高，上诉率高。[②] 为解决此问题，最高人民法院出台司法解释和司法政策，将原先基层法院受理的部分行政案件提高审级，由中级人民法院受理。例如，将被告为县级以上人民政府的案件纳入中级人民法院一审范围。同时从提级管辖的发起主体和缘由上进行规定，把行政诉讼原告、基层人民法院和中级人民法院认为应该提级审判的案件都纳入提级管辖范围。2015 年新行政诉讼法进一步规定，可以通过指定管辖方式，由上级法院审理下级法院管辖的一审行政案件。

2. 集中管辖：从横向上调整管辖地域

2005 年，浙江、山东等地开始探索行政诉讼异地管辖模式。2013 年，最高人民法院在充分总结各地经验的基础上下发了《关于开展行政案件相对集中管辖试点工作的通知》，明确集中管辖就是将部分基层人民法院管辖的一审行政案件，通过上级人民法院统一指定的方式，交由其他基层人民法院集中管辖，要求每一个高级人民法院在 2013 年选择 1～2 个中级人民法院开展行政案件相对集中管辖试点工作，确定 2～3 个基层人民法院为集中管辖法院。2015 年颁布的行政诉讼法将集中管辖经验上升为法律，首次确立了行政案件中的跨行政区域管辖。2017 年，上海、广州、南京等地开始试点由铁路运输法院集中管辖行政案件。

---

① 江必新：《中国行政审判体制改革研究——兼论我国行政法院体系构建的基础、依据及构想》，载《行政法学研究》2013 年第 4 期。

② 2011 年全国行政一审案件以判决方式结案的占 27%，绝大多数案件以程序性的裁定驳回起诉或准许撤诉结案，全国行政一审案件裁判上诉率高达 69%，是刑事和民事的 6 倍和 2.4 倍，有的省达 99%。参见叶赞平：《“民告官”为何那么难》，载《同舟共进》2013 年第 10 期。

(二)分析评价及启示

上述地方行政诉讼管辖制度改革取得了一定成效,军事行政审判管辖究竟在多大程度上借鉴地方的改革成果,需要分析地方改革奏效的原因,各种改革措施的利弊,再结合军队实际情况进行评判。从改革效果看,两种改革都一定程度上解决了行政干扰问题。提级管辖之所以有利于排除干扰,一是使法院脱离了原有的管理保障关系;二是缓解了"职级对比"对"中立裁判"带来的压力,使法院裁判更有底气;三是一定程度减轻了法官个人教育、医疗等保障办事等方面的顾虑。提级后,法官生活居住范围与被审行政机关管辖基本分离,避免了人情对司法的干扰。与此同时,提级管辖还提升了司法审判权威。但从改革推进情况看,提级管辖在带来收益的同时,也面临中级人民法院和基层人民法院案件审理数量不均,影响司法资源整体统筹分配问题。

集中管辖之所以能排除干扰,起作用的因素也主要是第一点、第三点。和提级管辖相比,"提级"只是针对某些特殊被告或重大、复杂案件,而"集中"基本实现行政管辖区域与司法管辖区域的分离,对排除干扰,提升司法公正性的效果比"提级"更明显。且集中管辖优化司法资源配置,有利于提高审判专业水平和审判质量。但同时带来了诉讼不便,增加当事人诉讼成本的弊端。由于"地方支持"是司法改革顺利推进的重要保证,集中后,依托当地党委、政府建立的矛盾化解机制不复存在,"去地方化"的改革目标与"地方支持"的现实要求矛盾逐渐凸显。

地方管辖改革带来以下启示。首先,从行政审判面临的司法干扰因素看,地方法院与军事法院有所不同,管辖设置方案应当有所区别。地方法院"人财物"受制于地方政府,为提高审判公正性,采取了跨行政区划集中管辖的思路。军事司法体制改革后,军事法院依法独立公正行使审判权获得了更为有力的体制保障,总体上受到的行政干扰要小于地方。但由于军队更强调"下级服从上级",被告单位通常会从上级主管部门的认可中获得其行为的正当性依据,因此,军事行政审判有时会受到被告上级主管单位意见的影响。此种情况下,提级管辖的改革思路对军事行政审判更有参考借鉴意义。其次,提级同时还要合理平衡战区军事法院、总直属军事法院和基层军事法院一审案件数量分配问题,防止出现地方法院提级后上级人民法院人少案多,案件分布呈倒金字塔的情况。再次,集中管辖对审判专业化程度的提高,行政审判队伍建设具有积极作用,军事行政审判管辖可以借鉴。最后,从地方经验看,管辖制度需保持一定灵活性,不宜规定过死，要给法院留一定的选择空间，以平衡各种价值，满足司法审判实践的需求。

三、军事行政审判管辖制度的基本构想

军事法院分为三级：第一级为正军级的解放军军事法院，履行相当于地方高级人民法院的审判职能；第二级为正师级的东南北中战区军事法院，西部战区第一、第二军事法院（以下简称战区院），以及解放军总直属军事法院（以下简称总直院），履行相当于地方中级人民法院的审判职能；第三级为副师级的基层军事法院（以下简称基层院），共26家，履行相当于地方基层人民法院的审判职能①。下面，在现有的军事司法管辖制度基础上，结合军事行政审判特点，从级别管辖、集中管辖、指定管辖三个方面分别加以分析。

（一）级别管辖

级别管辖是根据被告的级别确定案件在不同级别军事法院之间的分配，一审管辖权的确定是级别管辖的核心。综合考虑军队编制改革情况，以及各级军事法院的司法能力、司法工作量，借鉴地方管辖改革经验，军事行政审判级别管辖可作如下设置：基层院受理旅级（副师级）以下军事单位为被告的第一审军事行政案件，战区院受理正师级、军级单位为被告的第一审军事行政案件，解放军军事法院受理战区级单位为被告的第一审军事行政案件。

在级别管辖设置中，主要考虑两个方面的因素。一是要让最大数量的行政纠纷由基层院审理。本轮军队编制体制改革，部队编成结构由军—师—团—营“四级制”变成军—旅—营“三级制”。由于部队的工作重心在基层，基层是军队全部工作和战斗力的基础。在新的编成结构下，部队行政管理行为多由旅级或副师级及以下军事单位作出。由此，可以预测未来军事行政纠纷将集中在副师级（旅级）及以下被告单位与相对人之间。因此，由基层院审理副师级（旅级）及以下军事单位，便于发挥基层院贴近部队，在一线解决军事行政纠纷的便利条件。二是考虑军队管理的特殊性，应当尽可能避免军事法院与所审被告单位之间的级别差距较大。军事管理以“下级服从上级”为基本领导原则，军人以服从命令听指挥为天职。因此军事机关具有高度的权威，战时是绝对权威，只能服

① 参见最高人民法院2016年6月29日发布的《关于重新编制发布军事法院代字的通知》（法〔2016〕142号）。

从;平时是相对权威,也需要被特别的尊重。这与行政机关上级官僚对下级官僚的支配性权威不同,下级一般会遵守上级的命令,但他们仍然可以保持对上级命令的理性怀疑,并在某些情况下拒绝遵守。① 因此,军事机关在内部成员心目中的权威性高于行政机关,军事行政审判被告级别与法院级别之间的"职级对比关系"问题,比地方行政诉讼突出。军事机关级别越高权威性越强,若军事法院审查被告单位级别过高,在调查取证、和解、执行等司法环节上可能存在一定难度,且对军事法院的审查深度、审查正当性也会产生影响。

(二)集中管辖

集中管辖,即选择一个基层院集中管辖几个省(区、市)驻军的军事行政案件。军事行政审判可以选择适度集中管辖方式,在每个战区院所辖基层院范围内,集中设置几个行政审判庭。主要理由如下:一是提高审判的专业化水平。军事行政案件若分散在各基层院,数量分布差异大,会制约法官专业水平的提高。集中管辖可以使案件数量增加,类型更加丰富,以确保行政审判庭有一定的规模和适度的受案量。为专业化审判提供案件基础、人才基础和实践基础。二是统一执法标准,更好维护军事秩序。实践中,不同法院对同一事项很可能作出不同的裁判。由于军事行政审判审理的被告是军事机关,为确保军队集中统一,形成良好秩序,军事行政审判应当尽量避免同案不同判的情形,同时减少上诉和申诉。这就对行政审判的质量提出很高要求,需要集中优势,实行专业化审判,确保审判质量,使同类案件的裁判尺度得到统一,使裁判结果具有更强的稳定性。三是军事法院编制的实际情况。军队改革后,军队单位普遍缩编,在此背景下扩充军事行政审判力量比较难,如果26个基层院都成立行政审判庭,每个庭至少配备1～2名审判员,实践中难以落实。集中管辖可以集中优势力量,大大减少了编制需求,提高了制度落地的可行性。四是避免行政干扰。行政诉讼管辖改革经验启示我们,集中管辖是避免司法审判受行政干扰的一个较好解决路径。由于目前各战区院、基层院后勤保障仍依托于驻在单位。因此,不排除因物资分

① 组织成员之所以服从一个支配者,并非服从他个人,而是服从一个无私的秩序。因此,成员对掌握权威者服从的义务,只限于这项秩序所给予的、为理性所决定的、切实的管辖权范围内。参见[德]马克斯·韦伯:《支配的类型》,康乐等译,载《韦伯作品集Ⅱ:经济与历史,支配的类型》,广西师范大学出版社2004年版,第309页。转引自俞祺:《行政规则的司法审查强度——基于法律效力的区分》,法律出版社2018年版,第146页。

配受制于人，在办理相关军事机关为被告的行政案件时，出现地方行政诉讼遇到的“立案难、审理难、执行难”困扰，集中管辖可一定程度上解决上述问题。五是适度集中，而非完全集中，可以保持管辖制度的灵活性。当司法实践中出现以基层院驻在单位为被告等，可能会影响司法公正的情形时，可以根据具体情况，选择另一家集中管辖法院审理。

由于每个战区院辖区内的部队分布情况各不相同，确定集中管辖的基层院，还需要科学评估司法效率、司法能力以及审判业务量，选择行政争议高发区域的基层院设置行政审判庭，可以方便当事人诉讼，提高审判效率，更好查清案件事实，也有助于加强各级军队单位对军事行政诉讼的了解，引导军队单位依法行政。由于军事行政争议主要是官兵与军队单位之间的争议，其发生量与驻军单位、驻军人数有着直接的联系。这与地方情况类似，地方法院行政审判机构与行政区域也有着严格的对应性，县级以上行政区域多的地方，行政审判机构就多。[①] 因此，可选择在辖区驻军较多的基层院设行政审判庭。

（三）指定管辖

指定管辖能够增强管辖制度的灵活性，为确保案件公平公正审判，级别管辖、集中管辖应当与指定管辖相结合。针对军队特点，可以对以下几类案件，由有管辖权的军事法院或案件当事人向上一级军事法院提出管辖申请，由上一级军事法院审查决定，案件由有管辖权的法院或辖区内其他法院，或上一级法院自行审理。第一类是以军事法院驻在单位为被告的案件，为避免行政干扰，遇到这类主体为被告的案件，可更换管辖法院。第二类是军内群体性纠纷等辖区影响较大的行政纠纷，可以由上一级法院提级管辖。第三类是不宜由有管辖权法院审理的其他情形。作为兜底条款，上一级法院可以视具体情况，以此作为调节案件任务分工的机制，防止某一法院案件过于集中，任务分工不均，影响审判质效。

四、关于配套机制

管辖仅仅是诉讼的起点，管辖制度无法解决诉讼中的所有问题，要确保军事行政审判功能发挥，除了科学合理设置管辖，还应当建立健全管辖制度相关配套机制。

---

① 叶赞平：《行政诉讼管辖制度改革研究》，法律出版社 2014 年版，第 42～50 页。

(一)巡回审判制度

军事行政审判集中管辖可能会导致未设行政审判庭地区的被诉军事单位和相对人诉讼成本提高,诉讼效率降低,尤其对一些驻地偏远的当事人难以落实"两便原则"。地方行政诉讼集中管辖改革也遇到了此类问题,但改革所在地老百姓多表示,宁可多跑路也要司法公正。由于军队职能特殊,为了向战斗力聚焦,减少军事行政纠纷解决对军队履行职能使命的影响,减少被诉单位和军事行政相对人的诉讼负担,更好发挥军事行政审判服务备战打仗的功能,在基层院一审环节应当建立配套的巡回审判制度。由集中管辖行政案件的基层院派合议庭,前往被诉单位所在省、直辖市、自治区的军事法院审理行政案件,如被诉单位地理位置偏远,可视情况,组织合议庭直接去被诉单位所在地组织开庭。通过巡回审判、上门办案,减少案件集中管辖后对诉讼效率的影响。

(二)裁判执行保障机制

司法权威的建立依赖于裁判的有效执行,一个裁判结果如果不能执行,不但无法彰显司法审判效果,而且会对司法环境造成极大的破坏。目前级别管辖设置中,由于行政案件工作量分工问题导致被诉军事单位级别可能高于案审法院,如何确保法院能够公平公正审理案件,不受军事单位干扰,必须构建配套机制,赋予法院执行部门有效的执行手段。尤其是对拒不执行法院判决的军事单位采取一定的处理措施,避免执行不能影响军事法院在行政审判中的司法权威。由于军事行政审判审理的军队单位依法行政中的问题,广义上看也是行政监察的范围,因此,可以探索构建与军委纪委相关监察部门,各战区、军兵种纪委的协作机制,将司法确认军队单位违法行政、军队单位拒不执行司法判决的情况及时向上述部门反馈通报,由纪委监督督促军事机关依照法院裁判,纠正违法行为,更好履职尽责。

比较法研究

比较与启示：司法改革背景下我国检察人员分类管理制度的借鉴与优化

颜　卉*

摘要：探索检察人员分类管理的合理化模式，能够更加有效地调动检察人员工作的积极性，同时对司法资源的优化配置意义重大。本文通过对大陆法系检察制度的综合分析，以法国、日本以及我国台湾地区的检察人员分类管理制度为蓝本，对比分析其共性与差异，进而对我国检察人员分类管理制度的改革提出优化的建议。不仅要加强对检察官员额制度的研究，对检察官司法责任制、职业保障制度及惩戒制度进行探讨，同时也对检察官助理向检察官晋升的渠道进行了思考，以期推动我国检察人员分类管理制度的优化。

关键词：司法责任制；主任检察官；检察官助理；分类管理；比较研究

引　言

党的十八届三中全会会议通过了《中共中央关于全面深化改革若干重大问题的决定》，在该决定中提出要明确依法独立行使审判权检察权。并要求建立符合职业特点的司法人员管理制度，健全法官、检察官、人民警察统一招录、有序交流、逐级遴选机制，完善司法人员分类管理制度，健全法官、检察官、人民警察职业保障制度。

我国的检察人员分类管理制度可以通过比较的方式，借鉴大陆法系国家和

* 作者系西南政法大学法学院民事诉讼法学博士研究生。

地区的司法实践。为了更好地改革和优化检察人员分类管理制度,就必须深入研究检察官员额制度、检察官司法责任制以及与之相匹配的检察官保障制度。重点分析检察官与检察辅助人员之间的关系、检察辅助人员的职能和责任、检察官助理的晋升交流机制等问题,以期达到保障检察权依法独立公正高效行使的目标,同时也能为构建检察队伍职业化、专业化、规范化夯实理论基础,最终对完善我国特色社会主义司法管理体制的理论研究有所助益。

一、大陆法系国家及地区检察人员分类管理制度的基本样态

(一)法国检察人员分类管理制度

法国实行审检合署,但检察人员不是司法人员,而是属于公务员,适用公务员法规,其主管机关为司法部。但是,法国的检察官在对外行使检察权的时候又具有相对的独立性。法国的检察官在各方面所享有的待遇方面与法官相同,这与国王的代理人时代产生的渊源有关。当时,检察官又称"立席法官",审判官则被称为"坐席法官"。[①] 不过,法国的检察官虽然在选任条件、升迁方式上与法官类似,甚至法官检察官的工资也远远高于法国人的平均工资(任职6年以上的检察官属于法国工资最高的10%的人群),但是法国的检察官并无身份保障。检察官的任命虽然也需要征询最高司法会议的意见,但是最高司法会议的意见只作为参考。法国法官受宪法终身职位的保障,但检察官由于具有阶级关系,受到司法部长的指挥监督,在以国家名义执行职务的时候,可以经过法定程序被罢免或解除职务。[②]

在法国,检察官的司法辅助人员又称"书记官",主要负责行政管理、秘书事务和其他工作。在书记官下面配有行政文员,主要负责刑事程序的记录,计算机录入以及档案管理等行政管理工作。另外,随着诉讼案件的增多,法国检察系统除了检察官、书记官和行政文员,还增加了司法助理、检察官的代表和调解人、签约协会组织、检察官助理书记官、各类专业助理员等职位。司法助理的工作相对比较专业化,主要内容是协助检察官办案,为其办理案件提供前期准备,如查阅整理判例、起草案卷摘要、起草法律文书等。检察官代表则是可以经由检察官的

---

① 黄东熊:《中外检察制度之比较》,中央文物供应社1986年版,第32页。

② 卞建林、刘玫:《外国刑事诉讼法》,人民法院出版社、中国社会科学出版社2002年版,第107~108页。

授权而在其监督下实施法制教育、医疗和社会保障等措施。检察官调解人员与检察官代表类似,也是经由检察官授权,主要负责与犯罪嫌疑人和受害人联系沟通,促成双方达成关于损失赔偿的协议。签约协会组织也是接受检察官的授权,承担一些替代诉讼措施的非诉讼任务,如帮助受害人、调解、调查犯罪分子人格等。司法官助理书记官则更具有专属性,类似于检察官的专职秘书,主要负责帮助检察官处理邮件、安排时间、建立卷宗、准备文件、调研等工作。①

(二)日本检察人员分类管理制度

日本检察官以检事总长为顶点,以上命下从的指挥命令方式形成中央集权式的检察系统。这一点与法国的检察官制度相似。检察官受到单一命令指示,受到军队化指挥,全体检察官据此形成一个联动的整体。横向而言,检察官同级间合作无间;纵向而言,上级检察机关提供动力和助益,排除办案的障碍。② 日本的检察官在执行职务时,每个检察官都被视为"独任官厅",具有较高的独立性。日本检察官的保障制度,大致与日本的一般公务员的保障制度相同,但为了体现检察官职务和责任的特殊性,日本对检察官的保障制度采取了与法官近似的做法,赋予检察官与法官类似的身份及薪酬保障。

日本检察系统,除了检察官,还分为检察事务官和检察技术官。所谓检察事务官,指的是检察官的辅助官员,受到检察官的指挥,主要承担具体的侦查、执行等检察事务。检察事务官分为二级或三级。③ 根据《日本刑事诉讼法》的规定,检察事务官具体负责的事项包括:调查犯罪嫌疑人、执行逮捕令状、执行紧急逮捕、执行强制措施、对第三人进行调查取证、对被疑者提出留置请求或者提出认定处分许可请求以及其他由检察官指令的行为。检察事务官与检察官之间的关系主要表现为受其指挥监督。④ 另外,在区一级的检察厅,检察事务官还具有临时代理检察官的权利。当检察官缺额时,根据法务大臣的指定,检察事务官可以

---

① 孙锐:《"检察官制度比较国际研讨会"会议综述》,载《中国检察官》2015 年第 9 期。

② 章瑞卿:《探讨日本检察制度成功的原因》,载《律师杂志》2003 年第 284 期。

③ 根据《日本检察厅法》第 27 条的规定,检察厅设置检察事务官,检察事务官为二级或三级,检察事务官受上级长官之命令,掌管检察厅的事务,并辅佐检察官或受其指挥进行侦查。

④ 《日本刑事诉讼法》第 191 条第 2 款规定,"检察事务官应当在检察官的指挥下进行侦查"。具体包括:犯罪嫌疑人的调查、逮捕令状的执行、紧急逮捕、强制措施的执行、第三者的调查取证、对被疑者的留置请求及认定处分许可请求、检察官指令的其他行为。

代行该区检察厅的检察事务。所谓检察技术官,指的是掌握某一门专业知识的人员,如会计、计算机、外语、土木工程、机械等。其作为日本国家公务员被分配到检察厅工作,受到检察官指挥。①

(三)我国台湾地区检察人员分类管理制度

我国台湾地区检察系统与大陆法系的多数国家的检察系统类似,其检察官仍然位于以检察总长为顶端的金字塔似的、从上至下的系统之中。根据我国台湾地区1989年修正公布的"法院组织法"的规定,各级法院及分院检察署设置检察官,"最高法院检察署"以一人为检察总长,其他法院及分院检察署各以一人为检察长,分别综理该署行政事务。各级法院及分院检察署的检察官员额在六人以上者,需要分组办事,每组以一人为主任检察官,监督该组事务。从当时的立法背景分析,主任检察官的设置是参考了法院"庭长"的作用,为了更好地推进检察业务的开展,而并非为了重新分配权利。我国台湾地区检察机关的检察官与法官一同被列为司法官,享有同等的身份保障制度。

我国台湾地区检察官在执行职务方面也面临着较为严苛的考核。首先,关于办案文书的审查。主要采取由主任检察官审核,检察长或检察总长核定的方式或者按月以每一名检察官为单位,将其办案文书装订成册定期予以抽查,试署检察官的办案文书也要报送"法务部"审查。其次,对于检察官办理的案件,严格流程控制,对办案期限的考察特别严格,对无故延期或者中止的案件进行督导。并建立案件管考制度,对逾期未结的案件进行处理。最后,就是对检察官除了平时定期与年终考评以外,还要对其办案质量与办案成绩进行考核,该考核结果年终作为职务评定的依据。②

我国台湾地区"法院组织法"也设置了检察事务官,对其任用资格规定较为严格,其受检察官的指挥,主要负责处理实施搜索、扣押、勘验或执行拘提,询问告诉人、告发人、被告、证人或鉴定人等辅助性事务。若检察事务官在二人以上者,需设置主任检察事务官。对于具备律师执业资格的检察事务官,其在检察机关任职期间的工作年限,计入其律师执业年资。我国台湾地区检察事务官与检察官之间的配比并非1∶1对应的关系,而是大多数采取集中运用、分组或者配

---

① 张永进:《日本检察官办案责任制及对中国的启示》,载《法律研究》2015年第6期。

② 白忠志:《我国台湾地区检察官人事制度之变革——检察官的员额、遴选及考评制度述介》,载《人民检察》2016年第2期。

股的方式进行匹配，这也是出于提升整体办案品质与绩效，发挥检察事务官得力助手的功能的考量。[①] 根据我国台湾地区"法务部"2005 年颁布的"地方法院检察署检察事务官事务分配要点"的规定，除了重大复杂的刑事案件必须由检察官亲自处理外，其余侦查业务或公诉业务可以由检察官指挥检察事务官进行办理，甚至侦查终结时的办案结果，也可以由检察事务官参与撰写结案文书。另外，我国台湾地区检察系统除了检察官、检察事务官还设置有法医师、观护人等职位，共同形成一个检察人员体系以达到更好地开展案件办理工作的目的。

二、大陆法系国家及地区检察人员分类管理制度的异同及启示

（一）大陆法系国家及地区检察人员分类管理制度的差异

1. 检察官在身份定位及职业保障方面存在的差别

首先，在身份定位上存在细微差别。法国的检察官虽然也称为司法官，但由于其属于公务员序列，受到公务员法的调整，因此更多兼具行政官的属性。法国的检察官在对外行使职权时是以检察长的名义进行的。事实上，法国的检察官具有双重身份，一方面以国家名义行使职权，另一方面又在刑事诉讼程序中担任原告。因为前者，检察机关有上命下从的阶级关系，在外部必须遵守司法部长的政策指示，在内部也必须遵守上级检察官的个案指导；因为后者，检察官对于法院独立行使职权，检察官违背其指示提起公诉，其行为仍然有效。而日本的检察官被称为"独任官厅"，我国台湾地区的检察官被称为"检察官署"，这与行政机关工作人员受到上级权限约束不一样，因此每一个检察官在对外执行职务时，均是以自己的名义行使职权，视为一个独立的国家机关。因此，检察官在对外执行职务时，即使违背了上级的指示，其所作出的追查或诉讼行为均是有效的。但由于日本和我国台湾地区的检察机关遵从检察一体原则的拘束，上下级检察官之间也是领导关系。

其次，在职业保障方面存在差异。在法国，检察官与法官虽然在职位晋升、薪酬方面类似，但是没有法官的终身任职的保障。法国检察系统对司法官的惩

---

① 林志铭、张琳：《从我国台湾地区检察事务官制度看大陆检察官助理制度的建立》，载《海峡法学》2017 年第 1 期。

戒程序包括行政程序和最高司法官委员会惩戒程序两种。前者是指由检察机关领导在得知检察官的过错行为后,经过必要的核实程序,向其下达的口头或书面警告,并形成文件纪要,载入司法官档案,为期三年。在这期间,该检察官不能有任何晋升,以作惩戒。而后者则是由最高司法委员会受理的纪律惩戒诉讼,由该委员会一名成员负责撰写调查报告,之后再组成检察官审判组,以类似于审判程序的方式进行庭审并作出决议。检察官可以对此享有类似于民事诉讼中被告的权利,如调阅自己的职业档案、纪律档案,并有权请辩护人进行支援等。在日本,对检察官的职业保障有专门的立法予以确认。例如,《日本检察厅法》第 22 条、第 23 条、第 24 条、第 25 条规定,检察官除了界临退休(一般检察官 63 岁,检事总长 65 岁)、接受检察官适格审查会之检验①、领取半薪等待职缺以及受到惩戒处分以外,不得违反意愿使其离职、停职或减俸。另外,对于检察官的俸给,还专门制定了检察官俸给法予以保障。我国台湾地区的检察官与法官的待遇相同,如停职、转任、调动、降级减俸、免职等非经法律明确规定或本人同意不得予以变动。②

2. 检察辅助人员的称谓和分类不同

法国最早的司法辅助人员又称"书记官",其主要负责刑事程序各环节的事务类工作。例如,记录刑事答辩内容、发出传唤合同和通知、核实文书文件的真实性等均由书记官来完成。随着案件数量的增加,又在书记官下面配备行政文员,其主要负责文书的录入等工作,以达到协助书记官完成相关事务类工作的目的。其后,逐渐又增加了司法助理、检察官的代表和调解人、签约协会组织、检察官助理书记官、各类专业助理员等职位。

日本的司法辅助人员不如法国的司法辅助人员分类细致,主要可以将其归为两大类,即检察事务官和检察技术官。在区级检察机关,在检察官缺额时,检察事务官有权在法务大臣的指派下,代行该区检察厅的检察工作。据此,可以看出,日本的检察事务官较一般的司法辅助人员享有较高的地位。

我国台湾地区的司法辅助人员也被称为"检察事务官",从事具体的调查、执

---

① 日本的检察官适格审查会,是指对检察官进行三年一次的定期审查或者不定期审查。检察官适格审查会由 11 人组成,成员分别从国会议员、日本律师协会会长或资深副会长,以及检察官中选任,由法务大臣任命。

② 我国台湾地区"司法人员人事条例",第 32 条至第 37 条。

行等具体事务，同时在检察官的指挥监督下，也可以参与撰写结案文书。并且，除了特别重大疑难的案件，只要经检察官授权，检察事务官可以办理侦查业务和公诉业务。在检察事务官人数较多的情形下，还设置主任检察事务官。

（二）大陆法系国家及地区检察人员分类管理制度的共性

1. 检察官选任的精英化

我国台湾地区的检察官选任有比较严格的程序，具有比较典型的意义。下面对此进行较为详细的介绍：首先，必须参加统一的司法官考试，之后将接受为期 18 个月至 24 个月的四个阶段的培训。第一阶段为期 3 个月，主要是在法务部司法官训练所接受基础讲习课程，之后就到行政机关或相关机关学习。第二阶段为期 7 个月，主要是法律课程、辅助课程、一般课程的学习。第三阶段为期 1 年，主要是到各检察署实习。第四阶段为期两个月，重新回到司法官训练所参加拟判测验、法律实务总结课程以及分科训练。[①] 初任检察官者先派充候补检察官，分派到各检察署办理事务，一般候补期间为 5 年。5 年候补期满若成绩考核通过，则升任为试署检察官，我国台湾地区的检察官选任除了由司法官考试晋用外，也从具有一定执业经验的律师及大学教授中选拔。有学者认为，我国台湾地区检察官选任的多元化，有助于多元化检察文化的形成，以及检察官独立性的塑造。

法国的检察官与法官选任有相同的背景。法学院毕业生首先要通过在波尔多的入学考试，之后成为有薪资的司法人员，也被称为“见习生”。接着进行为期 31 个月的学习及训练课程，结束培训以后，由司法部长任命为检察官。

从上述国家或地区的考察中可以看出，大陆法系国家或地区的检察官选任机制具有专业化、职业化和规范化的特征。对检察官的选任门槛较高、入职前的培训机制较为全面，并且对于检察官的培养更加注重专业化和职业化，更加倾向于考察和训练候选检察官的业务能力，而非单纯依靠考试的选拔。在选任检察官的过程中，有专门的培训场所（如我国台湾地区的司法官训练所）有针对性地对候选的检察官进行入职前培训。

---

① 钟凤玲：《从检察制度的历史与比较论我国检察官之定位与保障》，我国台湾政治大学 2009 年博士论文。

2. 检察辅助人员分类的精细化

法国的司法辅助人员的分类极为细致,具体包括司法官、司法助理、检察官代表和调解人、签约协会组织、检察官助理书记官等。其中,司法助理的工作最为接近检察官的核心业务,如查阅判例、起草案件摘要和法律文书等前期文书类工作。检察官代表和调解人主要协助检察官做好与被害人或者嫌疑人沟通接触的工作。签约协会组织则负责调查、援助等具体性事务。检察官助理书记官则更加类似于检察官的专职秘书,负责为其处理邮件、安排日程等。各类专业助理员则凭借其专业技能为检察官办案提供助益。所有的司法辅助人员虽然肩负的职责各有不同,但均是围绕检察官更好地办理案件进行分类和设置,以突出检察官的主体地位。

日本的司法辅助人员主要分为两种,即检察事务官和检察技术官。其中,检察事务官,综合了法国司法助理、检察官代表和调解人等职位的特点,在检察官的指挥下,主要承担具体的侦查、执行检察事务。侦查事务包括调查犯罪嫌疑人、对第三人调查取证,执行事务具体包括执行逮捕令状、执行强制措施等。日本的检察技术官则被作为国家公务员分配到检察机关,从事诸如翻译、会计、计算机等专业性工作。

我国台湾地区的司法辅助人员也被称为检察事务官,除此之外,检察系统还有法医师、观护人等辅助职位。

(三)大陆法系国家及地区检察人员分类管理制度对我国的启示

纵观各国多样的检察制度,固然在制度的设计及选择考量上有所差异,但最终想要达到的目标均是为了保证检察权能够客观、公正、高效地行使。因此,检察制度的核心,也可以说检察人员分类管理制度的重点在于促进检察官专业性和独立性的发展。为了更好地达成上述目标,除了如有的学者所说的处理好检察长、检委会与检察官的关系,采取主任检察官或主诉检察官制度;并且要重视检察一体化与检察独立的关系,对检委会与检察官的职权进行明确的划分之外,还应该重视司法人员分类管理制度的进一步完善。也就是考虑将检察人员分为三大序列进行管理:第一类,也是检察人员中的核心群体,司法权行使的主体——检察官;第二类则是为检察官高效、准确地办理案件提供协力的司法辅助人员,他们具体又可以划分为检察官助理、书记员、司法警察、专业技术人员等;第三类是处理行政事务的综合管理服务事务官。只有在坚持检察官司法责任制的前提下,逐渐建立起与之配套的检察官职业惩戒制度、职业保障和晋升制度,并对除检察官以外的检察人员进行明确的分工，才能更好地促进检察官公正、高效地行使检察权。

三、我国检察人员分类管理制度的完善——以重庆市检察机关司法责任制改革为样本

2016年9月，按照中央、最高人民检察院和重庆市委的统一部署，重庆市检察机关全面推开司法责任制改革。其中，在司法责任制制度体系的构建方面，以最高人民检察院印发的《关于完善人民检察院司法责任制的若干意见》为总纲，重庆市检察机关2015年出台了九项规范性文件，构建了“1＋4＋5”制度体系。之后，结合前期试点情况，重庆市人民检察院第四届检委会第四十二次会议对上述九项文件进行了修订和调整。修订后的九项制度和新建的业绩考评办法，形成了“1＋5＋5”制度体系。“1”就是一个总纲，即《关于完善人民检察院司法责任制的若干意见》；“5”就是五项核心制度，包括办案权限配置办法、岗位职责规范、履职监督办法、司法责任追究办法、业绩考评办法；“5”就是五项配套制度，包括办案组织设置办法、院领导和部门负责人直接办理案件的指导意见、检察官联席会议工作办法、检察委员会决策咨询办法和司法档案管理办法。其中，对于办案责任制进行了较为详尽的规定主要有两个文件，分别是《重庆市检察机关检察官办案权限配置办法（试行）》和《重庆市检察机关检察官、检察辅助人员岗位职责规范（试行）》。

（一）办案责任制

1. 检察官责任制

检察官办案责任制，将改变我国检察系统长期执行的“三级审批制”，真正落实“由审理者裁判，由裁判者负责”的精神。在司法体制改革之前，我国检察权的内部运行，实行“检察人员承办，办案部门负责人审核，检察长或检察委员会决定”的制度。由于检察官只是办案具体事项的承办者，而不是有决定权的司法官，因此，虽然有相当一部分案件由检察官单独承办，但可以说并不存在严格意义上的“独任制”。[①] 2000年前，我国检察系统启动了“主诉检察官办案责任制”的改革，但因配套措施未跟上，该项制度并未真正建立。2013年12月，最高人

① 龙宗智：《检察官办案责任制相关问题研究》，载《中国法学》2015年第1期。

民检察院下发文件，在全国7个省的17个检察院试行主任检察官制度。改革文件要求，“依法赋予主任检察官执法办案相应决定权，使检察官在执法过程中能够真正做到办案与定案的有机统一”①。对此，有学者持反对意见，如龙宗智教授认为，“如以主任检察官责任制作为检察官责任制的主要载体，忽略了多数非主任检察官的地位和作用，尤其是冲击了‘承办责任制’这一检察权运行的基本制度，不符合检察规律，也不符合本轮司法改革的精神，使检察权运行机制改革陷入一个误区”②。但实践中，最高人民检察院2015年10月印发了《关于完善人民检察院司法责任制的若干意见》，其中第18条明确规定，主任检察官除履行检察官职责外，负责案件的承办，以及对办案事项享有一定的决定权。这一点与我国台湾地区的主任检察官的设置不太一致，我国台湾地区的主任检察官仅仅在检察系统内具有承上启下的功能，而并非办案组织，并且十分尊重检察官对个案的独立判断和决定，主任检察官并不具有案件的决定权。③

我国在对检察系统进行司法责任制改革过程中，未能完全脱行政化，而是对我国检察系统历年来的三级审批模式和其他国家和地区的检察权运行模式进行了折中的采纳，如《重庆市检察机关司法责任追究办法(试行)》(以下简称《司法责任追究办法》)就对此采取了分别规定，将办案组形式承担司法责任的情况规定为检察官责任制的一种亚类，体现了“审理者裁判，裁判者负责”的司法规律。《司法责任追究办法》第12条规定，“独任检察官承办并作出决定的案件，由独任检察官承担责任。检察官办案组承办的案件，由主任检察官和其他检察官共同承担责任。主任检察官对职权范围内决定的事项承担责任，其他检察官对自己的行为承担责任”。我们现行采取的司法责任制模式具有一定的现实意义，毕竟我国检察系统的检察官素质还是存在良莠不齐的情形，需要不断地通过制度的完善而进行提升，如果盲目地采取一刀切的方式实行承办制，不一定能确保办案质量。对此，笔者建议为了更好地落实检察官责任制，提升检察官的职业操守，还应配套地建立终身负责制、过错责任倒查制等相应的制度，并且对于检

① 徐盈雁、许一航:《依法赋予主任检察官执法办案相应决定权:高检院在全国7个省份17个检察院试点检察官办案责任制》，载《检察日报》2013年12月27日。

② 龙宗智:《检察官办案责任制相关问题研究》，载《中国法学》2015年第1期。

③ 最高人民检察院法律政策研究室课题组:《我国台湾地区主任检察官制度的研究》，载《人民检察》2016年第23期。

察官并不存在主观过错和过失的情形设定免责情形，以更好地保障检察官的权益。

2. 检察官助理责任制

《重庆市检察机关检察官办案权力清单》针对侦监督、公诉、职侦、执检、民行、控申、预防和综合业务管理等八个业务条线共计331项职权，授权检察官217项，授权比例达到70%。上述权力清单对于检察官而言，也可认为是责任清单，法律赋予检察官多大的权力的同时，也要求其对上述决定权范围内的事项承担责任。但是，在具体工作中，对检察官助理如何进行责任的划定，还缺少更多的关注和研究。

目前学界和实务界对检察官助理的责任划分主要集中在事实认定部分，认为检察官助理存在故意隐瞒、歪曲事实，遗漏重要事实、证据或者情节，导致检察官作出错误决定的，由检察官助理承担责任；如果检察官有过错的，应当承担相应的责任。对于其他应当承担的责任规定得不甚明确。事实上，检察官助理在现行的检察实践工作中，还承担了受到检察官的指派协助参与案件的调查核实工作、处理录入案件管理系统、向当事人送达案件办理文书、撰写审查终结报告等部分事项。上述事项中哪些属于检察官可授权的范围，应当对此进行明确的规定，检察官助理在法律规定的授权范围内处理的事务，应当承担相应的责任。因此，对于检察官助理也应针对其工作内容设定一定的职责清单，一方面可以更好地督促检察官助理提升办案工作积极性和责任心，另一方面也可以对检察官的工作起到一定的辅助和承担的作用。

(二)检察官职业考核与评鉴制度

1. 检察官考核与职务评定

我国现行的检察官考核与我国台湾地区检察官的全面考核制度十分相似，我国台湾地区对检察官职务执行方面的考核具体分为办案文书的审查、案件稽催及管考、办案成绩的计算三个方面。在对我国检察系统实行员额制以后，以重庆检察系统为例，在对员额检察官进行考核时主要分为案件质量评查，该评查由上级检察机关定期对员额检察官名下已办结的案件进行抽查，通过对装卷检察文书的仔细审查，检视检察官是否按照法律规定以及办案程序严格办理案件，包括事实认定和法律程序的再检视。对发现的问题，通过单独交流或者全院交流的方式反馈给员额检察官。如果事实认定存在严重错误或者严重违反办案规则的，将对其进行通报。通过对案件管理系统对检察官办案流程进行严格把控，以督促检察官能够及时高效地处理案件。例如,现行的案件管理系统明确规定了各类型案件的办案期限,如果检察官迟延办案或者即将逾期,案件管理系统将会出现提示性标识,以督促检察官能够在法律规定的期限内将案件办结。对于忽视案件管理系统的提示,检察机关的案件管理部门还有专门负责的工作人员对其进行提示,以通过系统加第三方提醒的方式保障程序公正。倘若检察官在上述提醒后仍未能按期结案,逾期情况将计入其考核成绩,影响最终的职务评定。检察官司法档案的填报最初通过定期填报纸质的司法档案,现在则通过检察官司法档案管理系统进行电子填报,准确记录每个季度的检察官办案数量、办案质量、办案结果,以此对检察官的工作成绩进行计算,对其进行考核。

以重庆检察系统为例,现在对员额检察官的考核主要是通过办案文书进行考核,包括办案实体和程序两方面,但缺乏对检察官品德操守方面的详尽的考核制度,对此可以借鉴我国台湾地区检察官考核的做法。具体可以考虑对检察官进行案件办理投诉制度,如有检察官办理案件过程中确实存在明显滥用职权、违反检察官职业伦理规范等行为,将依据相关法律法规及规章制度对其进行惩处。也可以将员额检察官平时的政风政纪情况纳入考核范围,对涉及长期有不良传闻的检察官,进行调查和深入查实,通过对其进行积极辅导规劝或者调整其职位或服务地区等方式,预防或者制止风纪事件的发生和恶化。

对上述两项考核内容,应通过年终的"检察官职务评定办法"对员额检察官进行职务评定,除了参考平时的办案成绩及考评外,还要综合本年度该检察官的专业能力、品德操守、办案数量和质量以及工作态度等,全面综合地对其进行客观的考评,并通过填报职务评定表,将其划分不同的考核档次作为员额检察官晋级到的参考依据。

2. 检察官评鉴制度

目前,我国检察系统实行司法责任制后,对检察官办案质量的考核主要还是通过内部考核的形式进行,如定期进行司法规范化检查。但此类检查,通过上级院定期进行抽查的形式并不能完全保证全面客观公正,因此为了将检察官考核制度进行完善,我国台湾地区检察系统引入了"检察官评鉴制度"。该制度也可称为"个案评鉴制度",针对检察官在办理个案存在具体违法事项或者过失行为的时候,将事件严重程度以及过错程度的评判交由检察官评鉴委员会进行判断。主要是通过引入外部监督机制,来加强评鉴效果,并取得法律基础。我国台湾地区检察系统在保障检察权独立的核心价值的前提下,不仅希望检察官能够通过自律提升办案质量,也希望通过外在客观的评鉴制度来实现对优秀检察官的筛选,建立司法改革的新气象,以此达到增进人民对检察制度的信赖的目的。

我国台湾地区的检察官评鉴委员会由过去的7位委员(包含4名外部人员)扩展到11位委员。参考其做法,建议在增设检察官评鉴委员会时,可考虑检察官3人,另外8人均为检察体系之外的成员,具体包括法官2人、律师2人、社会公正人士4人。该评鉴委员会通过匿名表决对需要提交讨论的检察官进行评鉴,若超过总人数的2/3,则表决有效。通过引入外部专业人士及普通民众进行评议的方式,能够避免受到检察系统内部的感情干扰,更具有外部监督色彩,也更彰显公平。

检察官评鉴制度将检察官评鉴委员会的决定分为五种类型,分别是"撤职、免除检察官职务、转任检察官以外之职务、罚款、申诫"。检察官评鉴委员会的功能在于通过制度的设置,达到汰劣胜优的目的。出于避免该制度滥用的考虑,该制度的启动并不由当事人申请,而是在出现争议的时候,由检察机关视情况予以申请。

2015年9月28日,最高人民检察院出台的《关于完善人民检察院司法责任制的若干意见》第43条第3款提到"检察官惩戒委员会根据查明的事实和法律规定作出无责、免责或给予惩戒处分的建议"。但同时,该条第4款则写明"检察官惩戒委员会工作章程另行制定"。因此,检察官惩戒委员会的成员如何构成、职权范围,以及工作方式均需要不断地完善。

(三)完善检察官员额制的意见和建议

虽然,对检察人员的分类管理研究成果并不丰富,但参考对法院系统的分类管理研究成果,不难发现既有研究成果对此有两种不同的看法,一种意见倾向于认为,应当将检察官法官、司法辅助人员、司法行政人员分类进行管理,并且对三类人员的管理采取泾渭分明的独立序列,以垂直发展的模式进行发展。[①] 另一种意见则认为,员额定编以后,助理审判员的安排以及其他利益冲突,诸如工作权责的划分、薪酬的差距,以及职业保障制度的区分,将对审判工作造成一定的影响,因此建议将法官划分为审判官和初审法官两种类型,并对其设置不同的遴

① 李立新:《法院人员分类管理改革探析——以新一轮司法体制改革为背景》,载《法律适用》2010年第5期。

选标准。审判法官主要负责行使审判权,对所有案件的证据进行把握以及对法律的适用进行判断,并且对事实的认定和法律适用承担责任。而初审法官则负责处理一些事实清楚、证据确凿的简易案件类型,以及协助审判法官处理复杂案件的程序性、事务性的工作。① 与此观点有所不同的是,有学者提出并非对审判法官进行细分,而是对审判辅助人员再次进行分类,根据具体职责是否需要要求专业的司法能力,而将审判辅助人员划分为两种类型,一种需要具备专业的司法知识并且从事包含司法技术含量的审判工作,另一种则是不需要具备专业的司法知识,只需要从事纯粹事务性的工作。②

综合比较以上两种不同的观点,要落实好司法人员分类管理工作并使之能够有效地执行,其关键在于厘清员额制检察官与检察官助理之间的职能、权限和责任,并且对于检察官助理不宜完全采取“一刀切”的改革方式。首先,从工作职责上分析,检察官主要负责对证据进行把握以及对事实认定和法律适用进行判断,检察官助理则受到检察官指派负责审阅案卷、制作阅卷笔录、询问证人、拟定案件审查意见等工作。现实情况中,检察官助理同时也承担了录入检察系统、邮寄送达法律文书、整理检察卷宗等事务性工作。虽然,检察官对案件拥有最终的决定权,但是部分专业性的辅助工作也由检察官助理在辅助。③ 因此,从工作职能上分析,对于检察官助理的职业前景不宜采取完全将其划出检察官竞争人选范畴的方式来进行。其次,从比较法的角度来看,各国对检察官助理也均划分了较为细致的类别。根据各自的专业能力和选择,也将检察辅助人员划分为法律专业型、技术专业型以及行政事务型。并且,诸如日本等国家,还允许在区一级检察厅的检察官缺额的情况下,由法务大臣指派检察事务官代行该区的检察事务。据此,不难发现,大陆法系部分国家并未完全采取对检察官、检察辅助人员垂直发展的选任模式,而是采取了较为灵活的政策,为确实具备专业法律素养、有检察官潜质的检察辅助人员向检察官序列晋升留下了空间。

检察机关进行司法体制改革以后,在实际工作中面临一个比较现实的问题就是作为第一批参与改革的成员,由于员额数量有限,未能入额的一批检察干警

① 叶肖华、谢云生、李少伟:《论我国法官选任制度的完善》,载《法学杂志》2012 年第 7 期。

② 徐汉明、王玉梅:《司法管理体制改革研究述评》,载《现代法学》2016 年第 5 期。

③ 马英川:《检察人员分类管理制度研究》,载《法学杂志》2014 年第 8 期。

中也不乏有一些无论是法律素养、办案经验以及工作能力均为优秀的人才，但是囿于工作年限等硬性指标，此次改革被划分为检察官助理。作为具有法学专业背景，且工作具有一定经验的中青年检察人员，如果就此将其升任为检察官的路径堵上，不利于提升中青年检察人员的工作积极性，也不宜于应对日益纷繁复杂的检察工作。

论司法改革员额法官退出机制之构建

——以我国台湾地区法官职务法庭经验为鉴

林 鸿* 陈 石**

摘要:法官惩戒制度是保障司法公正的最后一道防线。当前我国大陆的法官惩戒机制完全复制公务员惩戒制度,未与其他法院工作人员进行区分,不足以体现法官职业特点,影响了员额改革的实施效果。我国台湾地区职务法庭制度习自德国等法治先进国家,又具有深厚中华文化特色,两岸启动司法改革的背景相似。本文深入剖析与大陆渊源极为深厚的台湾地区成熟经验,提出了建立独立于公务员的法官惩戒制度、准确界定法官惩戒事由范围、科学规划法官惩戒的发动路径、强化对员额法官的行政处分救济渠道、扩大职务法庭成员选任的社会参与度和民主性、全面保障受惩戒法官的正当权利等具体建议,以建立一套规范、系统的法官惩戒制度,为推进司法改革、提升司法公信、建立法治社会提供可资借鉴的新思路。

关键词:法官惩戒;员额法官;退场机制;职务法庭

司法是人和制度的集合体,即使有最明晰的规则、最透明的程序、最精巧的法庭技术,法官仍然是最关键的因素。

——莫里斯·罗森伯格①

* 作者系厦门市思明区法院莲前法庭副庭长、研究室负责人,审判员,法学硕士。

** 作者系厦门市中级人民法院民四庭审判员,法学硕士。

① [美]莫里斯·罗森伯格:《司法的品质》,载美国亚利桑那州高等法院《法官手册》附5页。转引自陈陟云:《法院人员分类管理及审判权运行改革的实践向度》,载《中国法律评论》2014年第4期。

引　言

随着司法改革的逐步推进，我国大陆四级法院全面推行员额法官制度，并已完成了首批员额法官选任工作。法官员额制这一早在1999年人民法院“一五改革纲要”制定之初就被纳入司改任务清单的改革项目终于落地。以员额制为基石，法官群体“过硬”队伍建立以及司法责任制逐步落地生根。然而，在改革全面推进的背景下，员额法官改革的配套机制问题也不容忽视：如何妥善处理法官员额的稀缺性与开放性、法官身份的终身性与流动性的矛盾，特别是如何以法治化的方式，设计已入额法官因惩戒退场机制，让员额法官的惩戒合乎“法治”的逻辑，已成为司法改革不容回避的问题。

一、我国大陆法官惩戒制度的现状——无法充分体现法官职业特性

我国大陆有关法官惩戒的法规，分散在《中华人民共和国法官法》等法律，《法官行为规范》《人民法院工作人员处分条例》《人民法院监察工作条例》《人民法院监察部门查处违纪案件的暂行办法》《人民法院审判人员违法审判责任追究办法（试行）》《关于人民法院落实廉政准则防止利益冲突的若干规定》《关于“五个严禁”的规定》《关于在查处人民法院工作人员违法违纪行为过程中对违反规定干预办案情况实行“一案双查”制度的通知》等最高人民法院颁行，以及《司法机关内部人员过问案件的记录和责任追究规定》等中央政法委颁行的各项规定之中。总体而言，我国大陆的法官惩戒制度无论是实体还是程序，均脱胎于公务员惩戒法规和条例，法官惩戒制度事实上只是法院工作人员惩戒制度：首先，其适用对象不仅限于法官，还包括书记员、政工、法警、行政等其他法院工作人员。其次，其惩戒方式主要有开除、撤职、降级、记大过、记过、警告等6种，如果构成犯罪的，还应依法追究刑事责任。再次，法官惩戒的具体实施部门是法院内设的监察部门①，监察部门受同级党委的纪委派驻法院的纪检组的直接行政领导，这

① 《人民法院审判人员违法审判责任追究办法（试行）》第28条规定：“各级人民法院监察部门是违法审判责任追究工作的职能部门，负责违法审判线索的收集、对违法审判责任进行调查以及对责任人员依照有关规定进行处理。”

些都和一般公务员并无二致。再次,其惩戒事由既包括违法审判行为①,还涉及业外的不当行为②,如最高人民法院《关于"五个严禁"的规定》规定的五种不当行为③就主要是司法审判外的不当行为。最后,其适用程序基本上沿用《人民法院监察部门查处违纪案件的暂行办法》④,理论上需经调查、审理、决定三个步骤,但实践中审理委员会、审理小组极为罕见,多由本院纪检监察部门调查后直接移交院长作出惩戒决定。受处分法官如果对惩戒决定不服,可在30日内向本院或上一级法院监察部门申诉。受惩戒法官如果构成犯罪的,人民法院监察部门应当移交检察机关提起公诉,这些规定都与行政机关极为相似。

这一整体移植自公务员管理机制的法官惩戒制度,在实际适用中,受行政体制长期以来工作习惯的影响,不但公开度存疑,而且当事人参与极为有限,面对强大的组织调查,法官只能够被迫"自证清白",正当权利难以得到充分保障。事实上,被调查法官的正当权利经常被有意无意地忽略,而审判他人的法官却"自身难保",这不仅有违"法律面前人人平等"的法治精神,实际上构成对审判权依法独立行使的威胁。

这一问题已经引起了社会的关注,司法改革开展以来,虽然至今尚未对法官惩戒制度进行系统性的全面改革,但2016年7月,中共中央办公厅、国务院办公厅联合印发《保护司法人员依法履行法定职责规定》,在原则上明确规定:法官履行法定职责的行为,非经法官惩戒委员会审议不受错案责任追究。与这一突破

---

① 根据《法官法》,违法审判行为具体包括11种,分别为:贪污受贿;徇私枉法;刑讯逼供;隐瞒证据或者伪造证据;泄漏国家秘密或者审判工作秘密;滥用职权,侵犯公民、法人或者其他组织的合法权益;玩忽职守,造成错案或者给当事人造成严重损失;故意拖延办案,贻误工作;利用职权为自己或者他人谋取私利;私自会见当事人及其代理人,接受当事人及其代理人的请客送礼。

② 根据《法官法》,司法外的不当行为具体包括:散布有损国家声誉的言论,参加非法组织,参加旨在反对国家的集会、游行、示威等活动,参加罢工,从事营利性的经营活动等。

③ 最高人民法院《关于"五个严禁"的规定》规定:第一,严禁接受案件当事人及相关人员的请客送礼;第二,严禁违反规定与律师进行不正当交往;第三,严禁插手过问他人办理的案件;第四,严禁在委托评估、拍卖等活动中徇私舞弊;第五,严禁泄露审判工作秘密。凡违反上述规定,依纪依法追究纪律责任直至刑事责任。从事审判、执行工作的,一律调离审判、执行岗位。

④ 最高人民法院1990年3月31日发布的《关于印发〈人民法院监察工作暂行规定〉、〈人民法院监察部门查处违纪案件的暂行办法〉的通知》[法(纪)发〔1990〕5号]。

性原则相配套,《规定》还细化了法官在被追究错案责任时听证、陈述、申辩等各类权益保障,全面加强法官依法履职保护。正在修订的《法院组织法》草案也明确规定:"法官非经法定事由,未经法定程序,不被调离、降职、免职、辞退或者处分。"

二、建立法官惩戒的专门机构——职务法庭之正当性分析

法官是审判权的实际行使者,工作性质上职司裁判是非曲直,是当事人诉讼命运的决定者,这一职业与行政体系中的一般公务员具有本质上的分野:

首先,从权力来源来看,在我国,法院作为我国"一府两院"中的一级,直接对产生它的国家权力机关负责。宪法明定,人民法院依法独立行使审判权,不受外部干涉①。上下级法院之间是审判监督关系,而非行政机关工作领导关系②。即便在同一法院内部,法官之间在审判业务上也不存在领导和行政隶属关系,法院行政领导无权命令法官为或不为某一判决。非经由资深法官组成的审判业务最高指导组织"审判委员会"的决议,不得更改法官判决。可以说,在审判权行使上,根本不存在行政体制文化中"上命下从"的生存土壤,无论是同一法院的法官之间,还是上下级法院的法官之间,本质上是各自依法独立行使司法权,这一"独立"还受到法律的保障。事实上,党的十八届四中全会以来启动的本轮司法改革,更是直接以"去行政化"为主要目标之一,力求扫除法院内外各种行政权对审判权可能产生的干扰。

其次,从影响力来看,公众对于法官的道德期待远非一般公务员可比。作为社会的良心和维护社会公平正义的守护神,法官应当是社会道德遵守的楷模,法官所需正直廉洁之品德,自然相较一般公务员为殷切而严格,一旦法官违法犯罪或行为不当,给社会带来的危害,也同样远较一般公务员为烈,"一次不公正的裁判,其恶果甚至超过十次犯罪"③。

再次,从体制衔接来看,我国法制受大陆法系影响甚巨,法官之选任、培训、

① 《宪法》第 126 条:"人民法院依照法律规定独立行使审判权,不受行政机关、社会团体和个人的干涉。"

② 《宪法》第 127 条:"最高人民法院监督地方各级人民法院和专门人民法院的审判工作,上级人民法院监督下级人民法院的审判工作。"

③ [英]弗兰西斯·培根:《人生论》,何新译,湖南人民出版社 1987 年版,第 219 页。

养成乃至司法者之角色、地位均与之相近，且考量法官惩戒或职业救济事项，与审判独立往往息息相关，职务监督权行使与审判独立间的分界极易发生争议，均更适宜由中立第三者裁判以期公允，加之考虑到《宪法》第123条有关法院是国家的审判机关的有关规定，法官惩戒事宜完全可以参考大陆法系成立法官专门“职务法庭”的通行做法，以处理有关法官惩戒、职务监督及身份保障之救济等事项，这也暗合了鼓励司法机关惩戒自主的世界潮流。

最后，从制度合理性来看，法官惩戒制度还应当符合公平原则。一切被指控者都应当享有一定的权利，法官也不应例外。我国三大诉讼法对诉讼程序作了严密的规范以确保审判权公正行使，对于程序的重视贯穿于法官日常工作的始终。可以说，无人对程序重要性的体会比法官更深。法官是世上最需要、最应该也最可能被公正对待的人。[①] 故而当法官身陷调查时，必然期待得到与自己审理案件的当事人同样公正的程序权利，这样公正的“待遇”只有在司法活动中才可能得到保障[②]，事实上也只有司法程序才能充分保障受惩戒人包括实体和程序在内的各种权利，没有必要舍近求远地考虑其他选择。

综上，法官与公务员职业存在巨大差异。西谚有云“司法的尊严如同皇后的贞操，不容怀疑”。推而论之，可以说法官惩戒是司法良知，乃至社会公正的最终保障，法官惩戒制度对于法治社会的建构意义殊为重大。然而，如前所述，法官职业的特殊性决定了不能对其简单套用一般公务人员的惩戒规则，有必要为法官设计专门制度甚至特别立法。而这一制度运行成败之关键，正在于找到适当的机制使职务监督和法官惩戒在充分发挥功能的同时，不至于逾越“依法独立行使审判权”这一底线。具言之，在冲突和争议发生之时，既要能有效而公正地解决纷争，又要符合正当法律程序要求，并符合宪法对于审判权的相关规定，舍法官职务法庭再无他途。事实上，职务法庭制度的引入也暗合了“以审判为中心”的诉讼制度改革这一司法改革的核心诉求。

三、域外法官职务法庭制度之深度考察：以台湾地区为鉴

台湾地区的司法制度源自大陆。近年来，台湾地区以“让民众对司法权产生

① 冯文生：《德国法官考评的“学问”》，载《法制资讯》2012年第5期。

② 谭世贵：《中国法官制度研究》，法律出版社2009年版，第545页。

信任与合理期待”①为目标，推行了多轮较为深入的司法改革。特别是引入德国的职务法庭制度，已经形成一套相对完善的以法官职务法庭为中心的员额法官惩戒与退出机制。海峡两岸司法改革的社会背景相似，又共享相同的文化传统，大陆正在进行中的司法体制改革，完全可以借鉴台湾地区的相关经验和教训。

(一)法规依据

法官在台湾地区属于广义的“军公教人员”。与大陆当前状况相似，2011年之前台湾地区的法官惩戒制度也是参照以“军公教人员”为主体的公职人员惩戒制度执行，相关依据散见于宪制性规定②、“监察院组织法”“监察法”“司法人员人事条例”“公务人员考绩法”“公务员惩戒法”等众多规定中。“法官法”2011年经“立法院”三读通过正式施行，其中第七章规定建立职务法庭制度，此后又配套出台“职务法庭惩戒案件审理规则”，最终形成以“法官法”为主干，专门职务法庭审理的，独立而完备的法官惩戒体制。

(二)移送主体

台湾地区宪制性规定赋予“监察院”对存在违法失职行为的公职人员(包括法官在内)以弹劾权、纠举权等监察权。“法官法”施行前，依据“公务人员惩戒法”，包括法官在内的法院工作人员惩戒同一般公务员一样，统归于“司法院”中设置的“公务员惩戒委员会”(简称“公惩会”)审议。有权移送惩戒的机关，除“监察委员”外，还有“司法院”及“法务部”。“法官法”施行后，取消了作为行政机关的“法务部”的移送权，并将法官③的惩戒权单独划归职务法庭，有权移送机关仅限于“监察院”。“司法院”如发现法官有应受惩戒行为的，需经其内设“法官评鉴委员会”或“人事审议委员会”决议移送“监察院”审查是否弹劾④，最终经职务法庭审判，确需执行惩戒的，移送其所属法院院长执行。这一规定相比公务人员

① 语出台湾地区知名法学家、现任台湾地区“司法院”副院长兼大法官的苏永钦教授在公法网就台湾地区司法改革问题所做报告。

② 台湾地区宪制性规定第77条规定：“‘司法院’……掌理民事、刑事、行政诉讼之审判及公务员之惩戒。”第81条规定：“法官为终身职，非受刑事或惩戒处分或禁治产之宣告。”

③ 台湾地区“法官法”第2条规定，法官仅包括两类：一类是“司法院”大法官、“公务员惩戒委员会”委员及委员长；另一类是各法院法官(含试署法官、候补法官)。

④ 根据“司法院”相关数据分析，2013年至今，“法官评鉴委员会”共受理55件请求评鉴案件，请求成立20件，其中12件被认定有惩戒必要而报请移送，除2件仍在调查阶段外，“监察院”对其余全部案件均提起弹劾案，亦经职务法庭判决定案。

“荐任十职等以上的公务员，行政机关可移送‘监察院’。荐任九职等以下公务员可直接移送‘公惩会’”的规定，法官的惩戒程序明显更加严谨。从台湾地区职务法庭惩戒案件受理来源来看，“法官评鉴委员会”报请的接近受理案件的 70%。详见表 1。

表 1 职务法庭案件受理来源表

案件移送路径	2013 年	2014 年	2015 年	2016 年	2017 年	合计
“监察院”“监察委员”自行调查	2	0	0	0	0	2
“法官评鉴委员会”报请“监察院”	2	3	0	1	1	7
“人事审议委员会”报请“监察院”	0	0	1	0	0	1

备注：因 2012 年没有惩戒案件，故未列入。上述数据来自“司法院”年报中相关统计资料。

(三)审理范围

职务法庭的审理对象仅限于现职及离职之法官，不包含不从事审判工作的其他法院工作人员，离职法官也仅针对其在任法官期间的失职行为。法庭审理范围主要包括法官惩戒和救济两大类。法官惩戒事由与个案评鉴事由完全重合，仅限于七种重大违法失职的情形：(1)严重违反办案程序规定(侦查不公开)或职务规定，情节重大。(2)有违职务之义务、怠于执行职务或言行不检等情事，情节重大。(3)判决确定后，或收案逾六年未能裁判者，有足够事实认定因法官故意或重大过失致审判有明显重大违误，而严重损害人民权益。(4)无正当理由迟延案件进行致影响当事人权益，情节重大。(5)违法参与公职人员选举。(6)参加政党、政治团体及政治活动，兼任足以影响法官独立审判或与其职业伦理、职位尊严不相容的职务或业务，违反守密义务，或有其他损害职位尊严或职务信任行为，情节重大的。(7)违反法官伦理规范，情节重大。[①]“评鉴委员会”认为有惩戒必要则移送职务法庭审理。法官救济的事由则包括三类事项：(1)法官不服停止职务或调动。(2)法官不服撤销任用资格、免职、解职或转任法官以外职务。(3)法官认为对其的职务监督影响审判独立[②]。本文主要讨论法官惩戒及由此产生的法官退场机制。

(四)法庭组成

职务法庭设于台湾地区司法主管机构“司法院”，由“公务员惩戒委员会委员长”[③]担任审判长，会同陪席法官 4 人组成合议庭(其中 1 人为受命法官)[④]。陪席法官共有 12 名，实行任期制，均须具备实任法官 10 年以上的资历，由“司法院”院长、“考试院”及法官、检察官、律师代表、学者、社会公正人士共同组成的“司法院法官遴选委员会”遴定，每任任期 3 年。值得注意的是陪席法官的代表性，12 名法官中三个审级的代表人数相同，均为 4 人。个案审理中，陪席法官至少 1 人(但不得全部)与受审法官为同一审级。[⑤] 此外，职务法庭成员彼此平等，法庭内部事务分配和代理次序，均由全体职务法庭法官共同决定。代理次序确定后，职务法庭还会排定一个轮次表，分案时依次抽取，以确保每个案件的主审及陪席法官公平产生。

(五)审理原则

(1)一级一审制，“职务法庭”原则上一审终审。由于其判决影响受审法官的

---

① 台湾地区“法官法”第 49 条第 1 项规定“法官有第三十条第二项各款所列情事之一，有惩戒之必要者，应受惩戒”。同法第 30 条第 2 项第一款至第七款规定“法官有下列各款情事之一者，应付个案评鉴：一、裁判确定后或自第一审系属日起已逾六年未能裁判确定之案件，有事实足认因故意或重大过失，致审判案件有明显重大违误，而言之侵害人民权益者。二、有第二十一条第一项第二款情事，情节重大。三、违反第十五条第二项、第三项规定。四、违反第十五条第一项、第十六条或第十八条规定，情节重大。五、严重违反办案程序规定或职务规定，情节重大。六、无正当理由迟延案件之进行，致影响当事人权益，情节重大。七、违反法官伦理规范，情节重大。适用法律之见解，不得据为法官个案评鉴之事由”。

② 参见台湾地区“法官法”第 47 条的规定。

③ 台湾地区公务员惩戒主管机构负责人，与台湾地区“最高法院”“最高行政法院”负责人级别相同。

④ 台湾地区司法用语，大体上和大陆的主审法官的意思相当。

⑤ 当受审法官为“司法院”大法官时，应全部以“公务员惩戒委员会”委员或“最高法院”“最高行政法院”法官担任。

权益甚巨，制度上援引诉讼法通例，设置了非常救济程序，允许当事人向职务法庭提起再审。当然，为避免轻易动摇确定判决之效力，台湾地区详细规定了再审的原因、提起期限及程序。再审案件的申请人可以在职务法庭裁判前撤回，但撤回后不得再以同一原因再次提起再审之诉。

(2)庭审当事人主义，全面引入对审体制，基于对当事人正当法律程序保障的目的，职务法庭坚持庭审亲历性原则，不得采用书面审方式，受命法官及合议庭其他成员必须开庭直接审理，在庭审中采取言词辩论，平等听取双方意见，并给予受审法官陈述答辩、质证和最后陈述的时间，确保受审法官有充分的表达机会。受审法官还有权聘请具有专业知识的辩护人出庭应诉。值得注意的是，职务法庭审理再审之诉过程中不受这一原则的限制，职务法庭认为明显不具备再审理由的，可以不经言词辩论判决驳回。

(3)秘密审理原则，职务法庭在审案件关乎法官适任性、法官身份变动或职务监督之正当性，攸关法官名誉乃至司法形象[①]，干系重大，故以不公开审理为原则。除非受审法官请求公开，或者职务法庭认为有公开必要时。

(六)惩戒方式

根据“法官法”第50条的规定，法官惩戒方式有五种，具体为：(1)免除法官职务，并丧失公务人员任用资格。(2)撤职，撤销现职，并处1～5年期间停止担任公务人员职务。(3)免除法官职务，转任法官以外的其他职务。(4)罚款(罚款金额为被惩戒法官任现职每月薪俸总额的一倍以上，十二倍以下[②])。(5)书面申诫；受书面申诫和罚款以外的三种处分的，受惩戒法官以后不得回任法官职务；受前两种处分的，终身不得从事律师职业。

(七)履职保障

首先，根据“法官法”第55条的规定，法官经“监察院”弹劾移送职务法庭惩戒后，未经法庭同意，不得“资遣”[③]或申请退休。这一规定从源头上杜绝了受审法官假借离职或退休的方式离职卸责，规避职务法庭审判和惩戒的可能性，提高了职务法庭审理的权威性。其次，根据“法官法”第59条的规定，职务法庭认为

① 王上仁：《台湾法官评鉴制度与问题——以“法官法”为核心》，载《司法改革论评》2016年第1期。

② 对已离职法官，以其离任之前最后的每月薪俸总额作为罚款金额基准。

③ 意为用人单位支付一定费用以解除劳动合同，类似于大陆的有偿解除劳动合同。

情节重大，确有必要的，可以依申请或依职权裁定先行停止受审法官的职务，并通知其所属法院的院长执行。这一规定避免了受审法官利用职务便利干扰审判、转移毁灭证据或扩大危害的可能性。最后，根据“法官法”第 52 条之规定，对于撤职以上之惩戒处分，惩戒权不受行使期间之限制[①]，对重大违法违纪法官形成了巨大的威慑，更有利于维护法官风纪。

(八)救济措施

法官惩戒的目的是淘汰不适任法官，即剥夺不适宜再担任法官职务的法官的审判权。为落实台湾地区宪制性规定第 81 条“法官为终身职，非受刑事或惩戒处分或禁治产之宣告”以及“法官法”第 1 条的规定，“法官法”为进入惩戒程序的法官提供了具体可行的救济途径：第 55 条、第 56 条规定，法官不服惩戒决定的，可以在收受“人事令”次日起 30 日内，提出书面(附具理由)异议。“司法院”必须在 30 日内作出复议决定[②]。法官仍然不服的，还可以在 30 日内向职务法庭起诉。此外还规定，职务法庭判决如果存在主要证据不真实、违反回避规定、适用法律错误等八种情形之一的，当事人还可以提起再审之诉。就较轻的违法失职行为，受审法官还有时效利益，即自应受惩戒行为终了之日起，超过 5 年的，不再受罚款或申诫；超过 10 年的，不受免除法官职务，转任法官以外的其他职务之处分。此外，对于受审法官不利的再审之诉，不得在判决 1 年后提出，否则职务法庭不应受理。

(九)实际效果

自 1991 年至今，台湾地区经“公惩会”决议者，共有法官 176 人次，议决应受惩戒者，有 130 人次，占比达 73.9%，成案率近 3/4。计算自 1991 年至 2012 年职务法庭成立前，台湾地区经专门机关决议惩戒的法官 64 人次中，受较重之惩戒(撤职、休职、降级)有 31 人次，较轻之惩戒(减俸、记过及申诫)亦有 33 人次，二者差距不大。[③] 2012 年职务法庭运作至今，已就 22 件惩戒案件作出判决，惩

---

① 依据台湾地区“大法官会议”释字第 583 号之观点，原“公务员惩戒法”规定惩戒权行使期间统一为 10 年，不符合比例原则，应予检讨。“法官法”据此进行了细化和调整，将法官惩戒分为 5 年、10 年和没有期限限制三阶。

② 如果“司法院”30 日内未作出决定的，可以直接向职务法庭起诉。

③ “法官法”2011 年正式施行后，第一年数据尚较为平稳，此后数据暂无法收集到，故暂就此前数据进行分析。

戒了 20 个司法官,其中法官 8 人、检察官 12 人。总体而言,比例高于一般公务人员,相关运行情况如表 2、表 3 所示①。

表 2 1991 年至 2012 年间受惩戒法官处分情况统计表

议决结果		撤职	休职	降级	减俸	记过	申诫	总计
法官	人次	12	11	8	1	22	10	64
	比例(%)	18.7	17.2	12.5	1.6	34.4	15.6	100.0

表 3 2013 年至 2016 年法官与公务员受惩戒人数情况

年 份	受惩戒法官数	法官总数	法官受惩戒占比	受惩戒公务员人数	公务员总数	公务员受惩戒占比
2013	3	2070	0.14%	274	346059	0.079%
2014	3	2116	0.14%	263	347816	0.076%
2015	1	2098	0.05%	620	347552	0.167%
2016	1	2099	0.05%	330	347552	0.095%

四、台湾地区职务法庭经验对大陆司法改革的启示

"奉法者强则国强,奉法者弱则国弱。"②公正的司法必须以优良的司法者和健全的司法权运行机制为后盾。③ 法官惩戒机制作为员额制改革的配套和司法改革的重要一环,与我们同文同宗的台湾地区改革经验值得借鉴。

(一)设置独立于公务员的法官惩戒制度

如前所述,当前法官惩戒制度未对法官与没有从事审判工作的其他法院工作人员进行明确区分。这样,既不利于法官惩戒标准和裁判尺度的统一,也不能体现法官职业的特殊性。而台湾地区自"法官法"施行后,从立法上厘清了法官

① 表 2、表 3 数据系分别依据"司法院"年报中公务员惩戒委员会部分之统计资料,公务员总数部分系参考铨叙年报中公务人员概况部分。

② 语出《韩非子·有度》,"国无常强,无常弱。奉法者强则国强,奉法者弱则国弱",中华书局 2010 年版,第 119 页。

③ 林鸿、郑清贤、陈石:《司法体制改革语境下大陆法官惩戒制度之重构——以海峡两岸法官惩戒制度比较为视角》,载《厦门特区党校学报》2016 年第 8 期。

职务与一般公务员职务的界限，形成了遵循司法客观规律、适应审判管理需要的法官人事管理制度体系，体现了维护法官依法独立审判的立法宗旨。根据台湾地区的统计数据，民间司改会①作为有权请求个案评鉴的请求主体，自 2012 年 1 月 6 日实施至今共请求评鉴法官 11 件，“法官评鉴委员会”评鉴成立 6 件，移送“监察院”4 人，职务法庭惩戒法官 3 人；相较旧制，“公务员惩戒委员会”过去 10 年，平均每年惩戒法官 3.7 人。② 新制度下职务法庭的惩戒人数似乎并未显著增加。为确立法官的“特别职”性质，保障法官身份地位，还制定了对法官违法失职行为的专门弹劾及惩戒程序。自此，台湾地区法官的违法失职惩罚与一般公务员开始分离，法官的违法失职惩罚据此办理并引入法官自律原则，以贯彻宪制性规定第 80 条、第 81 条③有关法官职务保障和身份保障的规定。

（二）准确界定法官惩戒事由范围

当前，法官惩戒规定政出多门，大陆四级法院都有出台规定；惩戒事由繁多，涵盖违法审判、渎职、失职以及众多司法外不当行为；惩戒事由欠缺论证，可导致撤职的事由过多、过泛。同时，立法技术不高，措辞过于原则，存在多种理解乃至人为操作空间。台湾地区“法官法”的 7 种惩戒事由④均集中于法官行使审判权的违法行为，且须达情节重大或危害巨大确有惩戒必要的程度，范围明显更窄，体现了对法官惩戒更为慎重的态度⑤。与此同时，为了避免法官行为有违社会道德期待，通过赋予“法官伦理规范”以法律地位，将法官执行职务、参与社交活动或政治活动、个人财务等举凡违反法官伦理规范情节重大，可能危及司法公信或妨害司法公正的情形也纳入惩戒范畴，更为周延。“法官法”还特别规定，法官

① 即财团法人民间司法改革基金会，1995 年 11 月成立的一个由律师等法律界人士组成的非营利性的财团法人，其宗旨为“自下而上建立值得人民信赖的司法”，系民间版“法官法草案”的起草组织。

② 台湾民间司法改革基金会：《“法官、检察官评鉴制度”不能不治的五大病症》，http://www.coolloud.org.tw/node/77018。

③ 台湾地区宪制性规定第 80 条规定：“法官须超出党派以外，依据法律独立审判，不受任何干涉。”

④ 参见台湾地区“法官法”第 30 条第 2 项。

⑤ 林鸿、郑清贤、陈石：《司法体制改革语境下大陆法官惩戒制度之重构——以海峡两岸法官惩戒制度比较为视角》，载《厦门特区党校学报》2016 年第 8 期。

不得因其对适用法律的见解而受惩戒[①]以保障独立审判。在发生了诸如河南种子案等事件[②]后,大陆亟待引入这一规定,以绝法官后顾之忧。

(三)科学规划法官惩戒的发动路径

大陆法官惩戒制度的发动主要有内部自查和外部调查两大类,办案线索包含信访、举报、上级交办等渠道,来源较为庞杂。内部调查的发起,既包括院长信箱、当事人来电举报、匿名信举报和媒体报道、网络发帖等诸多可能。外部调查包括上级直接调查和检察机关法律监督两大类,即便是上级直接交办,也分为上级法院、党委和人大等不同类别,情况各异。仅以调查程序为例,监察部门收到检举后,首先进行初步调查,向检举人了解情况,要求其提供证据。对构成违纪应予纪律处分的,经领导审批后正式立案调查;对不构成违纪或反映失实的,不予立案并将原因告知检举人。整个流程均按标准行政处理方式进行,重效率而轻程序。而台湾地区通过"法官法"后,法官退场程序甚为简洁明了,法官惩戒发动的前端在整体上分为"监察院"主动调查、"司法院"人事审议委员会提起和"法官评鉴委员会"提起三类,最后殊途同归,全部进入职务法庭这一后端程序进行法官惩戒案件的审理。法官退场机制的前后端程序衔接紧密,路径清晰,如图1所示。

(四)强化对员额法官的行政处分救济渠道

我国台湾地区的职务法庭制度主要借鉴德国职务法院[③]制度,作为大陆法系职务法庭制度的典范,德国制度的主要特色当属其职务法庭的受案范围不仅仅停留在法官惩戒案件的审理,更涵盖了法官调职及审查事件。以德国联邦最

① 台湾地区"法官法"第49条第2项规定:"适用法律之见解,不得据为法官惩戒之事由。"

② 该案大致案情为:河南省洛阳市中级人民法院法官李慧娟因为在判决书中列明《河南省农作物种子管理条例》违反上位法《中华人民共和国种子法》而自然无效,被洛阳中级人民法院停职。关于"洛阳种子案"的讨论可参见张千帆:《宪法学导论》,法律出版社2008年版,第189~190页;李晓兵:《宪政体制下法院的角色》,人民出版社2007年版,第101~103页等。

③ 德语Dienstgericht,字面意义为职务法院,这一名称源自该国历史传统之惯用名称,其仅附设于法院内,专为攸关法官审判独立事项作裁决而设立之特别法庭,在法律意义上并非组织法上具独立对外地位之法院。

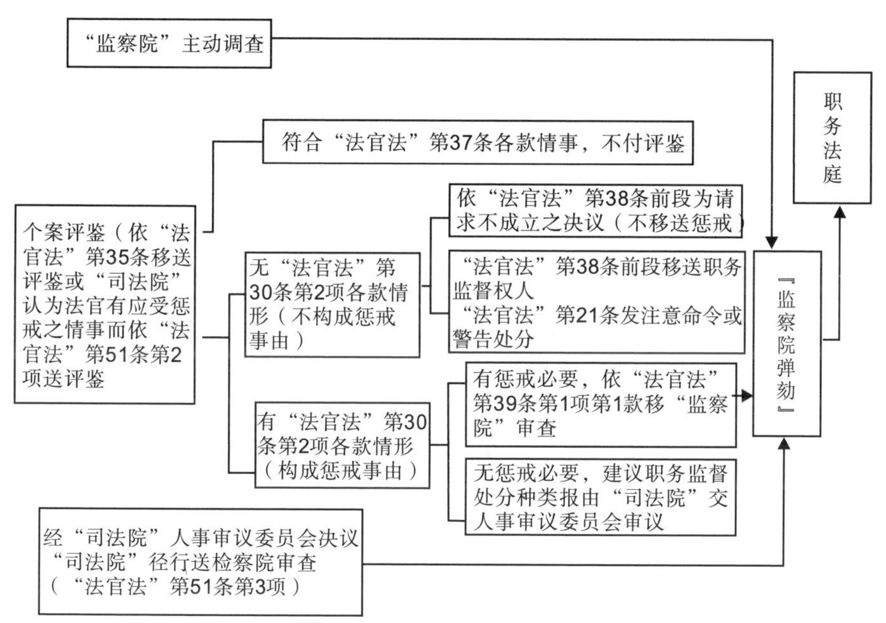

图 1　我国台湾地区法官惩戒的路径

高法院所设之职务法庭管辖事务为例，《德国法官法》第 31 条规定，为司法利益调职①必须先由最高司法行政机关向职务法庭提出申请，经由职务法庭审查确认合法并作出准许宣告后，方可实施。审查范围则包括任命无效、任命撤销、免职、解职、强迫退休、限制任用等有关法官身份保障和职务保障的有关事项。台湾地区的规定与之相比，最大的不同在于将德国的职务法庭审查在先的做法，改为应申请启动，以提高法官退场机制的效率。大陆现行制度中，有关非惩戒性质的法官职务调整，法官如果不服，只能向政工部门等法院内部组织人事部门提意见，缺乏行政救济机制，更遑论像职务法庭这样法治化的救济渠道。鉴于上述事项很容易被行政权利用干预司法审判，可以借鉴台湾地区经验，将其纳入职务法庭的审理范围，使得法官职业独立行使审判权的保障更为专业及完整。当然，考虑到大陆庞大的基数，可以借鉴台湾地区的职务法庭作为司法保障而非前置程

① 德语 Versetzung im Interesse der Rechtspflege，意为司法行政机关在法官审判工作以外之行为严重危及整体司法利益时，将法官调至另一具有相同基本薪酬水平的法官职位、令其暂时退休或令其退休调职。

序的规定,法官对人事调整决定不服的,应当在规定期限内先行向上级法院提出异议,对异议处理决定仍然不服的,方可向职务法庭起诉。相关纠纷依行政诉讼法审理。

(五)扩大职务法庭成员选任的社会参与度和民主性

大陆现行法官惩戒制度的主要启动者是法院内部的纪检监察部门,具有天然的封闭性,社会参与困难。近年来,各地法院开始尝试性聘任社会各界人士代表担任法院廉政监督员,也取得了一些成功的经验。[①] 但总体而言,仍然属于孤立的、个别的经验,并未取得系统性的可资借鉴与复制的成熟做法。相较大陆,台湾地区从职务法庭成员选任的源头上就极为注重选任工作的社会参与性。"法官法"规定"司法院"设置"人审会"及"评鉴会"以行使监督法官职务。其中,"人审会"委员在该法第4条规定应有学者专家3人,"评鉴会"在第33条规定应有检察官1人、律师3人、学者及社会公正人士4人。上述学者专家和社会公正人士不能是法官、检察官、律师,且均由"法务部"、律师协会各自推举。引入外部监督力量以提升"人审会"及"评鉴会"的民主化和透明化水平。此外,"法官法"第35条规定各种机关团体及个人也可向有权机关团体提出,请求"法官评鉴会"进行个案评鉴,让民众得以参与法官监督。这可以说是台湾地区实现外部监督的创举,有利于敦促法官公正审判,并淘汰不能胜任的法官。具言之,"监察院"可以通过主动调查启动弹劾;"司法院"可以通过其系统内的职务监督、全面评核以及个案评鉴等方式,对有重大违法失职情形的法官直接或经"评鉴会"评鉴后移送"监察院"审查,还可以经"人事审议委员会"决议后径行移送"监察院";社会团体与个人也可以向"监察院"提请人民书状,请求"监察院"进行调查,同时符合个案评鉴请求法定条件的主体,也可请求"司法院"启动个案评鉴程序对法官进行评鉴。无论是"监察院"还是"司法院"都必须在法定时间内就相关事实及处理结果予以答复。另外,从评鉴法官的机关组成及人员选择方式来看,也将外界人士纳入其中。[②] 这有助于打破司法封闭壁垒,多渠道扩大外界参与监督,提升人民对法官惩戒程序公正性的信赖,保障司法公信力。台湾地区还在研议允许以

---

① 李方政、吴平:《法院廉政监督员应有大作为》,载《人民法院报》2015年3月1日第2版。

② 台湾地区"法官法"第33条第1项规定:"法官评鉴委员会由法官三人、检察官一人、律师三人、学者及社会公正人士四人组成。"

人民直接检举的方式启动不适任法官个案评鉴，并赋予“评鉴会”更大的调查权。①

(六)全面保障受惩戒法官的正当权利

法官惩戒遵循正当程序原则也是国际公约的要求②和各国和地区通行的做法③。大陆现行的法官惩戒制度，受调查法官主要通过接受询问的口头方式和情况说明的书面方式自我辩解，相比强大的组织，法官个人自证无罪的举证能力很弱。而且程序设计上并没有受调查人与举报人面对面质证、申请证人出庭、申请辩护人等业已十分成熟的规定。反观台湾地区，通过职务法庭这一准司法机构，严格参照“诉讼法”的基本原理组织庭审，在法官惩戒中全面引入并落实了正当程序原则。“法官法”第56条至第58条及第60条规定④，法官惩戒采用开庭审理形式，并应遵守正当法律程序原则，采取言词辩论、直接审理、对审等制度，允许受惩戒法官聘请辩护人并作最后陈述，以保障其诉讼权。⑤ 通过这些规定，改变了原先“公惩法”第三章审议程序第18条至第29条“采用书面审理，原则不进行言词辩论”的规定，以保障受惩戒法官的司法和诉讼人权，维护法官群体的合法权益。基于司法独立这一基本理念，台湾地区对于独立行使审判权的法官进一步增加救济途径以保障权利，确保法官不因正常的履行职务行为而遭受侵害，落实法官职务保障制度。具体而言，应提高对法官惩戒和弹劾的处理层级，并完善自我辩护的制度设计。“人审会”如决定对法官进行惩戒，关于警告之处分，其得经程序后自行为之，而诸如减俸、停职、免职等其他处分，均需交由职务

---

① 《法官退场机制，将入司改清单》，详见 http://news.ltn.com.tw/news/politics\paper/1115911，最后访问日期：2017年7月20日。

② 第七届联合国预防犯罪和罪犯待遇大会通过，并于1985年由联合国大会正式通过的《关于司法机关独立的基本原则》第17条规定：“对法官作为司法和专业人员提出的指控或控诉应按照适当的程序迅速而公平的处理。法官应有权利获得公正的申诉的机会。在最初阶段所进行的调查应当保密，除非法官要求不予保密。”

③ 詹建红：《我国法官惩戒制度的困境与出路》，载《法学评论》2016年第2期。

④ 台湾地区“法官法”第58条：“职务法庭之审理，除法律另有规定外，应行言词辩论。”第59条：“职务法庭……应予被付惩戒法官陈述意见之机会。”

⑤ 参见台湾地区“司法院”1996年释字第369号解释。“惩戒处分影响宪制性规定上人民服公职之权利，应本正当法律程序之原则，对被付惩戒人予以充分之程序保障，例如采直接审理、言词辩论、对审及辩护制度，并予以被付惩戒人最后陈述之机会等，始符宪制性规定保障人民诉讼权之本旨。”

法庭,遵循一定的诉讼程序,以裁判方式为之。法官对于“人审会”所做的警告之处分如有不服,亦可向职务法庭寻求救济。事实上,台湾职务法庭兼具惩戒和救济两种性质,一方面使法官受到有效职务监督以淘汰不适任法官,另一方面则肩负保障法官身份独立、维护法官依法独立审判之责,两种职责殊途同归,最终均旨在保障人民权利,维护司法公正①。

结　语

司法是社会公正的最后一道防线,而法官惩戒机制恰恰是确保司法公正的防火墙。当前司法公信力的缺失,追根溯源,固然有多种因素,但法官惩戒机制公信力不足是其中一个重要原因。在全面推进司法改革的大背景下,参考与我们法同源、文同宗、习相近的台湾地区十年司法改革的经验,对于我们全面推进依法治国,提升人民群众对于法治的信赖,具有重要意义。笔者不奢望在有限的篇幅里能提出完美的解决方案,但基于一名法律人的法治信仰,希冀通过本文的研究,为司法体制改革提供一些有益的启示。

---

① 陈佑群:《台湾职务法庭案件判决之实质分析》,载《2017年海峡两岸司法实务研讨会》论文集。